토크 지저스

다윗 이야기

KB191853

토크 지저스 Ⅱ 다윗 이야기

발행일   2021년 3월 5일

편저자   임동훈
펴낸이   손형국
펴낸곳   (주)북랩
편집인   선일영   편집   정두철, 윤성아, 배진용, 김현아, 이예지
디자인   이현수, 한수희, 김민하, 김윤주, 허지혜   제작   박기성, 황동현, 구성우, 권태련
마케팅   김회란, 박진관
출판등록   2004. 12. 1(제2012-000051호)
주소   서울특별시 금천구 가산디지털 1로 168, 우림라이온스밸리 B동 B113~114호, C동 B101호
홈페이지   www.book.co.kr
전화번호   (02)2026-5777   팩스   (02)2026-5747

ISBN   979-11-6539-653-4 04230 (종이책)   979-11-6539-654-1 05230 (전자책)
            979-11-6539-635-0 04230 (세트)

성경 속 인물 중심으로 왕의 지혜 찾아 가기

토크 지저스

II

다윗 이야기

임동훈 편저

410편의 바이블 대하드라마,
반전과 반전의 파노라마가 펼쳐진다!

역사 속의 히어로를 통해
하나님의 사랑과 구원을 찾아라!

북랩 book Lab

1

〈토크 지저스〉(Talk Jesus, 예수를 말하라)의 원문은 'Talk torque of Jesus christ!(예수 그리스도의 회전력을 말하라!)'이다. 눈을 부릅뜨고 우주를 바라보라! 예수를 중심축으로 돌아가는 회전력이 얼마나 대단한지를 금방 알게 될 것이다. 우주 만물을 다 밀어내고도 남을 만한 원심력을 가지고 있다. 아무리 큰 초대형 태풍이나 토네이도도 지구의 해구까지 들어 옮길 수는 없다. 하지만 그리스도의 원동력은 우주의 블랙홀까지도 능히 빨아들일 수 있다.

제1권은 〈아브라함 이야기〉로 하나님의 우주 창조와 아담과 이브, 노아, 족장, 욥, 모세, 여호수아, 사사, 사무엘 등 110회, 제2권은 〈다윗 이야기〉로 통일 왕국과 분열 왕조, 다니엘, 에스더, 에스라, 느헤미야, 학개, 스가랴, 말라기 등 120회, 제3권은 〈예수 이야기〉로 신구약 중간기 30회, 4복음서 100회, 사도행전 50회로 모두 180회다. 따라서 본서는 총 3권으로 '바이블 410 대하드라마'로 구성되었다. 그리고 제4권은 〈교회 이야기〉로 온 세상 성도들에 의해 쓰여 지고 있으며, 제5권은 〈심판 이야기〉로 예수 그리스도의 재림 후 드러날 것이다.

본서는 성경 속의 인물 이야기로 구약의 제사, 제도, 율법, 설교, 시, 잠언, 예언서 등이 빠졌으며, 신약의 서신과 계시록도 제외되었다. 대신 하스몬 왕조와 헤롯 왕가 등 신구약 중간사가 들어갔다. 따라서 문자나 문장에 큰 의미를 두기보다는 문맥을 통해 이어지는 이야기의 흐름을 보아야 한다. 당시의 문화나 문학 양태 등을 유심히 살펴보고, 역사 속의 히어로를 통해 드러내시는 하나님의 사랑과 구원을 향유해야 한다.

성경은 하나님의 영감으로 기록되어 신령한 은혜가 깃들어 있다. 원칙적으로 일점일획도 빼거나 더할 수 없다. 우리를 향하신 하나님의 사랑이 변질되거나 퇴색할 우려가 있기 때문이다. 하지만 본서는 성경 인물에 따라 구성한 이야기책으로 필요에 따라 뺄 것은 빼고 줄일 것은 줄였으며, 의역한 경우도 더러 있다.

한 폭의 그림이 천 문장을 능가하고, 한 편의 메타포(은유)가 천 폭의 그림을 상회한다는 말이 있다. 사실 성경 속의 인물 이야기를 통한 예수 그리스도의 사랑과 구원의 메타포는, 그 의미가 너무나 크고 심오하다. 어느 때는 세상에서 가장 좋은 소식으로 다가오지만, 어느 때는 정말 절망적이고 슬픈 이야기로 다가온다. 하지만 그 어떤 이야기 속에서도 우리를 향한 하나님의 사랑만은 결코 변하지 않는다. 따라서 그에 대한 응답은 반드시 내가 해야 하고, 그에 따른 보고서도 내가 직접 써서 제출해야 한다.

2

〈예수 복음(2015, 북랩)〉은 세상에서 가장 로맨틱한 그리스도의 러브 스토리다. 하나님의 아들이 성육신하여 세상을 구원한 이야기로

아가페 사랑의 진수를 보여준다. 이는 2000년 전의 역사적 예수를 다큐멘터리 드라마로 재구성한 것이다. 마가, 마태, 누가, 요한에 의해 순차적으로 기록된 복음서를 하나로 통합하고, 사도행전 이야기를 덧붙여 편집하였다. 따라서 〈예수 복음〉을 통해 하나님의 지극한 사랑을 엿볼 수 있고, 〈토크 지저스〉를 통해 예수의 무한한 구원을 맛볼 수 있다.

성경은 읽기 쉬워도 이해하기 무척 어려운 책이다. 정경 66권이 1600년 동안에 걸쳐 40여 명의 다양한 저자에 의해 기록되었다. 각 시대의 정치적 상황과 문화적 배경이 다 다르고, 시간과 도량형, 상징과 비유 등도 지금과 같지 않다. 성경 역사와 고고학을 살펴보고 성령의 영감과 조명도 받아야 하지만, 하늘보다 높고 바다보다 깊게 응축된 이야기를 다 이해하기란 불가능하다. 따라서 성경의 맥을 짚고 핵심을 찾는 것이 중요하다.

성경 속의 역사적 큰 줄기는 대체로 간단하다. 태초부터 전승한 〈아담 이야기〉, BC 30세기 〈노아 이야기〉, BC 20세기 〈아브라함 이야기〉, BC 15세기 〈모세 이야기〉, BC 10세기 〈다윗 이야기〉, 그리고 2000년 전 〈예수 이야기〉와 AD 1세기 〈사도들 이야기〉가 전부다. 그리고 지금은 〈교회 이야기〉가 전개되고 있으며, 마지막 때는 〈심판 이야기〉가 드러날 것이다.

인류의 역사는 우주의 시간이 시작된 이래 일직선상의 종말을 향해 나아가고 있으며, 예수 그리스도를 중심축으로 끊임없이 돌아가는 회전력과 구심력 안에서 진행되고 있다. 그 엄청난 구동력과 제동력에 의해 우리는 언젠가 레쉬트(창조) 이전의 아르케(태초)로 다시 들어갈 것이다. 창조 이래 아무도 본 적이 없고, 그 어떤 말로도 표명할 수 없는, 더할 나위 없이 청청하고 신성한 하늘나라가 우리 앞에 여실히 드

6

러날 것이다.

필자는 이야기를 읽기 쉽고 이해하기 쉽게 쓰려고 노력하였으나, 그 럴수록 점점 더 말이 꼬이고 어려워진다는 사실을 깨달았다. 쉽게 쓰든 어렵게 쓰든, 인간적 방법에는 한계를 느낄 수밖에 없었다. 이후 필자의 생각을 최대한 내려놓고, 약 1년간에 걸쳐 이야기의 주인공을 찾아 시대순으로 배열하였다. 따라서 본서를 통해 특별한 교훈이나 새로운 교리를 찾으려고 애쓸 필요는 없다고 본다.

3

성경은 아브라함과 다윗의 자손, 예수 그리스도의 이야기책이다. 어떤 사람은 단역 배우로, 어떤 사람은 남의 배역으로서 나름의 역할을 수행하였다. 어느 때는 준엄한 심판의 표적이 되기도 하고, 어느 때는 지극한 구원의 대상이 되기도 하였다. 실로 성경은 세상에서 가장 기쁜 소식이 되기도 하지만, 정말 무섭고 떨리는 경고장이 되기도 한다. 우리의 일거수일투족을 비춰주는 천리경이 되기도 하고, 각자의 마음 속 생각을 속속들이 들춰내는 자명종이 되기도 한다.

성경에는 율법이나 설교, 예언, 노래, 편지, 격언, 시, 이야기, 소설, 수필 등 다양한 문학 장르가 들어 있다. 저자도 농부와 어부, 왕과 예언자, 세리와 의사 등 각계각층의 인물로 구성되었다. 이를 어떻게 이해하고 받아들여야 좋을까? 모든 성경이 하나님의 말씀인바 문자대로 복종해야 할까? 아니다. 영혼을 파괴하는 근본주의와 육신을 파멸하는 과격주의가 여기서 나온다. 하나님의 뜻은 아랑곳하지 않고 조문에 얽매여 자기만의 도그마를 만들기 때문이다. 그렇다면 현실에 맞게 재해석하고 적용해야 할까? 이는 더욱 위험하다.

하나님 아버지의 공의와 심판, 예수·그리스도의 사랑과 구원, 보혜사 성령의 인도와 도움이 우리에게 꼭 필요한 이유가 여기에 있다. 우리의 얄팍한 지식은 반드시 절제되고 또 절제되어야 한다. 자칫하면 생사람을 잡고도 남게 된다.

"안식일에 일하는 자는 반드시 죽여야 한다."

이 말씀으로 안식일에 나무를 한 사람이 돌에 맞아 죽었다.

"사람이 안식일을 위해 있는 것이 아니라 안식일이 사람을 위해 있는 것이다!"

이 말씀으로 죽을 수밖에 없는 사람들이 숱하게 살아났다.

"너희가 사람이 만든 장로의 유전을 지키려고 하나님이 제정하신 계명을 교묘히 범하고 있다!"

이것이 성경을 연구하고 가르치는 학자들의 한계이다.

우리는 성경 이야기 속으로 과감히 뛰어 들어가 나를 주인공으로 맞아야 한다. 태초부터 시작된 시간 여행을 계속하며 나에게 주어진 역할을 떳떳이 수행해야 한다. 그때 정말 찌릿하고 긴장감 도는 인생의 참맛을 느끼게 된다.

"아, 그래! 여기서 그게 잘못됐어!"

"이건 내가 바라는 바가 아니야!"

"오, 주여! 이 죄인을 용서하소서!"

"이제 다시 한번 해 보겠습니다!"

성경에는 조연을 두지 않는다. 아무리 하찮은 인물도 그가 주인공이요, 나의 배역으로서 역할을 충실히 감당하고 있다. 나발 이야기 속에서 내가 나발이고 다윗이며 아비가일이다. 어쩌면 가룟 유다일 수도 있고, 아나니아나 삽비라일 수도 있다. 발람의 꼬임에 빠진 고스비 사건의 주인공일 수도 있다. 여기서 우리는 무엇을 어떻게 적용하고, 우리가 왜 작은 예수로 살아야 하는지를 깨닫게 된다. 우리는 성경 속의 주인이지 손님이 아니다.

"맞아, 이게 나야! 나를 대신할 사람은 바로 나밖에 없어!"

4

영성은 하나님의 마음이다. 나의 얄팍한 선입견과 고정관념을 다 내려놓아야 한다. 성령이 나에게 임해야 성경 속의 주인공을 만날 수 있다. 모르는 것은 모르는 대로 그냥 놔두고, 현실과 맞지 않은 것은 덮어두어야 한다. 이보다 더 좋은 방법은 없다. 현실에 맞춰 재해석할 필요도 없다. 나의 기준으로 재단하고 판단하지 마라. 독선과 아집이 오만을 낳는다. 성경에 아첨하여 우상화하거나 무리하게 풀다가 이단이된다.

우리는 우리의 예배 방법이나 봉사 활동까지 다시 살펴보아야 한다. 혹시 예배와 헌금, 교제와 섬김 등이 바알의 풍요와 안녕을 추구하는 수단이나 방편이라면, 그 즉시 내려놓아야 한다. 하나님과의 관계성을 파괴하여 인성과 영성을 동시에 무너뜨릴 수 있다. 이는 사탄의 전형적인 함정이다. 여기에 걸려들면 헤어날 길이 없다.

사실 영성은 하나님과의 진지한 만남과 교제를 통해 이루어지고, 그에 따른 열매로 하나님을 사랑하고 이웃을 사랑하는 것이다. 이게 본질이다. 그밖에 어떠한 종교적 의식이나 신앙적 절차도 필요치 않다. 그래서 주님은 예배 방법이나 장소보다 예배자의 마음가짐이 더욱 중요한바, 영과 진리로 예배를 드리라고 하셨다.

하나님의 계시를 나의 생각이나 유익의 틀에 꿰맞추지 말아야 한다. 자칫하면 선천적 본능이나 후천적 욕심에 사로잡혀 마귀의 올무에 걸리게 된다. 그래서 수많은 교파가 생겨나고 교권주의가 난립하게 되었다. 이는 정말 부끄럽고 민망한 일이다. 그것이 좋든 나쁘든, 나의 기준이 아니라 하나님의 경륜에 초점을 맞춰야 한다. 성경은 역사나 소설이 아니다. 과학이나 도덕은 더욱 아니다. 잘못하면 성령의 프리즘을 통해 다양하게 나타날 나의 스펙트럼을 소멸할 수 있다.

지중해 세계의 전쟁 이야기는 춘추 시대의 삼국지를 능가할 정도로 서스펜스하고 스펙터클하게 이어진다. 하지만 성경 속의 전쟁사는 영웅호걸들의 패권 다툼이나 주도권 쟁취가 목적이 아니다. 전쟁마다 택하신 백성을 구원으로 인도하시는 하나님의 신비로운 손길이 스며있다. 하나님의 계획은 우리의 생각을 훨씬 뛰어넘어 온 인류의 역사를 아우르며, 보편적이고 총체적인 파레시아의 정의를 구현하고 있다. 이것이 성경 이야기를 통해 우리가 맛볼 수 있는 가장 고귀한 특권이요, 고상한 은총이다.

5

신앙은 하나님을 섬기며 기뻐하고 즐거워하는 일이다. 반드시 작은 예수로 살아야 한다. 이것이 신앙인의 웰니스(Wellness) 시스템이다. 예수 없이 단 한시도 참 평화와 자유와 기쁨을 누릴 수 없다. 예수 믿고 죽어서 천국만 들어가면 된다는 생각은 정말 안이하고 무책임하다. 그렇게 살다가 인생을 망친 사람들의 이야기가 세상에 즐비하다.

우리에게 주어진 100년의 카이로스 시간은 1,200개월로 36,500일이다. 이 시간 안에 우리는 지구촌 순례자로서 사명을 마쳐야 한다. 나는 나로서 오직 나만의 휴먼 스토리를 써 나가야 한다. 하지만 사탄이 지배하는 물질주의 세상에서 작은 예수의 삶이 결코 쉬운 일이 아니다. 그렇다고 전혀 불가능한 일도 아니다. 그래서 바울이 의인은 믿음으로 말미암아 산다고 하였다.

독일 출신의 간호 선교사 서서평은, 1912년 조선에 들어와 22년 동안 빈민과 병자, 불우한 여성을 위해 인생을 통째로 바쳤다. 그녀의 신조는 'Not Success but Service!(성공이 아니라 섬김이다!)'였다. 이웃을 위해 자신을 드리고 헌신할 때, 예수 그리스도의 웰니스 길을 온전히 걸어갈 수 있으며, 영원한 생명을 풍성히 누리게 된다.

성숙한 신앙인은 굳이 초자연적 계시나 기적을 요구하지 않는다. 오히려 평범한 일상 속에서 주님과 함께하기를 기뻐한다. 요셉이나 다윗 이야기를 통해 우리는 예수 그리스도의 마음을 엿볼 수 있다. 그들은 범사에 주님의 임재를 경험하며 자기중심에 확실히 모시고 살았다. 기적과 표적을 통한 순탄한 꽃길이 아니라, 고난과 시험을 통해 험난한 가시밭길을 걸었다. 언제 어디서나 주님만 믿고 의지하였으며, 모든 일을 묵묵히 참고 견디며 자기희생을 마다하지 않았다.

어떤 사람은 성경을 통해 고고한 진리를 찾거나 심오한 도덕성을 회복하려고 애쓴다. 이는 정말 무익하고 헛된 일이다. 그러면 그럴수록 점점 더 큰 실망과 좌절감만 맛보게 될 것이다.

6

교회는 예수 그리스도의 몸이다. 사도들이 전수한 초대교회로 돌아가야 한다. 아울러 우리는 반드시 예수 그리스도의 품에 안겨야 한다. 이것이 오늘날 교회의 가장 시급하고 절박한 과제이다. 그래서 예수님은 호세아 6장 6절의 말씀을 가장 많이 인용하셨다.

"너희는 가서 '내가 자비를 원하고 제사를 원치 않는다!'고 한 말씀이 무슨 뜻인지 먼저 배워라!"

오늘날 교회는 사탄의 꼼수에 여지없이 걸려들었다. 현세의 가룟 유다는 오만한 목사와 거만한 장로다. 이들의 지옥행은 불을 보듯 뻔하다. 회개와 기도, 섬김과 나눔이 없는 교회는 허구이며, 하나님이 가장 가증이 여기신다.

금전이나 권세, 명예나 인기, 오락이나 쾌락 등은 풍요의 우상인 바알의 배설물이다. 바알이 공들여 쌓은 바벨탑으로 마귀가 가장 즐겨 사용하는 무기요, 미끼이다. 이는 세속적 사람에게 치명적으로 다가오지만, 영성적 사람에게는 아무 힘도 발휘하지 못한다. 실로 주님은 온 세상의 부귀영화와 권세, 명예를 다 주겠다는 지상 최고의 유혹을 받고도 일언지하에 거절하셨다.

사람의 선천적 본능이나 후천적 욕구는 그야말로 과유불급이다. 하나님께서 각자의 믿음을 테스트하기 위해 특별히 마련하신 경험 커리큘럼이다. 임의로 사용할 수 있는 자유도 주셨지만, 절제하고 통제할 책임도 아울러 주셨다는 것이다. 어쩌면 에덴동산의 선악과 열매일 수도 있고, 우리의 육신을 콕콕 찌르는 아픈 가시일 수도 있다.

예수는 우리를 성경 속의 이야기 안으로 과감히 초대하고 있다. 반추 동물이 여러 개의 위로 쉬지 않고 되새김질하며 자기 몸에 자양분을 공급하듯, 이 책을 읽고 기도하고 묵상하며 작은 예수로 살아내라고 독려하신다.

7

충성은 지극히 작은 부분까지 정성껏 섬기는 일이다. 어떤 목사가 아주 작은 교회를 섬기며 매사에 정성을 다하고 있었다. 하찮은 것 하나하나까지 최선을 다하는 모습이 정말 아름다웠다.

어느 날 보니 그것이 차곡차곡 쌓여 열매를 맺었다. 아무짝에도 쓸모없어 보이던 건물 모서리에 핀 꽃까지 참 아름다웠다. 나아가 그 충성이 이웃을 살리고, 교회를 세우며, 하나님의 나라를 확장하고 있었다.

그런데 세월이 지나자, 그 모든 것이 기부 은행에 차곡차곡 쌓여 마당에 끝없이 펼쳐져 있었다. 게다가 자기 필요에 따라 언제든지 그것을 갖다 쓸 수 있었다. 다른 사람에게 다시 나눠줄 수도 있었다. 그야말로 작은 정성 하나하나가 빠짐없이 하늘은행 통장에 모두 쌓여 있었던 것이다. (이는 2020. 12. 23 새벽에 본 환상이다.)

우리 주님은 간음한 여인을 재판하는 과정에서 오직 몇 글자만 땅바닥에 썼을 뿐이다. 하지만 세상에서 가장 많은 이야기책을 남기셨다. 우리는 이 책을 반드시 먹어야 하며, 그래야 작은 예수로 살아낼 수 있다.

'나는 그대가 진리 안에서 진실하게 살고 있다는 소식을 듣고 무척 기뻤습니다.(요한3서 1장 3절)'

2020. 12

예수나라 청지기

왕

아버지의 뜻대로 하십시오

사무엘이 늙어 아들을 사사로 세웠다. 장남은 요엘이고 차남은 아비야였다. 이들이 뇌물을 받고 재판을 불공정하게 처리하자 장로들이 사무엘을 찾아와 말하였다.

"보십시오. 당신의 아들들이 당신을 본받지 않습니다. 다른 나라들처럼 왕을 세워 우리를 다스리게 해주십시오."

사무엘이 그 요구를 기쁘게 여기지 않고 하나님께 기도하며 물어보았다.

"그들의 말을 들어주어라. 너를 버린 것이 아니라 나를 버린 것이다. 그들은 내가 왕이 되는 것을 더이상 원치 않고 있다. 이집트에서 이끌어낸 그날부터 오늘까지 계속 나를 저버리고 다른 신들을 섬겨왔으며, 이제 너에게도 똑같은 짓을 하고 있다. 그러니 왕이 어떤 것인지 경고해주어라."

사무엘이 백성에게 하나님의 말씀을 전하였다.

"여러분이 왕을 세우겠다고 계속 고집하면, 그가 여러분의 아들들을 징발하여 전차와 말을 몰게 하고, 그 앞에 달리게 할 것입니다. 어떤 사람은 군부대의 지휘관이 되게 하고, 어떤 사람은 종으로 삼아 궁전의 밭을 갈고 추수하게 하며, 어떤 사람은 왕의 무기와 전차의 도구를 만들게 할 것입니다.

여러분의 딸들을 데리고 가서 강제로 요리시키고, 빵을 굽고 향료를 만들게 할 것입니다. 여러분의 밭과 포도원과 감람원 중에서 제일 좋은 것을 빼앗아 신하들에게 줄 것이며, 여러분이 추수한 수확의 십일 조를 거두어 자기 관리와 신하들에게 나눠주고, 여러분의 종들과 제일 좋은 소와 나귀를 끌고 가서 일을 시킬 것입니다.

여러분의 양 떼 중에서 1/10을 빼앗아 갈 것이며, 여러분은 그의 종이 될 것입니다. 그로 인해 여러분은 눈물을 흘리며 부르짖을 것이나 하나님은 응답하지 않으실 것입니다."

그들이 그 경고를 듣지 않고 말하였다.

"그래도 우리는 왕이 필요합니다. 우리 주변의 나라와 같이 되기를 원합니다. 그래야 그가 우리를 다스리며 전쟁에서 지휘하고 싸울 것이 아닙니까?"

사무엘이 그대로 전하자 하나님이 왕을 세우라고 하셨다.

✳112✳
사울(1)
하나님이 기름 부어 세우셨다

베냐민 지파에 기스라는 사람이 있었다. 그의 아들 사울은 이스라엘에서 가장 키가 크고 으뜸가는 미남자였다. 어느 날 나귀가 길을 잃고 집에 들어오지 않았다. 그가 사울과 하인을 보내 나귀를 찾아오라고 하였다. 베냐민 전 지역을 돌아다니며 샅샅이 찾았으나 보이지 않았다. 그들이 숩 땅에 이르러 사울이 하인에게 말하였다.

"그냥 집으로 돌아가자. 지금쯤 아버지는 나귀보다 우리를 더 걱정하실 것이다."

"이 성에 하나님의 사람이 있습니다. 그가 말한 것은 무엇이든지 다 이루어져 사람들이 존경하고 있습니다. 그에게 찾아가 물어봅시다. 나귀가 어디 있는지 아마 가르쳐줄 것입니다."

"그러나 예물이 없지 않으냐? 우리 음식도 다 떨어져 드릴 것이 없다."

"저에게 작은 은화 하나가 있습니다. 이것을 드리고 한번 알아보도록 합시다."

"그래, 그렇게 하자."

그들이 언덕길을 오르다가 물 긷는 처녀를 만나 물었다.

"이 성에 선견자가 있습니까?"

"예, 방금 이 길을 지나 성으로 들어갔습니다. 그는 외출했다가 오늘 백성의 산당 제사에 참석하기 위해 막 돌아왔습니다. 이제 산당으로 떠나야 합니다. 그가 와서 축복하고 기도하기 전에는 백성이 제물을 먹지 않고 기다리기 때문입니다. 서둘러 성으로 들어가세요. 만날 수 있을 것입니다."

그들이 성으로 급히 올라갈 때 사무엘이 걸어 나오고 있었다. 하나님이 전날 사울이 올 것을 미리 사무엘에게 말씀하셨다.

"내일 이맘때 내가 베냐민 땅에서 한 사람을 너에게 보내겠다. 너는 그에게 기름을 부어 내 백성의 지도자로 삼아라. 그가 내 백성을 블레셋 사람에게서 구할 것이다. 내가 그들의 부르짖는 소리를 들으니 측은한 마음이 드는구나!"

사무엘이 사울을 보는 순간 하나님이 일러주셨다.

"내가 말한 사람이다. 그가 내 백성을 다스릴 것이다!"

사울이 사무엘에게 다가가 물었다.

"선견자의 집이 어디 있는지 좀 가르쳐주시겠습니까?"

"내가 선견자니 먼저 산당으로 올라가시오. 오늘 당신과 내가 함께 식사할 것이오. 내일 아침, 내가 당신을 보낼 때 당신이 알고 싶어 하는 것을 다 말해주겠소. 사흘 전에 잃어버린 나귀에 대해서는 조금도 염려하지 마시오. 이미 찾았소. 이스라엘 사람들이 그처럼 원하던 자가 누구요? 바로 당신과 당신의 가족이 아니오?"

"별말씀을 다 하십니다. 저는 이스라엘에서 가장 작은 베냐민 지파이고, 저희 가족은 보잘것없는 집안입니다. 어찌하여 저에게 그런 말씀을 하십니까?"

사무엘이 사울과 그 하인을 데리고 큰 객실로 들어가 귀빈석에 앉혔다. 그곳에 30명 정도의 손님들이 모여 있었다. 사무엘이 요리사에게 미리 준비한 가장 맛있는 고기를 사울에게 갖다 주라고 하였다. 사무엘이 말하였다.

"자, 이제 먹읍시다. 내가 이 손님들을 초대하기 전부터 당신을 위해 준비한 것이오."

사울이 사무엘과 함께 식사하고 산당에서 내려와 성으로 돌아왔다. 사무엘이 사울을 데리고 옥상으로 올라가 이야기를 주고받았다. 다음 날 아침 사무엘은 일찍 일어나 옥상에 있는 사울을 불러 말하였다.

"일어나시오. 당신이 떠날 시간이 되었소."

사무엘이 사울을 데리고 밖으로 나갔다. 성 끝에 이르러 사무엘이 말하였다.

"잠깐 내가 당신에게 할 말이 있소. 하인을 앞서 보내시오."

하인이 앞서가자 다시 말을 이었다.

"여기 잠시 멈추시오. 내가 하나님의 말씀을 일러주겠소."

그리고 기름병을 가져다가 사울의 머리에 붓고 그의 볼에 입을 맞추며 말하였다.

"내가 이렇게 하는 것은 하나님이 당신을 자기 백성, 이스라엘의 왕으로 세우셨기 때문이오. 당신은 돌아갈 때 베냐민 땅의 셀사에 있는 라헬의 무덤 곁에서 두 사람을 만날 것이며, 그들은 이렇게 말할 것이오.

'당신이 찾으러 간 나귀들을 찾아 당신의 아버지는 한시름 놓았으나, 오히려 당신을 걱정하며 어떻게 하면 당신을 찾겠느냐고 물었습니다.'

그리고 당신이 다볼의 상수리나무에 이르면, 하나님께 예배하러 벧엘로 올라가는 세 사람이 맞은편에서 오는 것을 보게 될 것이오. 그들 중 한 사람은 염소 새끼 3마리를 끌고 올 것이며, 또 한 사람은 빵 3개를 가졌고, 다른 한 사람은 포도주 1부대를 가지고 있을 것이오. 그들이 당신에게 인사하고 그 빵 2개를 줄 것이며, 당신은 그것을 받게 될 것이오.

그 후에 당신은 블레셋군의 주둔지가 있는 '하나님의 산'으로 가게 될 것이오. 당신이 그곳에 도착하면 산당에서 무리 지어 내려오는 예언자들을 만날 것이며, 그들은 내려오면서 피리를 불고 북을 치며 수금을 켜고 비파를 타면서 예언할 것이오. 당신은 하나님의 성령에 완전히 사로잡혀 그들과 함께 예언하고, 변화를 받아 다른 사람이 될 것이오.

그때부터 당신은 상황에 따라 행동하시오. 하나님이 당신과 함께하실 것이오. 그리고 당신은 먼저 길갈로 내려가 기다리시오. 7일 후에 내가 가서 번제와 화목제를 드리겠소. 당신이 할 일에 대해서는 내가 그곳에 도착하여 일러주겠소."

사울이 작별 인사를 하고 사무엘을 떠날 때 하나님이 그에게 새 마음을 주셨으며, 사무엘이 말한 모든 예언도 그날 다 이루어졌다. 사울과 그 하인이 하나님의 산에 도착했을 때 예언자들이 나와 사울을 영접하였다. 그때 하나님의 성령이 사울을 강하게 사로잡자 그도 예언하기 시작하였다. 사울을 알던 사람들이 보고 외쳤다.

"도대체 기스의 아들에게 무슨 일이 생겼느냐? 사울도 예언자란 말인가?"

그곳에 사는 어떤 사람은 이렇게 묻기도 하였다.

"그의 조상 가운데 이처럼 예언하는 자가 있었느냐?"

사울이 예언을 그치고 산당으로 올라갔다. 사울의 삼촌이 사울과 그 하인을 보고 물었다.

"도대체 너희가 어디를 갔었느냐?"

"우리는 나귀를 찾으러 갔다가 예언자 사무엘에게 갔었습니다."

"그래? 그가 뭐라고 하더냐?"

"그가 당나귀를 찾았다고 일러주었습니다."

사울은 자기가 왕으로 기름부음을 받았다는 이야기를 하지 않았다. 사무엘이 이스라엘 백성을 미스바에 모으고 그들에게 하나님의 말씀을 전하였다.

"내가 너희를 이집트에서 인도하여 모든 원수들의 손에서 구해주었다. 그러나 모든 재난과 고통에서 너희를 구출한 하나님을 버리고, 오히려 '우리에게 왕을 세워 주시오!'하며 요구하였다. 이제 지파와 집안별로 다 내 앞으로 나오라."

사무엘이 각 지파의 지도자들을 그 앞에 나오게 하자 베냐민 지파가 뽑혔다. 베냐민 지파를 집안별로 그 앞에 나오게 하자 마드리 집안이 뽑혔다. 마드리 집안이 그 앞에 나오자 기스의 아들 사울이 뽑혔다. 그때 사울이 자취를 감추자 그들이 하나님께 물었다.

"그가 어디 있습니까? 우리 가운데 있습니까?"

하나님이 대답하셨다.

"그가 짐 꾸러미 사이에 숨어있다."

그들이 달려가 사울을 데리고 왔다. 키가 커서 다른 사람들은 그의 어깨에 미치지 못하였다. 사무엘이 모든 백성에게 말하였다.

"하나님이 왕으로 뽑은 사람입니다. 이스라엘에 이만한 사람이 어디 있겠습니까?"

백성이 왕의 만세를 외쳤다. 사무엘은 왕의 권리와 의무가 무엇인지 말하고, 책에 기록하여 하나님 앞에 두고 백성을 모두 집으로 돌려보냈다.

사울이 기브아에 있는 자기 집으로 돌아갈 때 하나님의 감동을 받은 사람들이 동행하였다. 하지만 몇몇 사람들은 무시하고 아무 선물도 주지 않았다.

"이 사람이 어떻게 우리를 구원하겠느냐?"

사울은 침묵을 지켰다.

✳ 113 ✳

사울(2)

우리는 무익한 종입니다

암몬 사람 나하스가 길르앗의 야베스 성을 치기 위해 군대를 이끌고 와서 포진하였다. 그들이 나하스에게 말하였다.

"우리와 조약을 맺읍시다. 당신들의 종이 되겠소."

"좋다. 하지만 조건이 있다. 너희 오른쪽 눈을 모조리 뽑아 온 이스라엘의 치욕 거리로 삼겠다."

"우리가 이스라엘 진역에 사자를 보낼 수 있도록 1주일만 여유를 주시오. 우리를 도울 자가 없으면 당신의 조건에 응하겠소."

사자들이 사울의 고향 기브아로 달려가 이 소식을 전하자 모든 사람이 통곡하기 시작하였다. 밭을 갈다가 집에 돌아온 사울은 곳곳에서 들려오는 울음소리를 듣고 물었다.

"무슨 일이오? 어찌하여 모두 울고 있소?"

백성이 야베스 사람들의 사정을 그대로 일러주었다. 사울이 그 말을 듣고 하나님의 영에 크게 감동되어 강한 분노를 느꼈다. 그가 소 2마리를 끌어다 여러 토막으로 잘라 사자들에게 주면서, 이스라엘 전 지역에 들고 다니며 외치라고 하였다.

"누구든지 사울과 사무엘을 따라나서지 않는 사람은 그의 소들에게도 이렇게 하겠다!"

백성이 하나님을 두려워하여 하나같이 달려 나왔다. 사울이 그들을 베섹에 집결시키고, 인원을 점검한 결과 이스라엘 사람이 30만, 유다 사람이 3만이었다. 사울이 사자들을 길르앗의 야베스로 돌려보내며 말하였다.

"내일 정오까지 우리가 당신들을 구출하겠소."

사자들이 돌아가 이 소식을 전하자 야베스 사람들이 무척 기뻐하였다. 그들이 나하스에게 말하였다.

"항복합니다. 내일 당신들에게 나아갈 테니 좋을 대로 하시오."

다음날 새벽에 사울은 병력을 3부대로 나누고 암몬군을 기습하여 정오까지 쳐 죽였다. 살아남은 자들은 뿔뿔이 흩어져 두 사람도 함께한 자가 없었다. 백성이 사무엘에게 말하였다.

"사울이 우리의 왕이 되어서는 안 된다고 말한 자가 누구입니까? 그들을 끌어내십시오. 우리가 죽이겠습니다."

사울이 말하였다.

"오늘은 하나님이 이스라엘을 구원한 날입니다. 아무도 사람을 죽여서는 안 됩니다."

사무엘이 외쳤다.

"자, 모두 길갈로 가서 다시 한번 사울을 우리의 왕으로 선포합시다!"

모든 백성이 하나님 앞에서 사울을 왕으로 선포하고 왕위에 앉혔다. 하나님께 화목제를 드리고 사울과 함께 크게 기뻐하였다.

✳ 114 ✳
사무엘(2)

이제 눈을 뜨고 밝히 보라

사무엘이 백성에게 말하였다.

"나는 여러분의 요구대로 왕을 세워주었습니다. 보십시오. 지금 왕이 여러분 앞에 있습니다. 이제 나는 늙어 백발이 되었고, 내 아들들은 여러분과 함께 있습니다. 나는 어릴 때부터 여러분의 지도자로 일했습니다.

지금 내가 하나님과 왕 앞에 섰으니, 내게 잘못한 것이 있으면 말하십시오. 내가 누구의 소나 나귀를 뺏은 일이 있습니까? 여러분을 속이거나 못살게 군 일이 있습니까? 뇌물을 받은 적이 있습니까? 내가 잘못한 것이 있으면 무엇이든지 말하십시오. 모두 갚아드리겠습니다."

"당신은 우리를 속이거나 못살게 군 일이 없으며, 단 한 번도 뇌물을 받은 적이 없습니다."

"여러분이 내게서 아무 죄도 찾지 못한 이 일에 대하여 하나님과 왕이 증인입니다."

"그렇습니다. 하나님이 우리의 증인이 되셨습니다."

"모세와 아론을 세우시고 여러분의 조상들을 이집트에서 인도하신 하나님이십니다. 이제 여러분은 여기 조용히 서 계십시오. 하나님이 여러분과 여러분의 조상들을 위해 행하신 일에 대하여, 내가 하나님 앞에서 여러분과 하나하나 따져가며 말씀드리겠습니다.

여러분의 조상들이 이집트에서 도와달라고 하나님께 부르짖자 하나님이 모세와 아론을 보내 이 땅으로 인도하셨습니다. 그러나 그들은 하나님을 잊어버렸습니다. 하나님이 하솔 왕의 군대 총사령관 시스라와 블레셋 사람과 모압 왕에게 그들을 넘겨주셨습니다. 그때 백성은 다시 하나님께 부르짖으며 애원하였습니다.

'우리가 하나님을 버리고 이방 우상 바알과 아스다롯을 섬겨 죄를 범하였습니다. 이제 우리를 원수들의 손에서 구해주소서. 그러면 우리가 당신을 섬기겠습니다.'

하나님이 기드온과 바락과 입다와 나 사무엘을 보내 여러분을 원수들의 손에서 구원하여 주셨습니다. 여러분은 암몬 왕 나하스를 두려워한바, 하나님이 여러분의 왕임에도 불구하고, 나에게 와서 여러분을 위해 왕을 세워달라고 요구하였습니다.

보십시오. 이제 여러분이 택한 왕이 여기 있습니다. 여러분이 왕을 요구하여 하나님이 들어주셨습니다. 여러분이 하나님을 두려운 마음으로 섬기고 그 명령대로 순종하며, 또 여러분과 여러분의 왕이 하나님을 따르면 모든 일이 순조로울 것입니다. 그러나 여러분이 하나님의 명령을 거역하고 순종하지 않으면, 하나님이 여러분의 조상들을 벌하신 것처럼 여러분을 무섭게 벌하실 것입니다.

이제 여러분은 하나님이 행하시는 놀라운 일을 지켜보십시오. 여러분도 아시겠지만, 밀을 추수하는 이맘때는 비 오는 계절이 아닙니다. 그러나 내가 기도하면 하나님이 우레와 비를 보내실 것입니다. 이제 여러분은 왕을 요구한 죄가 얼마나 큼을 알게 될 것입니다."

사무엘이 기도하자 하나님이 우레와 비를 보내셨다. 모든 백성이 하나님과 사무엘을 몹시 두려워하며 말하였다.

"우리를 위해서 하나님께 기도하여 제발 우리가 죽지 않게 해주십시오. 우리는 우리가 지은 모든 죄 외에도, 왕을 요구하여 또 하나의 죄를 범했습니다."

"두려워하지 마십시오. 여러분이 지금까지는 그런 악한 짓을 하였으나, 이제부터는 하나님을 떠나지 말고 진심으로 섬기십시오. 여러분은 거짓 신들을 쫓아서는 안 됩니다. 그들은 무익하여 여러분을 도와줄 수도 없고, 구원할 수도 없습니다. 하나님이 여러분을 자기 백성으로 삼으신 것을 기뻐하십니다. 그의 위대하신 이름을 생각해서도 여러분을 버리지 않으실 것입니다.

그리고 나는 여러분을 위해 기도하는 일을 중단하여 하나님께 죄를 짓지 않을 것이며, 계속 선하고 옳은 것을 여러분에게 가르칠 것입니다. 여러분은 하나님을 두려워하고 마음을 다하여 진심으로 섬기십시오. 그가 여러분을 위해 행하신 그 모든 놀라운 일들도 잊어서는 안 됩니다. 여러분이 계속 죄를 범하면 여러분과 여러분의 왕이 다 망할 것입니다."

사울(3)

성급한 사람은 가난하게 된다

사울이 40세에 왕이 되어 2년간 다스렸다. 군인 2천 명은 자기와 함께 있게 하고, 1천 명은 아들 요나단과 함께 있게 하였다. 요나단이 게바에 있는 블레셋 주둔군을 쳐서 죽인바, 그 소식이 순식간에 블레셋 땅에 전해졌다. 사울이 전국 각처에 나팔을 불게 하여, 이스라엘 사람이 블레셋 사람에게 증오의 대상이 되었다는 사실을 알렸다. 이스라엘 백성이 길갈에 모여 사울을 따랐다.

블레셋 사람들이 이스라엘과 싸우려고 막강한 군대를 이끌고 올라와 진을 쳤다. 전차 3만 대와 마병 6천 명을 가진 병력이 해변의 모래알 같았다. 이스라엘 사람들은 완전히 전의를 상실하고, 굴과 수풀과 바위틈과 빈 무덤과 웅덩이를 찾아 숨었다. 어떤 사람들은 요단강을 건너 갓과 길르앗 땅으로 도망치기도 하였다.

사울은 아직 길갈에 머물러 있었고, 그와 함께 있는 사람들은 다가올 위험을 생각하며 무서워 떨고 있었다. 그가 사무엘의 지시대로 7일 동안 기다렸으나, 사무엘이 오지를 않자 남은 사람들마저 하나둘씩 흩어지기 시작하였다. 사울이 번제물과 화목제물을 가져오게 하여 직접 불로 태워 드렸다. 그가 제사를 다 드리자 사무엘이 도착하였다. 사울이 나가 맞았으나 사무엘이 꾸짖었다.

"도대체 이게 무슨 일이오?"

"부하들은 내 곁을 떠나고 당신은 약속한 날에 오지를 않았습니다. 게다가 블레셋군이 전투태세를 갖춰 치려고 하였으며, 나는 아직도 하나님의 도움을 구하지 않았다는 생각이 들었습니다. 그래서 부득이 제가 번제를 드렸습니다."

"당신이 어리석은 짓을 하였소! 왕으로서 하나님의 명령에 불순종했단 말이오. 하나님이 당신과 당신의 자손들을 영원히 이스라엘의 왕으로 삼을 작정이었소. 이제 당신의 나라는 길지 못할 것이오. 하나님이 이미 마음에 드는 사람을 찾아 자기 백성을 다스릴 왕으로 세웠소. 당신이 하나님의 명령에 순종하지 않았기 때문이오."

그리고 사무엘이 길갈을 떠나 베냐민 땅으로 갔다. 사울이 남은 병력을 점검하니 600명 정도밖에 되지 않았다. 사울과 요나단과 남은 백성은 베냐민 땅의 게바에 진을 치고, 블레셋 사람은 믹마스에 그대로 있었다. 블레셋군이 3부대의 특공대를 조직하여 블레셋 진지에서 나왔다.

그때 이스라엘 땅에 철공이 없었다. 블레셋 사람들은 히브리 사람들이 칼이나 창을 만들지 못하게 하였다. 이스라엘 사람들은 보습이나 도끼, 괭이, 낫 등을 벼릴 때마다 블레셋 대장장이에게 가지고 갔다. 그 값은 동전 2개였고, 도끼나 낫이나 쇠 채찍을 벼리는 값은 동전 1개였다. 그래서 사울과 요나단을 제외한 이스라엘군이 칼이나 창이 없었다.

블레셋군이 일부 병력을 투입하여 믹마스 고개를 지키게 하였다.

요나단(1)

사람을 구원하러 왔다

사울의 아들 요나단이 호위병에게 말하였다.

"자, 저 계곡을 건너 블레셋 사람의 진지로 가자."

사울은 600명의 부하들과 함께 기브아에서 가까운 미그론의 석류 나무 주변에 진을 치고 있었다. 그들 가운데 아히야라는 제사장도 있었다. 그는 이가봇의 형제 아히둡의 아들로서 비느하스의 손자요, 실로에서 하나님의 제사장으로 있었던 엘리의 증손이었다. 요나단이 적진을 향해 떠났다는 사실을 아는 사람이 아무도 없었다.

블레셋 진지까지 가려면 보세스와 세네라는 2개의 험한 바위 사이의 좁은 통로를 지나야 했다. 북쪽의 바위는 믹마스를 향하고, 남쪽의 바위는 게바를 향해 우뚝 솟아 있었다. 요나단이 호위병에게 말하였다.

"하나님을 알지 못하는 저 이방인들에게 가자. 하나님이 우리를 위해 기적을 베풀어주실 것이다. 하나님의 구원은 사람이 많고 적음에 달려있는 것이 아니다!"

"좋습니다. 당신의 뜻에 전적으로 따르겠습니다."

"됐다. 우리가 건너가서 블레셋 사람들에게 우리의 모습을 드러내 보이자. 그들이 보고 '거기 서라. 당장 죽여 버리겠다!'라고 하면 우리는 서서 그들을 기다려야 한다. 그들이 '이리 올라오너라!'고 하면 하나님이 그들을 우리의 손에 넘겨주셨다는 신호이니 우리가 올라가야 한다."

그들이 모습을 드러내 보이자 블레셋 사람들이 소리쳤다.

"저기 히브리 사람들이 굴에서 기어 나오고 있다! 이리 올라오너라.

우리가 본때를 보여주겠다!"

요나단이 자기 호위병에게 말하였다.

"나를 따라 올라오너라. 하나님이 저들을 이스라엘 사람들의 손에 넘겨주셨다."

그리고 기어 올라가자 그의 호위병도 뒤따라 올라갔다. 요나단이 블레셋군을 쳐서 쓰러뜨리기 시작하자 그 젊은 호위병이 뒤따라가며 그들을 쳐 죽였다. 약 2,000㎡ 정도의 지역 안에서 처음으로 20명가량의 블레셋군을 죽였다. 그때 갑자기 블레셋군이 무서운 공포감에 사로잡혔다. 진지와 들과 전초지에 있는 자들과 특공대가 모두 떨기 시작하였고, 땅이 진동하며 일대 혼란이 일어났다.

기브아에 있던 사울의 관측병이 바라보니, 수많은 블레셋군이 큰 혼란에 빠져 이리저리 흩어지고 있었다. 사울이 인원을 점검하여 요나단과 그의 호위병이 없어진 사실을 알았다. 사울이 아히야를 보고 말하였다.

"하나님의 궤를 이리 가져오시오!"

하나님의 궤는 이스라엘 백성 가운데 있었다. 사울이 제사장에게 말할 때 블레셋군의 진지에서 요란한 소리가 점점 더 크게 들려왔다. 사울이 제사장에게 말하였다.

"하나님께 물어볼 필요도 없소. 그만두시오."

사울과 그의 부하들이 전쟁터로 달려갔다. 블레셋군이 자기들끼리 서로 치고 있었다. 그들 가운데 블레셋 사람들의 편에 가담하였다가 출전한 히브리 사람들도 있었다. 그들이 마음을 돌려 사울과 요나단에 합세하였다. 에브라임 산간 지대에 숨었던 이스라엘 사람들도, 블레셋군이 도주하는 것을 보고 달려 나와 그들을 추격하였다.

이렇게 해서 전투는 벧아웬을 지나 계속되었고, 하나님이 이스라을 구원하셨다. 그날 이스라엘 사람들은 아무것도 먹지 못하고 굶주린 채 지쳐 있었다. 사울이 금식을 선포하였기 때문이다.

"오늘 내가 원수들을 복수하기 전에 무엇이든지 먹는 자는 저주를 받을 것이다."

그들은 하루 종일 아무것도 먹지 못했다. 숲속에 들어갔을 때 곳곳에 꿀이 있었으나, 사울의 저주를 두렵게 여겨 감히 먹지 못하였다. 그러나 요나단은 자기 아버지의 명령을 듣지 못한바, 들고 있던 막대기를 내밀어 꿀을 찍어 먹고 원기를 회복하였다. 그때 한 사람이 요나단에게 말하였다.

"당신의 부친이 오늘 무엇이든지 먹는 자는 저주를 받을 것이라고 엄히 경고한바, 모두 먹지 못하고 굶주린 채 지쳐 있습니다."

요나단이 대답하였다.

"그건 말도 안 된다! 그런 명령은 우리를 해칠 뿐이야. 내가 이 꿀을 조금 먹고도 얼마나 기운을 차리게 되었는지 한번 보아라. 만일 백성이 적에게서 뺏은 음식을 마음대로 먹을 수 있었다면, 우리가 적을 더 많이 죽일 수 있었을 것이다."

백성은 믹마스에서 아얄론까지 온종일 블레셋군을 추격하여 몹시 지쳐 있었다. 그들이 빼앗은 양과 소 떼를 잡아 날것으로 마구 먹었다. 어떤 사람이 그 사실을 보고하자 사울이 소리를 질렀다.

"이 배신자들! 큰 돌 하나를 굴려 오너라. 그리고 가서 소와 양을 이리 끌고 와 피를 빼고 먹으라고 하라. 누구든지 날고기를 먹어 죄를 범하는 일이 있어서는 안 된다!"

그날 밤 사람들은 각자 소를 끌어다 잡았고, 사울은 하나님께 처음으로 단을 쌓았다. 사울이 부하들에게 말하였다.

"밤새도록 블레셋군을 추격하여 하나도 남기지 말고 모조리 죽여 버리자."

"좋습니다. 왕의 생각에 좋을 대로 하십시오."

제사장이 말하였다.

"먼저 하나님께 물어봅시다."

사울이 하나님께 물어보았다.

"제가 블레셋군을 추격해야 합니까? 주께서 그들을 우리의 손에 넘겨주시겠습니까?"

하나님의 응답이 없었다. 사울이 백성의 지도자들에게 말하였다.

"뭔가 잘못되었소. 이 일이 누구의 죄 때문인지 한번 알아봅시다. 이스라엘을 구원하신 하나님의 이름으로 맹세합니다. 죄를 범한 자가 내 아들 요나단이라 할지라도 반드시 죽을 것이오!"

그 말에 한 사람도 대답하는 자가 없었다. 사울이 백성에게 말하였다.

"요나단과 나는 이쪽에 설 테니 여러분은 저쪽에 서시오."

"왕의 생각에 좋을 대로 하십시오."

사울이 기도하였다.

"이스라엘의 하나님이시여, 어찌하여 응답하지 않으십니까? 잘못된 것이 무엇입니까? 요나단과 저에게 죄가 있습니까, 백성에게 죄가 있습니까? 하나님, 누구에게 죄가 있는지 보여주소서."

요나단과 사울이 죄 있는 자로 뽑히고, 백성은 죄가 없는 것으로 밝혀졌다. 사울이 말하였다.

"나와 요나단 사이에서 뽑아라."

요나단이 죄 있는 자로 뽑혔다. 사울이 요나단에게 말하였다.

"네가 무슨 일을 저질렀는지 말하라."

"막대기 끝으로 꿀을 조금 찍어 먹었습니다. 그런데 제가 죽어야 합니까?"

"그렇다, 요나단! 너는 반드시 죽어야 한다. 그렇지 않으면 하나님이 나를 쳐서 죽이기 원한다."

백성이 사울에게 말하였다.

"이스라엘이 승리하는데 이처럼 큰 공을 세운 요나단이 죽어야 합니까? 그건 안 될 말씀입니다. 우리는 그가 머리털 하나라도 잃지 않게 할 것을 살아계신 하나님의 이름으로 맹세합니다. 하나님의 도움이 아니었다면 그가 오늘 어떻게 이런 일을 해낼 수 있었겠습니까?"

그래서 요나단을 죽음에서 구할 수 있었다. 사울은 더이상 블레셋 군을 추격하지 않고 철수했으며, 블레셋군은 자기 땅으로 돌아갔다.

✳117✳
아말렉(2)
먼저 남을 대접하라

사무엘이 사울에게 말하였다.

"하나님이 나를 보내 당신을 왕위에 앉혀 이스라엘을 다스리게 하였소. 이제 왕은 하나님의 말씀을 잘 들으시오. 하나님이 '내 백성이 이집트에서 나왔을 때 아말렉이 대적하여 그들을 벌하기로 작정하였다. 이제 가서 아말렉을 치고 소와 양과 낙타와 나귀와 기타 가축은 물론, 남녀노소 젖먹이까지 모조리 죽여라.'라고 말씀하셨소."

사울이 병력을 소집하고 인원을 점검하니 이스라엘 사람이 20만, 유다 사람이 1만이었다. 그들을 이끌고 아말렉 성에 접근하여 계곡에 매복하였다. 그리고 겐 사람들에게 말하였다.

"너희는 아말렉 사람을 떠나라. 너희마저 죽이고 싶지 않다. 이스라엘 백성이 이집트에서 나왔을 때, 너희 조상들이 우리에게 친절을 베풀었다."

그들이 아말렉 사람을 떠났다. 사울은 하윌라에서 이집트 동쪽의 술까지 줄곧 아말렉 사람을 쳐서 아각 왕을 생포하고, 그 나머지 백성은 모조리 죽였다. 그때 사울과 그 부하들이 아각 왕과 제일 좋은 양과 송아지와 어린양과 그 밖의 좋은 것을 모두 남기고, 무가치하고 쓸모없는 것만 골라 죽이거나 없앴다. 하나님이 사무엘에게 말씀하셨다.

"내가 사울을 왕으로 세운 것이 후회된다. 그가 나를 떠나 내 명령에 순종하지 않았다."

사무엘이 밤새 근심하며 하나님께 부르짖었다. 다음 날 아침 일찍 사무엘이 사울을 만나러 갔으나 어떤 사람이 일러주었다.

"사울이 갈멜에서 자기를 위해 기념비를 세우고 길갈로 내려갔습니다."

사무엘이 찾아가자 사울이 반갑게 맞으며 말하였다.

"어서 오시오. 나는 하나님의 명령을 그대로 수행하였소."

"그렇다면 어찌하여 소와 양의 울음소리가 들린단 말이오?"

"백성이 아말렉 사람의 양과 소 떼 중에서 제일 좋은 것은 죽이지 않고 살려둔 것이 사실이오. 그것은 백성이 당신의 하나님께 제사를 드리기 위해 남겨둔 것이오. 그 밖의 것은 우리가 모조리 죽이거나 없애 버렸소."

"듣기 싫소! 지난밤 하나님이 나에게 하신 말씀이나 들어보시오."

"무슨 말씀이오?"

"당신이 자신을 보잘것없는 존재로 여길 때 하나님은 당신을 이스라엘의 왕으로 삼았소. 그리고 임무를 맡겨 보내시며 '너는 가서 죄인 아말렉 사람을 쳐서 하나도 남기지 말고 모조리 죽여라'라고 하셨소. 그런데 당신은 하나님의 말씀에 순종하지 않고, 적의 좋은 것을 탈취하는 데만 급급하여 하나님의 명령을 거역하고 악을 행하였소?"

"나는 하나님의 말씀에 순종하였소. 하나님이 말씀하신 대로 아말렉 왕 아각을 끌어왔고, 그 나머지는 모조리 죽여 버렸소. 백성이 길갈에서 당신의 하나님께 제사를 드리겠다고, 그들이 뺏은 양과 소 떼 중에서 제일 좋은 것을 제물로 달라고 요구하여 내가 허락하였을 뿐이오."

"하나님이 번제나 제사를 순종보다 더 좋아하시겠소? 순종하는 것이 제사보다 낫고, 하나님의 말씀을 듣는 것이 수양의 기름보다 더 낫소. 거역하는 것이 마술의 죄와 같고, 완고한 고집은 우상 숭배와 다를 바 없소. 당신이 하나님의 말씀을 버렸으니, 하나님도 당신을 버려 왕이 되지 못하게 할 것이오."

"그렇소. 내가 죄를 범하였소. 내가 당신의 말씀과 하나님의 명령에 불순종하였소. 내가 백성을 두려워하여 그 요구를 들어주었소. 제발 부탁이오. 이제 내 죄를 용서하고, 나와 함께 가서 내가 하나님께 경배하도록 해주시오."

"그렇게 해도 아무 소용이 없소. 당신이 하나님의 명령을 거절한바, 하나님이 당신을 이스라엘의 왕으로서 이미 거절하였소."

사무엘이 떠나려고 하자 사울이 그 옷자락을 붙잡아 찢어지고 말았다. 사무엘이 말하였다.

"하나님이 오늘 이 나라를 당신보다 나은 사람에게 주셨소. 이스라엘의 영광이신 하나님은 거짓말을 하거나 마음이 변하는 일이 없소. 그는 사람이 아니시기 때문이오."

"내가 죄를 지었소. 나와 함께 가서 내가 당신의 하나님께 경배할 수 있게 해주시오. 내 백성의 지도자들과 모든 사람들 앞에서 나를 높여주시오."

사무엘이 그와 함께 갔고, 사울은 하나님께 경배하였다. 사무엘이 말하였다.

"아각 왕을 끌어오시오."

아각이 만면에 미소를 띠며 중얼거렸다.

"사망의 괴로움이 지나고 이제 나는 살았다!"

사무엘이 말하였다.

"네 칼이 수많은 여인들의 자식을 죽였으니, 너의 어머니도 자식 없는 여인이 될 것이다."

그리고 하나님의 단 앞에서 그를 칼로 쳐 토막을 내고 말았다. 사무엘은 라마의 집으로 돌아가고 사울은 기브아로 돌아갔다.

이후 사무엘은 사울을 다시 찾지 않았으나 그로 인해 계속 슬퍼하였고, 하나님은 사울을 이스라엘의 왕으로 삼으신 것을 후회하셨다.

✳118✳

다윗(1)

내 생각은 니희 생각과 다르다

하나님이 사무엘에게 말씀하셨다.

"너는 사울을 위해 언제까지 슬퍼하겠느냐? 나는 이미 그를 버렸다. 더이상 이스라엘의 왕으로 여기지 않는다. 이제 너는 감람기름을 가지고, 베들레헴으로 가서 이새라는 사람을 찾아라. 내가 그 아들 중에서 새 왕을 벌써 정해 놓았다."

"제가 어찌 그럴 수 있겠습니까? 사울이 알면 죽일 것입니다."

"너는 암송아지를 끌고 가라. 하나님께 제사를 드리러 왔다고 하면서 이새를 초대하라. 내가 그 아들 중에서 하나를 알려주겠다."

사무엘이 베들레헴에 도착하자 장로들이 나와 맞으며 물었다.

"무슨 잘못이라도 있습니까? 어떻게 오셨습니까?"

"하나님께 제사를 드리러 왔소. 몸을 정결하게 하고 제사를 드립시다."

그리고 이새와 그 아들들을 초대하였다. 사무엘이 엘리압을 보고 생각하였다.

"이 사람이 하나님이 택하신 자로구나!"

하나님이 말씀하셨다.

"용모와 신장을 보고 판단하지 마라. 내가 말한 사람이 아니다. 사람은 외모를 보지만 나 하나님은 중심을 본다."

이새가 아비나답을 불러 사무엘 앞을 지나게 하였으나 사무엘이 말하였다.

"이 사람도 아니오."

다음으로 삼마를 불러 지나가게 하였으나 이번에도 사무엘이 말하였다.

"이 사람도 택하지 않았소."

이새가 아들 일곱을 다 지나가게 하였다.

"이들 중에 하나도 택하지 않았소. 다른 아들은 없소?"

"막내가 있습니다만 지금 들에서 양을 지키고 있습니다."

"지금 당장 불러오시오. 그가 올 때까지 식탁에 앉지 않겠소."

이새가 사람을 보내 다윗을 데려왔다. 그는 혈색이 좋고 눈에 총기가 넘치며 잘 생긴 소년이었다. 하나님이 말씀하셨다.

"이 소년이다. 그에게 기름을 부어라."

다윗이 형제들 가운데 섰을 때 사무엘이 감람기름을 그의 머리에 부었다. 하나님의 영이 다윗을 사로잡아 그날 이후 함께하셨다. 그리고 사무엘은 라마로 돌아갔다.

하나님의 영은 사울을 떠나고 대신 악령이 괴롭혔다. 사울의 신하들이 말하였다.

"하나님이 보낸 악령이 왕을 괴롭히고 있습니다. 명령만 내리십시오. 우리가 수금을 잘 타는 사람을 구해오겠습니다. 악령이 왕을 괴롭힐 때마다 수금을 타면 왕이 낫게 될 것입니다."

"좋다. 수금 타는 자를 데려오라."

"베들레헴에 이새라는 사람의 아들이 있습니다. 그는 수금을 잘 탈 뿐만 아니라 기백 있고 용감하며, 구변 좋고 용모도 아름다운 데다가 하나님이 함께하십니다."

사울이 사람을 보내 다윗을 보내라고 요구하였다. 이새가 다윗을 보내며 염소 새끼와 빵과 포도주를 실은 당나귀도 함께 보냈다. 다윗을 보고 사울이 대견하게 여기며 호위병으로 삼았다. 그리고 사람을 이새에게 보내 전하였다.

"다윗을 내 곁에 있게 하라. 내가 그를 무척 좋아한다."

그때부터 악령이 사울을 괴롭힐 때마다 다윗이 수금을 탔으며, 사울은 상쾌하게 낫고 악령은 떠나갔다.

✳ 119 ✳
골리앗

먼저 하나님의 나라와 그의 의를 구하라

블레셋 사람들이 군대를 소집하고 진을 쳤다. 사울과 이스라엘 사람들도 모여 블레셋군과 대치하였다. 그들은 골짜기 하나를 두고 이쪽 저쪽 산언덕에서 마주 보고 포진하였다.

거인 골리앗이 블레셋 진지에서 나와 이스라엘에 싸움을 걸어왔다. 그는 키가 3m나 되었고, 놋 투구를 쓰고, 57kg짜리 놋 갑옷을 입고, 놋 각반을 대고, 놋 창까지 들고 나왔다. 그 창 자루는 베틀채 만하였고, 창날의 무게는 7kg이나 되었으며, 호위병 하나가 큰 방패를 들고 그 앞에서 걸어 나왔다. 골리앗이 이스라엘군을 향해 외쳤다.

"너희가 왜 나와서 전열을 갖추고 있느냐? 나는 블레셋 사람이고 너희는 사울의 부하가 아니냐? 이제 한 사람을 택하여 나에게 보내라. 너희가 보낸 자가 나를 죽일 수 있으면 우리가 너희 종이 되겠다. 그러

토크 지저스

나 내가 그를 죽이면 너희가 우리 종이 되어야 한다. 내가 오늘 너희 이스라엘군을 이렇게 모욕한다. 자, 나와 싸울 자를 어서 보내라."

사울과 이스라엘군이 벌벌 떨고 있었다. 그때 이새의 세 아들은 블레셋군과 싸우려고 사울을 따라 전쟁터에 나가 있었고, 막내아들 다윗은 왕궁을 드나들며 베들레헴에서 아버지의 양을 치고 있었다. 골리앗이 40일 동안 아침저녁으로 나와 이스라엘군 앞에서 거드름을 피웠다. 이새가 다윗에게 말하였다.

"이 볶은 곡식 한 말과 빵 열 덩이는 형들에게 갖다 주고, 이 치즈 열 덩이는 그들의 지휘관에게 주어라. 네 형들이 어떻게 지내는지 알아보고, 그들이 살아있다는 증거물을 받아오너라. 사울 왕과 너의 형들과 이스라엘군은 지금 엘라 골짜기에서 블레셋군과 교전 중이다."

다윗이 다음 날 아침 일찍 일어나 양을 다른 목동에게 맡기고, 아버지가 주신 음식을 가지고 이스라엘 진지를 향해 출발하였다. 그가 도착했을 때, 이스라엘군이 함성을 지르며 진지에서 막 전쟁터로 달려 나오고 있었다. 블레셋과 이스라엘군이 서로 마주 보고 전투태세를 취하였다.

다윗이 가지고 온 음식을 짐 맡은 감시병에게 맡기고, 전쟁터로 달려가 형들을 만나 안부를 물었다. 다윗이 형들과 이야기를 나눌 때 거인 골리앗이 전과 같이 이스라엘군을 모욕하며 외쳤다. 이스라엘군이 골리앗을 보고 도망치며 서로 말하였다.

"자네는 저런 거인을 본 적이 있나? 저 녀석이 이스라엘군을 모욕하려고 나왔다네. 사울 왕은 저 거인을 죽이는 자에게 어마어마한 재산을 줄 걸세. 어디 그뿐이겠는가! 왕은 자기 딸을 그에게 주어 아내로 삼게 하고, 그의 가족에게는 세금을 면제해주기로 했다네."

다윗이 곁에 선 사람들에게 물었다.

"이 블레셋 거인을 죽여 더이상 이스라엘을 모욕하지 못하게 하는 사람이 어떤 대우를 받습니까? 도대체 이 이방 블레셋 사람이 누군데 감히 살아계신 하나님의 군대를 모욕한단 말입니까?"

그들이 골리앗을 죽이는 자에게 사울이 건 상금을 그대로 말해주었다. 다윗의 맏형 엘리압이 그 말을 듣고 화를 내며 말하였다.

"도대체 여기서 뭘 하는 거냐? 들에 있는 양은 누구에게 맡기고 왔어? 나는 네가 얼마나 교만한 녀석인지 안다. 너는 전쟁을 구경하러 온 놈이다."

"저는 한마디 물어본 것뿐입니다. 제가 뭘 잘못했다고 이렇게 야단을 치십니까?"

그리고 또 다른 사람들에게 가서 물었다. 그들도 똑같은 대답을 하였다. 어떤 사람이 다윗의 말을 듣고 사울에게 보고하였다. 사울이 사람을 보내 다윗을 불렀다. 다윗이 사울에게 말하였다.

"왕이여, 저 블레셋 거인 때문에 두려워하실 필요가 없습니다. 제가 가서 저 녀석을 해치우겠습니다."

"그건 안 된다. 너같이 어린 녀석이 어떻게 저 거인과 싸울 수 있겠느냐? 너는 소년이고 그는 어릴 때부터 군 생활을 한 장군이다."

"제가 아버지의 양을 칠 때 사자나 곰이 와서 양 새끼를 움켜 가면, 몽둥이를 가지고 뒤따라가 그 입에서 새끼를 구했습니다. 사자나 곰이 나에게 덤벼들면 그 수염을 잡고 쳐 죽였습니다. 그런데 살아계신 하나님을 모욕하는 저 이방 블레셋 사람을 못 죽이겠습니까? 사자나 곰처럼 제가 반드시 그를 죽이겠습니다. 저를 사자와 곰의 발톱에서 구원하신 하나님이 저 블레셋 사람에게서도 구원하실 것입니다."

"좋다, 가라! 하나님이 너와 함께하시기를 바란다."

사울이 놋 투구와 갑옷을 벗어 다윗에게 주었다. 다윗이 투구를 쓰고 갑옷을 입은 후, 사울의 칼을 차고 시험 삼아 몇 걸음 걸어보았으나 거추장스러워 도저히 움직일 수가 없었다.

"이대로는 움직일 수 없습니다."

그리고 그것을 다 벗어버렸다. 대신 시냇가에 가서 매끄러운 돌 5개를 골라 주머니에 넣고, 양을 칠 때 사용하던 지팡이와 물매만 가지고 거인 골리앗을 향해 나아갔다. 방패 잡은 자를 앞세우고 다윗을 향해 걸어 나오던 골리앗이, 얼굴이 불그스름하고 예쁜 이 꼬마 소년을 보고 말하였다.

"네가 나를 개로 알고 막대기를 가지고 나왔느냐?"

그리고 그의 신들의 이름으로 다윗을 저주하였다.

"이리 오너라. 내가 네 시체를 새와 들짐승에게 주겠다."

다윗이 소리치며 말하였다.

"너는 칼과 창을 가지고 나왔으나 나는 전능하신 하나님, 네가 모욕하는 이스라엘 군대의 하나님의 이름으로 나왔다. 오늘 하나님이 너를 내 손에 넘겨주실 것이며, 나는 너를 죽여 네 목을 자르고, 블레셋 군의 시체를 새와 들짐승의 먹이로 주겠다.

그때 온 세상이 이스라엘에 하나님이 계신 것을 알게 될 것이다. 이곳에 있는 모든 사람들도, 하나님이 자기 백성을 구원하는 데 창이나 칼이 필요치 않음을 알게 될 것이다. 전쟁은 하나님께 속한바, 그가 너희를 우리 손에 넘겨주실 것이다!"

골리앗이 정면으로 걸어 나왔다. 다윗이 그를 향해 달려가며 주머니에서 돌 하나를 꺼내 물매에 감아 그에게 던졌다. 그 돌이 골리앗의 이마에 정통으로 맞아 꽂히고, 그는 땅바닥에 쓰러졌다. 다윗은 칼 하나 없이 물매와 돌 하나만 가지고 그 블레셋 거인을 쓰러뜨렸다. 그리고 달려가 골리앗의 칼집에서 칼을 뽑아 그를 죽이고 목을 베어버렸다.

블레셋 사람들은 그가 죽은 것을 보고 달아나기 시작하였고, 이스라엘과 유다 사람들이 승리의 환호성을 올리며 달려가 블레셋군을 성문까지 추격하였다. 그들의 사상자가 길에 즐비하였다.

이스라엘군이 추격을 중단하고 돌아와 블레셋군의 진지를 약탈하였다. 다윗은 골리앗의 머리를 예루살렘으로 가져왔고, 그의 갑옷과 투구는 자기 천막에 넣어두었다.

＊120＊

다윗(2)

까닭 없이 나를 미워하였다

요나단은 다윗과 영원한 우정을 약속하고 겉옷을 벗어주었으며, 갑옷과 칼과 활과 띠도 주었다. 다윗이 모든 일을 성공적으로 수행하여 사울이 사령관으로 임명하였다. 신하와 백성이 다 기뻐하였다.

다윗이 골리앗을 죽이고 돌아올 때 모든 성의 여자들이 승전을 축하하였다. 소고와 경쇠를 가지고 나와 노래하고 춤추며 환영하였다.

"사울은 수천을 죽이고 다윗은 수만을 죽였다!"

사울이 듣고 대단히 불쾌하여 혼잣말로 중얼거렸다.

"이것이 어찌 된 일인가? 다윗에게는 수만을 돌리고 나에게는 수천을 돌리다니! 다음에는 다윗을 왕으로 세우겠구나."

그날부터 사울은 계속 다윗을 질투의 눈으로 바라보았다. 다음날 하나님이 보낸 악령이 사울을 강하게 사로잡자 미친 사람처럼 소리를 지르며 떠들어대기 시작하였다. 다윗이 평소와 같이 그를 진정시키려고 수금을 탔다. 사울이 자기 곁에 세워둔 창을 만지작거리며 혼잣말로 중얼거렸다.

"내가 저놈을 벽에 박아버려야지."

그리고 창을 다윗에게 던졌다. 다윗은 그 창을 2번이나 피하고 도망쳤다. 하나님이 사울을 떠나 다윗과 함께하시므로 사울이 다윗을 두려워하였다. 사울이 다윗을 추방하여 1천 명을 거느리는 군 지휘관으로 강등시켰다.

다윗은 계속 백성을 지도하였다. 하나님이 함께하여 모든 일을 성공적으로 수행하였다. 사울이 보고 다윗을 더욱 두려워하였으나 이스라엘과 유대인들은 다윗을 믿고 사랑하였다. 사울이 다윗에게 말하였다.

"내가 너에게 내 맏딸 메랍을 아내로 주겠다. 먼저 네가 정말 용감한 군인임을 입증해야 한다."

그때 사울이 속으로 생각하였다.

'내가 직접 죽이지 않고 블레셋 사람의 손에 죽게 해야지.'

"제가 누군데 감히 왕의 사위가 되겠습니까? 제 아버지의 집안은 보잘것없습니다."

그러나 사울은 그 딸을 다른 사람에게 시집보냈다. 그런데 작은딸 미갈이 다윗을 사랑하자 사울이 듣고 기뻐하며 생각하였다.

"또 한 번의 기회가 왔구나! 내가 미갈을 다윗에게 주고 딸을 이용해서 블레셋 사람의 손에 죽게 해야지."

그리고 다윗에게 말하였다.

"이제 너는 내 사위가 될 수 있다. 작은딸을 너에게 주겠다."

사울은 신하들에게 왕의 사위가 되는 것이 좋겠다는 말을 다윗에게 일러주라고 지시하였다. 다윗이 그들에게 말하였다.

"저처럼 가난하고 보잘것없는 사람이 어떻게 왕의 사위가 될 수 있 겠소?"

사울의 신하들이 이 말을 전하자 사울이 말하였다.

"너희는 다윗에게 왕은 아무 예물도 바라지 않고, 블레셋 사람의 포 피 100개를 원할 뿐이라고 전하라."

이는 다윗을 블레셋 사람의 손에 죽게 할 속셈이었다. 그들이 그 말 을 전하자 다윗은 왕의 사위가 되는 것을 기쁘게 여기고, 기한이 차기 전에 부하들을 데리고 가서, 블레셋 사람 200명을 죽여 그 포피를 잘 라 왕에게 갖다 바쳤다. 사울이 미갈을 다윗에게 아내로 주었다.

사울은 하나님이 다윗과 함께하시고, 미갈도 다윗을 사랑하는 것을 알고 더욱 두려워하며 평생 그의 원수가 되었다. 블레셋 사람들이 공 격할 때마다 다윗은 다른 지휘관들보다 공을 많이 세웠던바, 그의 이 름이 널리 알려졌다.

✳121✳
미갈
주께서 나를 돕는 자 중에 계신다

사울이 아들 요나단과 신하들에게 다윗을 죽이라고 지시하였다. 요 나단이 다윗을 사랑하여 귀띔해 주었다.

"아버지가 너를 죽이려 하니 조심하고, 내일 아침에 들로 나가 숨어 있어라. 내가 아버지와 함께 나가서 너에 대하여 얘기해 보고 알릴 것이 있으면 전해주겠다."

다음날 요나단이 자기 아버지와 얘기하는 중에 다윗을 칭찬하며 말하였다.

"아버지, 신하 다윗을 해치지 마십시오. 아버지를 거역하지 않고 최선을 다해 돕지 않습니까? 그가 생명을 아끼지 않고 나가서 골리앗을 죽였던바, 하나님이 큰 승리를 안겨주었습니다. 그때 아버지는 무척 기뻐하셨습니다. 어찌하여 죄 없는 사람을 죽여 죄를 지으려고 하십니까? 그럴 만한 이유가 전혀 없지 않습니까?"

"하나님이 살아계시는 한 내가 그를 죽이지 않겠다."

요나단이 다윗을 불러 그 말을 전하고 사울에게 데려갔으며, 다윗은 전과 같이 왕을 섬기게 되었다. 그리고 다시 전쟁이 일어났다. 다윗이 병력을 이끌고 나가 수많은 블레셋군을 죽였다.

하나님이 보낸 악령이 사울을 사로잡았다. 다윗이 수금을 탈 때 사울이 손에 들고 있던 단창을 던졌다. 다윗이 피하여 창은 벽에 꽂혔다. 그날 밤 다윗이 피하여 달아났다. 사울이 사람들을 보내 다윗의 집을 지키다가 아침에 나오면 죽이라고 하였다. 이를 눈치챈 다윗의 아내 미갈이 일러주었다.

"당신이 오늘 밤에 피하지 않으면 내일은 죽게 될 거예요."

그리고 창문으로 다윗을 달아내려 도망치게 한 후, 우상을 가져다가 침대에 눕히고 염소 털을 머리에 씌워 옷으로 덮어두었다. 사울이 보낸 사람들이 왔을 때 미갈은 다윗이 병들어 일어날 수 없다고 하였다. 사울이 다시 사람들을 보내 명령하였다.

"그를 침대째 이리 들고 오너라. 내가 그를 죽이겠다."

그들이 와서 보니 침대에는 우상이, 그 머리에는 염소 털로 엮은 것이 있었다. 사울이 미갈에게 물었다.

"너는 어찌하여 나를 속이고 내 원수를 도망치게 하였느냐?"

"그가 돕지 않으면 죽이겠다고 하여 어쩔 수 없었습니다."

다윗은 라마로 가서 사무엘을 만나 사울이 자기에게 한 일을 모두 말하였다. 사무엘이 다윗을 나욧으로 데리고 가서 함께 살았다. 다윗이 나욧에 있다는 소식이 전해지자 사울이 다윗을 잡아 오라고 사람들을 보냈다.

그들이 도착하여 사무엘과 다른 예언자들이 예언하는 것을 보았다. 하나님의 영이 그들을 감동시켜 그들도 예언하기 시작하였다. 사울이 다른 사람들을 보냈으나 그들도 역시 예언하였다. 사울이 또다시 사람들을 보냈으나 그들도 역시 예언하였다. 이번에는 사울이 직접 라마로 가서 큰 우물에 이르러 물었다.

"사무엘과 다윗이 어디 있느냐?"

"라마의 나욧에 있습니다."

사울이 나욧으로 가는 중에 하나님의 영이 사로잡자 줄곧 예언하였다. 그는 또 자기 옷을 벗고 사무엘 앞에서 예언하며, 하루 종일 벌거벗은 채 누워 있었다. 그래서 유행어가 생겼다.

"사울도 예언자란 말인가?"

요나단(2)

바른말이 참된 우정이다

다윗이 라마의 나욧에서 도망하여 요나단을 찾아가 물었다.

"내가 무엇을 잘못했다고 너의 아버지가 나를 죽이려고 하느냐?"

"아니야, 너는 죽지 않을 거야! 아버지는 사소한 일까지 모두 나에게 말해주거든. 이런 일이라고 해서 나에게 숨길 리가 없어. 절대 그렇지 않을 거야."

"물론 네가 그것을 알 리 없지. 너의 아버지는 우리의 우정에 대해서 너무나 잘 알고 있거든. 네 마음을 상하게 할까 봐 알리지 않을 뿐이야. 내가 살아계신 하나님의 이름으로 맹세하지만, 나는 죽기 일보 직전에 있단 말이야."

"그렇다면 네가 원하는 것을 내가 무엇이든지 하겠다."

"내일 초하룻날 축제가 있다. 내가 너의 아버지와 함께 식사하기로 되어 있으나, 나는 들로 가서 3일 저녁까지 그곳에 숨어있겠다. 너의 아버지가 나를 찾거든, 해마다 가족이 모여 하나님께 드리는 제사가 있는바, 부득이 고향 베들레헴에 가려고 너의 허락을 묻더라고 말해 줘. 너의 아버지가 좋다고 하면 나는 안전할 것이나, 너의 아버지가 화를 내면 나를 죽이기로 작정한 줄 알아라.

너는 언약으로 맺은 내 형제다. 그러니 이 부탁을 들어다오. 내가 죄를 지은 것이 있거든 네가 직접 나를 죽여라. 구태여 너의 아버지께 데리고 가서 죽일 필요는 없지 않으냐?"

"그런 생각은 꿈에도 하지 마라. 아버지가 너를 죽일 계획을 꾸미고 있다면 내가 너에게 말하지 않을 성싶으냐?”

“너의 아버지가 너에게 엄하게 대답한다면 누가 그것을 나에게 말해 주겠느냐?”

“들로 나가자.”

그리고 함께 들로 나가 요나단이 말하였다.

“내가 내일 이맘때나, 늦어도 모레 이맘때까지 너에 관해 아버지와 얘기해 보고, 아버지가 너를 어떻게 생각하는지 즉시 너에게 알려주기로 하나님의 이름으로 약속한다. 아버지가 화를 내며 너를 죽이려고 하는데도, 내가 너에게 알리지 않으면 하나님이 나를 죽이시기 원한다.

하나님이 내 아버지와 함께하셨던 것처럼 너와 함께하시기를 빈다. 너는 내가 살아있는 동안 하나님의 사랑을 베풀어 나를 죽지 않게 할 뿐만 아니라, 하나님이 너의 모든 원수를 완전히 멸망시키신 후에도, 내 가족에게 사랑과 친절을 베풀 것을 잊어서는 안 된다.”

요나단이 다윗의 가족과 계약을 맺고 말하였다.

“하나님이 다윗의 원수들을 치시기 바란다.”

이번에는 다윗을 사랑하는 마음으로 그에게도 다시 맹세를 시켰다. 그가 다윗을 자기 생명처럼 사랑하였기 때문이다. 요나단이 다윗에게 말하였다.

“물론 내일 초하룻날 축제에 네 자리가 비면 나를 찾을 것이 분명하다. 모레가 되면 모든 사람이 너에 관하여 물을 거야. 너는 전에 숨었던 돌무더기 뒤에 가서 숨어있어라.

내가 나가서 마치 과녁을 보고 쏘듯이 그 돌무더기 앞에 화살 셋을 쏘겠다. 그리고 아이를 보내 그 화살을 주워 오도록 하겠다. 내가 ‘화살이 이쪽에 있다. 가져오라!’라고 하거든, 너는 안심하고 돌아오라. 하나님이 살아계시는 한 네가 안전하고 무사할 것이다.

하지만 내가 '화살이 네 앞쪽에 있다.'라고 하면 너는 즉시 떠나라. 하나님이 너를 보내는 표시이다. 그리고 너와 내가 한 말에 대해서는 하나님이 우리 사이에 영원한 증인이 되심을 기억하라."

다윗이 들에 가서 숨었다. 초하룻날 축제가 시작되었다. 왕은 평소와 같이 벽을 등지고 앉았다. 요나단은 그의 맞은편에 앉고, 아브넬은 사울의 곁에 앉았다. 다윗의 자리는 비어있었다.

그날 사울은 아무 말도 하지 않았다. 다윗에게 무슨 일이 일어나 의식상 부정하게 된 것으로 생각하였다. 다음날에도 여전히 다윗의 자리가 비어있자 사울이 요나단에게 물었다.

"어찌하여 다윗이 어제와 오늘 식사하러 오지 않느냐?"

"다윗이 저에게 베들레헴으로 가게 해달라고 간청했습니다. 가족이 모여 제사드릴 일이 있다고 해서 제가 보내주었습니다. 그래서 그가 왕의 식탁에 나오지 못했습니다."

사울이 노발대발하며 소리쳤다.

"이 미친놈아! 네가 네 자신의 수치와 네 어미의 수치도 모르고, 천한 이새의 아들 쪽을 택한 것을 내가 모를 줄 아느냐? 그놈이 살아있는 한 너는 절대로 왕이 될 수 없다. 당장 가서 그놈을 끌고 오라. 그는 반드시 죽어야 한다!"

"어찌하여 그가 죽어야 합니까? 그가 잘못한 것이 무엇입니까?"

사울이 요나단을 죽이려고 단창을 던졌다. 그제야 요나단은 자기 아버지가 정말 다윗을 죽이기로 결심한 줄 알게 되었다. 요나단이 식탁에서 일어나 하루 종일 아무것도 먹지 않았다. 그처럼 다윗을 모욕하는 자기 아버지의 태도를 보고 무척 마음이 상했기 때문이다.

다음 날 아침 약속한 대로 요나단은 아이 하나를 데리고 들로 나가 말하였다.

"너는 달려가 내가 쏘는 화살을 찾아오너라."

요나단이 그의 뒤에서 화살을 쏘았다. 그가 화살이 떨어진 곳까지 거의 갔을 때 요나단이 소리쳤다.

"화살이 네 앞쪽에 있다! 어물어물하지 말고 빨리 주워오너라."

아이가 재빠르게 화살을 주워 주인에게 돌아왔다. 그는 그렇게 하는 이유를 알지 못했고, 요나단과 다윗만 알 뿐이었다. 요나단이 활과 화살을 그에게 주면서 성으로 돌아가라고 하였다.

그가 떠나자 다윗은 숨었던 돌무더기 뒤에서 일어나, 요나단 앞에 무릎을 꿇고 땅에 엎드려 세 번 절하였다. 그리고 서로 붙들고 입을 맞추며 흐느껴 울었다. 요나단이 말하였다.

"잘 가거라. 우리는 하나님의 이름으로 서로의 우정을 약속하고, 너와 나 사이에, 그리고 네 자손과 내 자손 사이에 하나님이 영원한 증인이 되실 것이라고 하였다."

그리고 서로 헤어져 다윗은 떠나고, 요나단은 성으로 돌아갔다.

＊123＊

아히멜렉

우리의 고통을 대신 받고 슬픔을 겪었다

다윗이 제사장 아히멜렉을 만나려고 놉으로 갔다. 제사장이 물었다.

"자네 혼자 웬일인가? 어찌하여 같이 온 자가 없는가?"

"왕이 특수 임무를 맡겨 보냈습니다. 왕은 제가 여기 온 이유를 아무에게도 알리지 말라고 했습니다. 부하들에게는 나중에 만날 곳만 말하고 서로 헤어졌습니다. 지금 먹을 것이 있습니까? 아무것이라도 좀 주십시오."

"거룩한 빵만 있네. 자네들이 최근에 여자를 가까이하지 않았으면 먹을 수 있네."

"물론 여자를 가까이하지 않았습니다. 제가 보통 임무를 띠고 나올 때도 부하들을 난잡하게 내버려 둔 적이 없습니다. 하물며 이처럼 특수 임무를 띠고 나온 우리가 어떻게 여자를 생각할 수 있겠습니까?"

제사장이 다른 빵이 없어 거룩한 빵을 다윗에게 주었다. 성전에 차려놓았던 빵으로 그날 새것으로 바꾼 것이었다. 공교롭게도 그때 사울의 목자장인 에돔 사람 도엑이 종교적 의식으로 그곳에 와 있었다. 다윗이 제사장에게 창이나 칼이 있는지 물어보고 말하였다.

"왕의 일이 너무 급해 병기를 가지고 나오지 못했습니다."

"자네가 엘라 골짜기에서 죽인 블레셋 사람 골리앗의 칼이 보자기에 싸여 옷장 안에 있네. 자네가 가지고 싶거든 가지게. 여기에 칼이라곤 그것밖에 없네."

"그보다 더 좋은 칼이 어디 있겠습니까? 저에게 주십시오."

그리고 다윗은 사울이 두려워 급히 그곳을 떠나 가드 왕 아기스에게 갔다. 그의 신하들은 다윗이 온 것을 기뻐하지 않고 말하였다.

"이자는 그 땅의 왕이 아닙니까? 그곳 여자들이 사울이 죽인 자는 수천이요, 다윗이 죽인 자는 수만이라 노래하고 춤추며 영예를 돌렸습니다."

다윗이 아기스 왕이 두려워 갑자기 미친 척하였다. 그가 대문짝을 긁적이며 수염에 침을 질질 흘리자 왕이 말하였다.

"보라! 저자가 미쳤다. 어찌하여 나에게 끌고 왔느냐? 미치광이는 이곳에도 얼마든지 있다. 왜 저런 미친놈을 내 집까지 끌고 와 번거롭게 하느냐?"

다윗이 가드를 떠나 아둘람 굴로 도망치자 그 형들과 온 집안이 소식을 듣고 찾아왔다. 그때 압제 받는 자와 빚진 자와 원통하고 억울한 자들이 다 모여들었다. 그들은 400명쯤 되었으며 다윗이 우두머리가 되었다. 그 후 다윗은 미스바로 가서 모압 왕에게 간청하였다.

"내가 할 일이 무엇인지 하나님께서 알려주실 때까지 나의 부모가 왕궁에 머물도록 허락하여 주십시오."

그래서 그들은 다윗이 요새에 있는 동안 모압 왕과 함께 있었다. 그때 예언자 갓이 다윗에게 요새를 떠나 유다 땅으로 돌아가라고 하였다. 다윗이 그곳을 떠나 헤렛의 숲으로 갔다.

사울은 기브아에 있었다. 그는 손에 창을 들고 상수리나무 아래 앉았고, 그의 신하들은 그 곁에 둘러 서 있었다. 그가 다윗과 그의 부하들이 나타났다는 말을 듣고 신하들에게 말하였다.

"베냐민 사람들아! 다윗이 너희에게 밭과 포도원을 주며 군대의 지휘관으로 삼을 것 같으냐? 어찌하여 너희가 공모하여 나를 대적하느냐? 내 아들이 다윗 편에 가담했어도 그 사실을 나에게 알려주는 자가 아무도 없었다. 너희 가운데 나를 염려하는 자도 없고, 내 아들이 다윗을 선동하여 그가 나를 죽일 기회만 노리고 있는데도 고발하는 자가 없다."

사울의 신하들과 함께 서 있던 에돔 사람 도엑이 말하였다.

"제가 놉에 있을 때 다윗이 제사장 아히멜렉과 이야기하는 것을 보았습니다. 그는 다윗이 할 일이 무엇인지 하나님께 묻고 음식도 주었으며, 블레셋 사람 골리앗의 칼도 주었습니다."

사울 왕이 즉시 사람을 보내 아히멜렉과 그의 모든 가족과 놉에 있는 제사장들을 다 불러오게 하였다. 그들이 도착하자 사울이 소리쳤다.

"너 아히둡의 아들아, 들어라!"

아히멜렉이 떨리는 목소리로 대답하였다.

"무슨 일이십니까?"

"너는 어찌하여 다윗과 공모하여 나를 대적하느냐? 네가 무엇 때문에 그에게 음식과 칼을 주고, 그를 위해 하나님께 물어보았느냐? 네가 그를 선동하여 그가 나를 반역하고, 이곳까지 와서 나를 칠 기회만 노리도록 한 이유가 무엇이냐?"

"왕의 신하들 가운데 왕의 사위 다윗만큼 충성 된 자가 어디 있습니까? 그는 왕의 경호대장일 뿐만 아니라 궁중 모든 사람에게 높이 존경을 받는 사람입니다. 내가 그를 위해서 하나님께 물은 것은 이번이 처음이 아닙니다. 왕이 이 문제로 나와 내 가족을 문책하는 것은 정당한 처사가 아닙니다. 우리는 이 일에 대해서 아무것도 아는 것이 없습니다."

"아히멜렉아, 너와 네 친척은 죽어 마땅하다."

사울이 경호병들에게 명령하였다.

"저 하나님의 제사장들을 죽여라. 다윗과 합세하여 공모하였고, 다윗이 도망친 줄 알면서도 나에게 알리지 않았다."

경호병들은 하나님의 제사장들을 죽이려고 하지 않았다. 왕이 도엑에게 명령하였다.

"네가 저들을 죽여라!"

그날 에돔 사람 도엑이 에봇 입은 85명의 제사장들을 모조리 칼로 쳐 죽였다. 또 왕의 명령으로 제사장들의 성읍 놉에 가서, 남녀를 가리지 않고 젖먹이까지 그 가족을 다 죽이고, 소와 나귀와 양까지 죽였다.

그때 아히멜렉의 아들 중 하나가 도망하여 다윗에게 갔다. 아비아달이었다. 그가 사울이 행한 일을 다윗에게 전하자 다윗이 말하였다.

"그날 도엑이 거기 있는 것을 보고 사울에게 말할 줄 알았소. 당신의 모든 가족과 친척이 죽은 것은 나 때문이오. 당신은 나와 함께 여기 머물도록 하시오. 내가 목숨을 걸고 당신을 지켜주겠소. 왕은 당신과 나를 모두 죽이려고 하지만, 당신이 나와 함께 있는 한 안전할 것이오."

✳124✳
사울(4)
하나님을 대적하는 자가 될까 두렵다

블레셋 사람들이 그일라를 쳐서 새로 추수한 곡식을 약탈한다는 말을 듣고 다윗이 하나님께 물었다.

"제가 가서 블레셋 사람을 칠까요?"

"그래, 가서 그일라를 구하라."

다윗의 부하들이 말하였다.

"우리가 여기 유다에 있기도 두렵습니다. 그일라까지 가서 어떻게 전 블레셋군과 싸울 수 있겠습니까?"

다윗이 다시 묻자 하나님이 대답하셨다.

"그일라로 내려가라. 내가 블레셋군을 네게 넘겨주겠다."

다윗과 그 부하들이 그일라로 가서 블레셋군을 치고 수없이 죽였다. 그들의 가축을 빼앗아 끌어오고 그일라 사람들을 구출하였다. 아히멜렉의 아들 아비아달이 다윗과 함께 자기 에봇을 가지고 그일라에 갔다. 사울은 다윗이 그일라에 있다는 말을 듣고 소리쳤다.

"잘 됐다. 이제 그놈을 잡았다. 하나님이 그를 내 손에 넘겨주셨다. 그놈이 튼튼한 문과 사방이 벽으로 둘러싸인 성에 제 발로 걸어 들어가 꼼짝없이 갇혔다."

사울이 전 병력을 동원하여 그일라로 가서 다윗과 그 부하들을 포위하려고 하였다. 다윗은 사울의 계획을 알고 제사장 아비아달에게 에봇을 가져오라고 하였다.

"이스라엘의 하나님이시여, 사울이 내려와 이 성을 쑥대밭으로 만들려고 한다는 말을 주의 종이 들었습니다. 그일라 사람들이 저를 사울에게 넘겨주겠습니까? 아니면 제가 들은 대로 사울이 정말 내려옵니까? 하나님이시여, 주의 종에게 일러주소서."

"사울이 내려올 것이다."

"그러면 그일라 사람들이 저와 제 부하들을 사울의 손에 넘겨준다는 말씀입니까?"

"그들이 그렇게 할 것이다."

다윗이 600명의 부하들을 이끌고 즉시 그일라를 떠나 이곳저곳으로 계속 이동하였다. 사울은 다윗이 그일라에서 피했다는 말을 듣고 그 계획을 포기하였다.

다윗 일행이 십 광야 산간 지대에 숨어있었다. 어느 날 호레쉬 부근에서 사울이 다윗을 죽이려고 십으로 오고 있다는 소식을 들었다. 사울은 다윗을 매일 찾아다녔으나 하나님이 그대로 내버려 두시지 않았다. 이때 요나단이 다윗을 찾아와 호레쉬에서 만났으며, 하나님을 더욱 신실하게 의지하라고 격려하였다.

"두려워하지 마라. 우리 아버지가 절대로 너를 찾지 못할 것이다. 네가 이스라엘의 왕이 되고 나는 네 다음이 될 것이다. 우리 아버지도 이 사실을 알고 있다."

그리고 다시 우정의 언약을 맺었다. 다윗은 그대로 호레쉬에 남고 요나단은 자기 집으로 돌아갔다. 십 사람들이 기브아에 있는 사울에게 가서 말하였다.

"우리는 다윗이 어디 숨었는지 압니다. 유다 광야 남쪽에 있는 하길라 산의 호레쉬 동굴에 있습니다. 대왕께서 우리 지방으로 내려오십시오. 우리가 그를 잡아 왕의 손에 넘겨드리겠습니다."

"너희가 이처럼 나에게 친절을 베풀어주었으니 하나님께 복 받기를 원한다. 너희는 가서 좀 더 자세히 살펴보고, 그가 어디 있으며 누가 그를 보았는지 알아보고 오너라. 그는 대단히 약삭빠르게 행동한다는 말을 들었다. 너희는 그가 숨은 곳을 정확하게 확인하고 돌아와 상세히 보고하라. 그러면 내가 너희와 함께 가겠다. 만일 그가 그 지역에 있다면 그 땅을 샅샅이 뒤져서라도 반드시 찾아내고야 말겠다."

십 사람들이 자기 마을로 돌아갔다. 다윗은 사울이 십으로 오고 있다는 말을 듣고, 부하들과 함께 남쪽의 마온 황무지로 더 깊이 들어갔다. 사울도 그곳까지 따라갔다. 사울과 그 군대는 산 이쪽으로 가고, 다윗과 그 부하들은 산 저쪽으로 갔다. 다윗이 사울을 급히 피하려고 하였으나, 사울과 그 군대가 포위망을 좁히고 있었다.

그때 블레셋 사람들이 이스라엘을 다시 침략해 들어오고 있다는 소식이 전해졌다. 사울이 다윗의 추격을 포기하고 블레셋군과 싸우러 갔다. 다윗은 그곳을 떠나 엔게디 동굴로 가서 머물렀다.

다윗(3)

선으로 악을 이기라

사울이 블레셋군과 싸우고 돌아왔을 때, 다윗이 엔게디 광야로 갔다는 말을 들었다. 정예병 3천 명을 이끌고 다윗과 그 부하들을 찾으러 '들염소 바위'로 갔다. 그곳 길가에 양우리가 있고 그 곁에 굴이 있었다. 사울이 용변을 보려고 그 굴에 들어갔다. 공교롭게도 그 동굴 깊숙한 곳에 다윗과 그 부하들이 있었다. 다윗의 부하들이 속삭였다.

"이제 당신의 때가 왔습니다. 하나님이 원수를 넘겨줄 테니 좋을 대로 하라고 하시지 않았습니까? 지금이 바로 그때입니다."

다윗이 살금살금 기어가 사울의 옷자락을 살며시 잘랐다. 그러나 다윗은 양심의 가책을 받아 부하들에게 말하였다.

"하나님이 기름 부어 세우신 왕을 내가 해칠 수 없다."

그리고 부하들을 설득하였다. 사울이 일어나 그 굴을 떠나갈 때 다윗이 뒤에서 소리를 질렀다.

"내 주 왕이여!"

사울이 뒤돌아보자 다윗은 그 앞에 엎드려 절하며 말하였다.

"어찌하여 제가 왕을 해치려고 한다는 말을 믿으십니까? 왕은 바로 오늘 그것이 사실이 아님을 보셨습니다. 하나님이 왕을 굴에서 제 손에 넘겨주셨을 때, 제 부하들이 왕을 죽이라고 하였습니다. 그러나 제가 왕을 아껴 말했습니다.

'아니다. 그는 하나님이 세우신 왕이다.'

여기 제 손에 있는 왕의 옷자락을 보십시오. 제가 이것만 자르고 왕을 죽이지 않았습니다. 왕은 저를 죽이려고 쫓으나 저는 왕을 해치지 않았습니다. 제가 범죄한 일이 없음을 왕은 이로써 아실 것입니다. 우리 중에 어느 쪽이 잘못되었는지 하나님이 아실 것입니다. 왕이 저를 해치려고 하면 하나님이 왕을 해치실지도 모릅니다. 저는 왕을 해치지 않을 것입니다.

속담에 악은 악인에게서 나온다고 하였습니다. 왕이 잡으려는 자가 누구입니까? 어찌하여 왕은 죽은 개와 벼룩 같은 자를 쫓고 있습니까? 하나님이 재판관이 되어 저와 왕 사이의 잘못을 가려주시며, 제 사정을 살펴 저를 지키시고 왕의 손에서 저를 구해주시기 원합니다.”

사울이 크게 울면서 말하였다.

“내 아들 다윗아, 이것이 정말 네 소리냐? 네가 악을 선으로 갚으니 나보다 낫다. 하나님이 나를 네 손에 넘겨주셨으나 네가 나를 죽이지 않았다. 과연 오늘 너는 나에게 자비를 베풀었다. 이 세상에서 자기 원수를 손아귀에 넣고도 그냥 놓아줄 자가 어디 있겠느냐? 네가 오늘 나에게 보인 친절을 하나님이 선하게 갚아주시기 원한다. 나는 네가 반드시 왕이 되어 이스라엘을 다스릴 것을 알고 있다. 네가 왕이 되면 내 가족을 죽이지 않고 내 후손들의 혈통을 끊지 않겠다고 하나님의 이름으로 맹세하라.”

다윗이 그렇게 하겠다고 맹세하였다. 사울은 집으로 돌아가고, 다윗과 그 부하들은 은신처로 돌아갔다.

✳126✳
나발

악은 모양이라도 버려라

사무엘이 죽었다. 이스라엘 사람들이 모여 슬퍼하고 라마에 있는 그의 집에 장사하였다. 다윗은 바란 광야로 내려갔다.

갈렙 집안에 나발이라는 사람이 있었다. 마온에 살면서 갈멜 근처에 목장을 가지고 있었다. 그는 부자로 양 3천과 염소 1천 마리를 소유하고 있었다. 그의 부인 아비가일은 아름답고 지성적이었으나, 그는 거칠고 야비하며 고집이 세고 성격이 좋지 않았다.

나발이 갈멜에서 양털을 깎을 때 다윗이 광야에서 그 소식을 들었다. 다윗이 젊은 부하 10명을 그에게 보내 자기 이름으로 문안하게 하고, 이렇게 전하라고 일러주었다.

"하나님께서 당신과 당신의 가족을 축복하시고, 당신의 모든 소유를 번성하게 하시길 원합니다. 나는 당신이 양털을 깎고 있다는 말을 들었습니다. 당신의 목동들이 우리와 함께 있을 때 우리는 그들을 해치지 않았으며, 그들이 갈멜에 있는 동안 아무것도 잃은 것이 없습니다. 당신의 목동들에게 물어보시면 자세히 알려줄 것입니다. 이제 내가 부하 몇 사람을 당신에게 보냅니다. 우리가 좋은 날에 왔으니, 먹을 것이 있으면 무엇이든 좀 보내주십시오."

다윗의 부하들이 가서 그대로 전했으나 나발은 그 요구를 거절하며 말하였다.

"다윗이란 자가 도대체 누구요? 나는 그에 대해 들어본 적이 없소. 요즘 주인을 떠나 도망친 종들이 많단 말이오. 내가 내 빵과 물과 고기를 듣도 보도 못한 그들에게 주어야 한단 말이오? 나는 절대 그럴 수 없소."

그들이 돌아가 그대로 전하자 다윗이 명령하였다.

"모두 칼을 차라!"

그리고 자기도 칼을 찼다. 400명은 무장하여 다윗과 함께 떠나고, 200명은 남아 그들의 소유를 지켰다. 나발의 종들 중에 한 사람이 아비가일에게 가서 말하였다.

"다윗이 우리 주인에게 문안하러 광야에서 그의 부하들을 보냈으나 주인이 모욕했습니다. 그들은 우리에게 정말 잘해 주었습니다. 우리는 그들에게 아무 피해도 입지 않았으며, 밤낮으로 우리에게 담이 되었을 뿐만 아니라, 그들이 우리와 함께 있는 동안 양은 물론, 아무것도 잃은 것이 없습니다.

이제 당신은 이 일을 어떻게 처리해야 할지 빨리 결정해야 합니다. 다윗은 주인의 전 가족을 해치기로 이미 작정했습니다. 주인은 막돼먹은 사람이라 말을 붙여볼 수도 없습니다."

아비가일은 급히 빵 200덩이와 포도주 2부대와 잡아놓은 양 5마리와 볶은 곡식 2말과 건포도 100송이와 무화과 200뭉치를 여러 마리의 나귀에 싣고 종들에게 말하였다.

"먼저 떠나라. 내가 뒤따르겠다."

그러나 이 일을 자기 남편에게는 말하지 않았다. 아비가일이 나귀를 타고 오솔길을 따라가다가 다윗과 그의 부하들이 자기 쪽으로 오는 것을 보았다. 그때 다윗이 혼자 중얼거렸다.

'이자를 도와준 것이 우리에게 무슨 유익이 있는가? 우리는 광야에서 그의 양 떼를 지켜 손실이 하나도 없게 하였다. 그가 선을 악으로 갚으니, 내일 아침까지 그들을 모조리 죽이지 않고 한 사람이라도 남

겨둔다면, 하나님이 나를 저주하시기 원한다.'

아비가일이 다윗을 보고 급히 나귀에서 내렸다. 그의 발 앞에 엎드려 절하며 말하였다.

"제발 제 말 좀 들어주십시오. 모든 것이 제 잘못입니다. 나발은 성질이 못된 사람입니다. 그가 한 말에 신경 쓰지 마십시오. 그는 이름 그대로 미련한 자입니다. 저는 당신이 보낸 종들을 보지 못했습니다.

당신이 직접 사람을 죽여 보복하는 것을 하나님은 금하셨습니다. 제가 당신과 살아계신 하나님의 이름으로 분명히 말하지만, 당신의 모든 원수들과 당신을 해치려는 자들은 나발처럼 벌을 받을 것입니다.

여기 당신에게 가져온 선물이 있습니다. 이것을 당신의 종들에게 주십시오. 그리고 제가 감히 이곳까지 찾아온 것을 용서하십시오. 하나님이 당신과 당신의 후손들을 통해 영원한 왕국을 세우실 것입니다. 당신이 하나님을 위해 싸우실 뿐만 아니라, 지금까지 당신의 생활에서 악을 찾아볼 수 없기 때문입니다.

당신이 비록 당신의 생명을 노리는 자들에게 쫓기는 몸이긴 하지만, 당신의 하나님이 당신을 생명 주머니 속에 안전하게 지키실 것입니다. 그러나 당신의 원수들 생명은 하나님이 물맷돌을 던지듯 던져버리실 것입니다.

그러므로 하나님이 당신에게 약속하신 모든 선한 일을 행하시고, 또 당신이 이스라엘의 왕이 되실 때, 당신은 이유 없이 사람을 죽였다든지, 복수했다는 일로 후회하거나, 양심의 가책을 받는 일이 없을 것입니다. 하나님이 당신을 위해 이런 큰일을 행하실 때, 제발 저를 기억해 주십시오."

다윗이 아비가일에게 말하였다.

"오늘 당신을 나에게 보내주신 이스라엘의 하나님을 찬양합니다! 내가 사람을 직접 죽여 원수를 갚지 않도록 한 당신의 지혜를 고맙게 여기며, 당신을 하나님이 축복하시길 바랍니다. 당신을 해치지 못하게 한 하나님의 이름으로 분명히 말하지만, 당신이 나를 맞으러 나오지 않았다면, 나발의 집안 중 내일 아침까지 살아남을 자는 한 사람도 없었을 것입니다."

다윗이 선물을 받고 다시 말하였다.

"염려하지 말고 집으로 돌아가시오. 내가 당신의 요구를 들어주겠습니다."

아비가일이 돌아가 보니 나발은 큰 잔치를 벌여놓고 술에 잔뜩 취해 있었다. 다음 날 아침까지 다윗을 만난 일에 대해 말하지 않았다. 이튿날 나발이 술에서 깨어났을 때 그 일을 말하였다. 그가 갑자기 심장 마비를 일으켜 몸이 돌처럼 굳어졌다. 10일 동안 전신이 마비된 채 누워 있다가 하나님이 치시니 죽고 말았다.

다윗이 나발이 죽었다는 말을 듣고 말하였다.

"하나님을 찬양하라! 하나님이 나발에게 행한 대로 갚아주시고 나로 손대지 않게 하신바, 결국 그는 자기 죄에 대한 대가를 받고 말았다."

그리고 아비가일을 아내로 삼고자 사람을 보내 전하였다. 그들이 아비가일에게 말하자 기꺼이 받아들였으며, 급히 일어나 나귀를 타고 하녀 다섯과 함께 와서 다윗의 아내가 되었다.

또 다윗은 이스르엘 사람 아히노암을 아내로 삼았다. 사울은 다윗의 아내인 미갈을 라이스의 아들 발디와 강제로 결혼시켰다.

✳ 127 ✳
다윗(4)

원수는 하나님이 갚아주신다

십 사람들이 기브아에 있는 사울에게 가서, 다윗이 광야로 돌아와 하길라 산에 숨었다고 전하였다. 사울이 3천 명의 정예병을 이끌고 다시 찾으러 나섰다. 사울은 다윗이 숨은 유다 광야 맞은편 하길라 산 길가에 진을 쳤고, 다윗은 정찰병을 보내 그의 동향을 살피고 있었다.

그날 밤 다윗이 사울의 진지에 접근하여 사방을 살펴보았다. 사울 왕과 그의 군사령관 아브넬은 진지 안에서 자고 있었고, 주위에 그 부하들이 졸고 있었다. 다윗이 요압의 동생인 아비새에게 물었다.

"누가 저 진지까지 나와 함께 내려가겠는가?"

"제가 가겠습니다."

다윗과 아비새가 가보니, 사울은 자고 그의 창은 땅에 꽂힌 채 머리 맡에 있었다. 아브넬과 그 부하들도 왕의 주변에 누워 있었다. 아비새가 다윗에게 조용히 말하였다.

"하나님이 오늘 당신의 원수를 넘겨주셨습니다. 제가 가서 저 창으로 그를 찔러 땅에 꽂겠습니다. 2번 찌를 것도 없이 단번에 해치우겠습니다."

"아니다. 그를 죽이지 마라. 하나님이 세우신 왕을 해치는 자가 어찌 죄가 없겠느냐? 내가 분명히 말하지만, 하나님이 그를 치실 것이다. 그는 죽을 때가 되어 죽거나 전쟁에서 죽을 것이다. 하나님이 왕으로 택한 자를 내가 죽이지 못하게 하셨다. 자, 그의 창과 물병만 가지고 여기서 나가자."

다윗이 사울의 머리맡에서 창과 물병을 가지고 나와 아비새와 함께 떠났으나, 아무도 본 자가 없었다. 하나님이 그들을 깊이 잠들게 하셨기 때문이다. 다윗이 진지 맞은편 산꼭대기에 올라가 사울의 군대와 아브넬을 향해 소리쳤다.

"아브넬아, 내 말이 들리느냐?"

"네가 누구냐?"

"너는 이스라엘에서 제일 강한 자가 아니냐? 어찌하여 왕을 죽이려고 갔는데도 경호하지 않았느냐? 너는 임무를 충실히 이행하지 않았다. 살아계신 하나님의 이름으로 맹세하지만, 너희는 하나님이 세우신 왕을 보호하지 못한 죄로 마땅히 죽어야 한다. 왕의 머리맡에 있던 왕의 창과 물병이 어디 있는지 찾아보아라."

사울이 다윗의 목소리를 알아듣고 물었다.

"네가 내 아들 다윗이냐?"

"그렇습니다. 왕은 어찌하여 저를 쫓고 있습니까? 제가 무엇을 했으며 죄가 무엇입니까? 하나님이 왕의 마음을 충동하여 저를 대적하게 하셨다면, 예물을 드려 하나님의 분노를 달래십시오. 인간들의 책략에 불과하다면 하나님의 저주가 내리기를 바랍니다. 그들은 저를 하나님의 땅에서 쫓아내고 이방신들을 섬기라고 하였습니다. 하나님 앞에서 멀리 떨어진 외국 땅에서 제가 죽어야 하겠습니까? 어찌하여 왕은 산에서 메추라기를 사냥하듯, 이 벼룩 같은 제 생명을 찾아 나섰습니까?"

"내가 죄를 지었다. 내 아들 다윗아, 왕궁으로 돌아오너라. 네가 오늘 내 생명을 구했으니 내가 다시는 너를 해치려고 찾지 않겠다. 내가 어리석게도 큰 잘못을 범했구나."

"여기 왕의 창이 있습니다. 사람을 보내 가져가십시오. 하나님이 선을 행하는 신실한 자에게 그대로 갚아주십니다. 오늘 하나님이 왕을 넘겨주셨을 때도 저는 왕을 죽이려고 하지 않았습니다. 제가 왕의 생명을 소중히 여긴 것처럼, 하나님이 제 생명도 소중히 여겨 모든 환난에서 저를 구해주시기 원합니다."

"내 아들 다윗아, 네가 복 받기를 원한다. 너는 큰일을 할 것이며 반드시 승리할 것이다."

다윗은 갈 길을 가고, 사울은 왕궁으로 돌아갔다. 다윗이 속으로 생각하였다.

'언젠가는 사울이 나를 죽일 것이다. 지금 내가 할 수 있는 최선은 블레셋 사람의 땅으로 피신하는 것이다. 사울이 이스라엘 땅에서 나를 찾다가 없으면 포기할 것이고, 결국 나는 안전할 것이다.'

다윗이 600명의 부하들과 그 가족을 데리고 가드로 가서, 아기스 왕과 함께 살았다. 그의 두 아내, 이스르엘 여자 아히노암과 나발의 아내였던 갈멜 여자 아비가일도 그와 함께 있었다. 다윗이 가드로 도망갔다는 말을 듣고 사울은 더이상 추적하지 않았다.

✳128✳
아기스
───────────
왜 이 시대는 분별하지 못하느냐?

다윗이 아기스에게 말하였다.

"왕이 저를 좋게 보신다면 우리가 살 수 있는 작은 성을 하나 주십시오. 종이 어찌 왕과 함께 궁전이 있는 성에서 살겠습니까?"

아기스가 시글락을 주었고, 다윗은 블레셋 땅에서 16개월 동안 살았나. 거기서 다윗이 그술과 기르스와 아말렉을 침략하였다. 이들은 옛날부터 이집트로 가는 길을 따라 술 부근에 살았다. 다윗은 공격할 때마다 그들을 모조리 죽였으며, 양과 소와 나귀와 낙타와 의복을 약탈하고 돌아와 아기스에게 갔다. 그가 물었다.

"너희가 오늘은 어디를 침략했느냐?"

"유다 네겝과 여라무엘과 겐 사람의 땅입니다."

다윗이 그들을 모조리 죽인 것은 아무도 가드에 가서 알리지 못하게 하려는 속셈이었다. 이런 일은 다윗이 거기 사는 동안 되풀이되었다. 아기스는 다윗을 믿고, 이스라엘 사람들이 그를 대단히 미워한다고 생각하며 혼자 중얼거렸다.

'이제 그가 여기 머물며 평생 나를 섬길 것이다!'

얼마 후 블레셋 사람들이 이스라엘과 싸우려고 병력을 소집하였다. 아기스가 다윗에게 말하였다.

"너는 내 편에서 싸워야 한다는 것을 알고 있겠지?"

"물론입니다. 저는 왕의 종입니다. 왕은 우리가 얼마나 도움이 되는지 곧 알게 될 것입니다."

"좋다! 내가 너를 평생 내 경호원으로 삼겠다."

사울(5)

먼저 네 눈 속의 들보를 빼어라

사무엘의 죽음을 슬퍼하며 이스라엘 사람들이 그를 라마에 장사하였고, 사울은 모든 영매와 점쟁이를 이스라엘 땅에서 추방하였다.

블레셋 사람들은 수넴에 진을 쳤고, 사울은 이스라엘군을 모아 길보아에 진을 쳤다. 사울이 어마어마한 블레셋군을 보고 두려워 떨며, 어떻게 해야 좋을지 몰라 하나님께 물어보았다. 하나님은 꿈이나 우림, 예언자를 통해서도 응답하지 않으셨다. 사울이 신하들에게 말하였다.

"영매를 찾아라. 내가 직접 가서 물어보겠다."

"엔돌에 영매가 있습니다."

사울이 평복으로 변장한 후, 날이 어두워 신하 2명을 데리고 그 집을 찾아갔다. 사울이 여자에게 부탁하였다.

"내가 죽은 자와 대화하고 싶으니 그의 영을 좀 불러주시오."

"당신도 알다시피 사울 왕은 영매와 점쟁이를 모조리 추방시켰습니다. 어찌하여 나를 함정에 빠뜨려 죽게 하려고 합니까?"

"하나님이 살아계시는 한, 당신은 이 일로 벌 받지 않을 것이오."

"내가 누구를 불러올릴까요?"

"사무엘을 불러주시오."

그녀가 사무엘을 보고 사울을 향하여 소리쳤다.

"당신이 어찌하여 나를 속였습니까? 사울 왕이 아니십니까?"

"두려워하지 마라. 무엇이 보이느냐?"

"한 유령이 땅에서 올라오고 있습니다."

"그가 어떻게 생겼느냐?"

"노인처럼 생겼는데 겉옷을 입었습니다."

사울은 그가 사무엘인 줄 알고, 얼굴을 땅에 대고 엎드려 절하였다. 사무엘이 물었다.

"네가 어찌하여 나를 불러 번거롭게 하느냐?"

"제가 아주 다급하게 되었습니다. 블레셋 사람들과 전쟁이 났으나, 하나님은 예언자를 통해서나 꿈으로도 응답하지 않으십니다. 어떻게 해야 좋을지 몰라 물어보려고 당신을 불러올렸습니다."

"하나님이 너를 떠나 대적이 되었다면 어찌하여 네가 나에게 묻느냐? 하나님은 나를 통해 예언하신 대로 나라를 다윗에게 주셨다. 네가 하나님의 명령에 불순종하여 아말렉 사람과 그 소유물을 완전히 없애지 않았기 때문이다. 하나님이 너와 이스라엘군을 블레셋 사람에게 넘겨줄 것이며, 너와 네 아들이 내일 나와 함께 있을 것이다."

사울의 몸이 뻣뻣하게 굳어 쓰러졌다. 하루 종일 먹지 못해 기진한 탓도 있었지만, 사무엘의 말을 듣고 너무 긴장하였기 때문이다. 그녀가 사울을 보고 말하였다.

"여종은 목숨을 아끼지 않고 왕의 명령에 순종하였습니다. 이제 이 여종의 말을 들으십시오. 제가 왕을 위해 먹을 것을 준비하겠습니다. 잡수시고 힘을 얻으십시오."

사울은 거절하며 아무것도 먹지 않겠다고 하였으나, 신하들까지 강권하자 결국 못 이겨 땅에서 일어나 침상에 앉았다. 그녀가 살진 송아지를 급히 잡고, 밀가루를 반죽하여 누룩 넣지 않은 빵을 만들어 왕과 신하들 앞에 갖다 놓았다. 그들이 음식을 먹고 그날 밤 떠났다.

토크 지저스

✳130✳
아말렉(3)
하나님은 중심을 보신다

블레셋군은 아벡에 집결하였고, 이스라엘군은 이스르엘 계곡 샘 곁에 진을 쳤다. 블레셋 왕들은 군대를 수백 또는 수천 명 단위로 편성하여 나왔고, 다윗과 그의 부하들은 뒤에서 아기스 왕과 함께 진군하였다. 그때 블레셋 다른 왕들이 아기스에게 물었다.

"이 히브리 사람들은 여기서 무엇을 하는 겁니까?"

"이 사람은 이스라엘의 왕 사울의 신하 다윗이오. 그가 망명하여 나와 함께 여러 해를 있었지만, 여기 온 첫날부터 지금까지 그에게서 아무 허물도 찾지 못하였소."

그들이 화를 내며 말하였다.

"당장 돌려보내시오! 이들은 전쟁터에 우리와 함께 갈 수 없소. 싸우다가 우리의 대적이 될지 누가 알겠소? 다윗이 자기 주인과 화해하는 데 있어서, 우리를 대적하여 죽이는 것만큼 더 좋은 기회가 어디 있겠소? 이 사람은 이스라엘 여자들이 춤을 추며 사울이 죽인 자는 수천이요, 다윗이 죽인 자는 수만이라고 노래하던 바로 그자요!"

아기스가 다윗과 그 부하들을 불러 말하였다.

"내가 하나님의 이름으로 맹세하지만, 정말 너는 성실하고 정직한 사람이다. 나는 네가 나와 함께 전쟁터에 나갔으면 좋겠으나, 다른 왕들이 좋아하지 않으니 어쩔 수 없다. 너는 그들의 비위를 건드리지 말고 조용히 돌아가라."

"내가 무엇을 하였기에 이런 대접을 받아야 합니까? 왕의 말씀대로 내가 왕을 섬기기 시작한 날부터 왕이 나의 흠을 찾지 못했다면, 어찌하여 내가 왕과 함께 가서 왕의 원수들과 싸울 수 없습니까?"

"나에게는 네가 하나님의 천사와 같았다. 그러나 다른 왕들이 너를 전쟁터에 데리고 가는 것을 못마땅하게 여긴다. 너는 내일 아침 일찍 일어나 부하들과 함께 떠나라."

다윗은 블레셋 땅으로 돌아오고, 블레셋군은 이스르엘로 올라갔다. 다윗과 그 부하들이 이틀 후 시글락에 도착하였다. 그사이 아말렉 사람들이 성을 습격하여 불사르고 남아있던 여자들과 아이들을 모조리 끌어갔다. 다윗과 그 부하들은 잿더미로 변한 성을 보고, 자기 가족들에게 일어난 일을 생각하며 울 기력이 없을 때까지 크게 울었다. 다윗의 두 아내 아비노암과 아비가일도 포로로 잡혀갔다.

다윗의 입장이 대단히 난처하게 되었다. 부하들이 잃어버린 자식들 때문에 몹시 슬퍼하며, 다윗을 돌로 쳐 죽이려고 하였다. 다윗이 하나님을 의지하고 용기를 내어 아비아달 제사장에게 말하였다.

"에봇을 가져오시오."

아비아달이 에봇을 가져오자 다윗이 하나님께 물었다.

"제가 저 침략자들을 쫓아갈까요?"

"그래, 쫓아가라! 네가 빼앗긴 모든 것을 도로 찾을 것이다."

다윗과 그 부하 600명이 아말렉군의 추격에 나섰다. 그들이 브솔 시내에 이르렀을 때, 200명은 너무 지쳐서 시내를 건너지 못하고 나머지 400명만 건너갔다.

그들이 추격을 계속하던 중에 들에서 이집트 청년 하나를 만났다. 그는 3일 동안 물 한 모금 마시지 못하고 기진맥진한 상태로 있었다. 그에게 무화과 뭉치에서 뗀 덩이 하나와 건포도 두 송이와 물을 주었다. 그가 먹고 힘을 얻어 정신을 차렸다. 다윗이 물었다.

"너는 누구이며 어디서 왔느냐?"

"저는 이집트 출신으로 아말렉 사람의 종입니다. 제가 병이 들자 주인이 3일 전에 저를 버리고 떠났습니다. 우리는 네겝에 있는 그렛 사람의 땅과 유다 남쪽 지방과 갈렙 사람의 땅을 침략하고, 시글락을 불살랐습니다."

"그러면 그들이 어디로 갔는지 알 수 있겠느냐?"

"당신이 나를 죽이거나 내 주인에게 넘겨주지 않겠다고 하나님의 이름으로 맹세한다면, 내가 당신을 그들에게 인도하겠습니다."

그가 아말렉군이 있는 곳으로 인도하였다. 그들이 이곳저곳 사방에서 흩어져 먹고 마시며 춤을 추고 있었다. 블레셋과 유다에서 약탈한 전리품이 엄청 많았다. 다윗과 그 부하들이 그들을 기습하여 다음 날 저녁까지 계속 쳤다. 낙타를 타고 도주한 400명의 청년들 외에는 살아남은 자가 없었다.

다윗은 아말렉 사람들이 약탈한 것을 모두 되찾고, 그의 두 아내도 찾았다. 그의 부하들도 잃었던 가족과 소유물을 도로 찾았다. 그들이 약탈한 양 떼와 소 떼를 몰고 오며 외쳤다.

"이것은 다윗의 약탈물이다!"

그들이 브솔 시내까지 왔을 때, 지쳐서 그곳에 남은 200명의 병력이 다윗과 그 부하들을 환영하러 나왔다. 다윗이 그들을 따뜻이 맞아주었다. 그러나 참전한 부하들 중에 악한 건달들이 말하였다.

"이들은 우리와 함께 가지 않았습니다. 저들은 전리품을 하나도 가질 자격이 없습니다. 저들에게 아내와 자식들만 주어서 떠나게 하십시오."

다윗이 말하였다.

"내 형제들아, 그건 안 된다. 하나님이 우리를 안전하게 지키시고 우리를 도와 원수들을 쳐부수게 하셨다. 너희가 이런 말을 한다고 들어 줄 사람이 있겠느냐? 전쟁터에 직접 나가 싸운 사람이나, 여기서 남아 우리의 소유물을 지킨 사람이나 다 같이 전리품을 나눠야 한다."

다윗은 이를 법으로 정하고 그때부터 이스라엘에서까지 계속 지켰다. 다윗이 시글락에 돌아와 전리품 일부를 유다 장로들에게 보내며 말하였다.

"하나님의 원수들에게서 뺏은 전리품을 선물로 드립니다."

＊131＊
사울(6)
정성껏 장례를 치렀다

이스라엘군이 블레셋군 앞에서 도망치다가 길보아 산에서 수없이 죽어 쓰러졌다. 블레셋 사람들이 사울과 그 아들들을 추격하여 사울의 아들 요나단과 아비나답과 말기수아를 죽였다. 이처럼 싸움이 치열하여 사울도 적군의 화살에 맞아 심한 부상을 입었다. 사울이 경호병에게 명령하였다.

"너는 칼을 뽑아 저 블레셋 사람들이 괴롭히기 전에 어서 나를 죽여라."

그가 두려워 죽이지 못하자 사울이 자기 칼을 배에 대고 엎어졌다.

그도 자기 칼에 엎어져 죽었다. 사울과 그 세 아들과 경호병과 그 모든 부하들이 한날에 죽었다.

이스르엘 골짜기 저편과 요단강 건너편에 있는 이스라엘 사람들이, 자기 군대가 도망친 사실과 사울과 그 아들들이 전사했다는 말을 들었다. 그들이 성을 버리고 도망하자 블레셋 사람들이 그곳에 들어갔다.

다음날 블레셋 사람들이 죽은 자들의 소지품을 약탈하러 왔다가, 길보아 산에서 사울과 그 세 아들의 시체를 발견하였다. 그들이 사울의 머리를 베고 갑옷을 벗긴 후, 전국 각처에 사람을 보내 그 소식을 우상 신전과 백성에게 전하도록 하였다. 사울의 갑옷을 아스다롯 신전에 두고, 그 시체는 성벽에 못 박았다.

길르앗 야베스 사람들이 그 소식을 듣고, 밤새도록 벧산까지 가서 사울과 그 아들들의 시체를 성벽에서 내려 야베스로 가지고 돌아왔다. 시신을 화장하고 그 유해를 상수리나무 아래 묻은 후, 7일 동안 금식하였다.

✳132✳
다윗(5)

이제 때가 되었다

다윗이 아말렉을 무찌르고 시글락으로 돌아온 지 이틀 만에 사울이 죽었다. 다음날 이스라엘군의 진지에서 사람이 찾아왔다. 그가 자기 옷을 찢고 머리에 티끌을 끼얹은 채 다윗 앞에 엎드려 절하였다. 다윗이 물었다.

"네가 어디서 왔느냐?"

"이스라엘군의 진지에서 도망쳤습니다."

"무슨 일이냐? 말하라!"

"우리 군대는 전쟁에서 패하여 도주하다가 수없이 죽고, 사울과 그의 아들 요나단도 죽었습니다."

"그들이 죽은 것을 네가 어떻게 아느냐?"

"제가 우연히 길보아 산에 갔더니 사울 왕은 자기 창을 의지하고 있었고, 적의 전차와 마병은 바싹 다가오고 있었습니다. 왕이 나를 보더니 오라고 불렀습니다. 왕이 '네가 누구냐?'고 물었습니다. 제가 '아말렉 사람입니다.'하고 대답하자, 왕이 '내가 아직도 목숨이 붙어있어 고통스럽다. 이리 와서 나를 죽여라.'라고 하였습니다. 저는 왕이 더이상 살 수 없음을 알고, 그를 죽인 후 왕관을 벗기고 팔찌를 뽑아 당신에게 가져왔습니다."

다윗과 그 부하들이 옷을 찢고, 전쟁터에서 죽은 사울과 그 아들 요나단과 하나님의 백성과 이스라엘을 생각하며, 하루 종일 슬퍼하고 금식하였다. 다윗이 그에게 물었다.

"너는 어디 사람이냐?"

"저는 이스라엘로 이주한 아말렉 사람입니다."

"네가 어찌하여 하나님이 세우신 왕을 죽였느냐?"

다윗이 호통을 치고 부하를 불러 명령하였다.

"이자를 죽여라!"

그가 아말렉 사람을 단숨에 칼로 쳐서 죽였다. 다윗이 말하였다.

"너는 네 죗값으로 죽었다. 네가 스스로 하나님이 세우신 왕을 죽였다고 고백했기 때문이다."

다윗은 사울과 요나단을 애도하는 노래를 지어 모든 사람에게 가르치라고 하였다.

"오, 이스라엘이여! 네 영광이 산 위에서 사라졌구나! 힘센 용사들이 엎드러지고 말았다. 이를 블레셋 사람들에게 말하지 마라. 그들이 들으면 즐거워할 것이다. 가드와 아스글론 성에 알리지 마라. 이방 민족이 우쭐댈까 하노라.

오, 길보아 산들아! 네 위에 이슬이나 비가 내리지 않을 것이며, 네 땅은 언제나 황무지가 될 것이다. 거기 용사들의 방패가 버려졌으니, 사울의 방패에 기름칠할 수 없게 되었구나.

요나단의 활은 반드시 적의 피와 기름을 적셨고, 사울의 칼은 헛되이 돌아오는 법이 없었다. 사랑스럽고 아름답던 사울과 요나단, 그들은 생전에도 함께하더니 죽을 때에도 서로 떠나지 않았구나. 그들은 독수리보다 빠르고 사자보다 강하였다.

오, 이스라엘의 딸들아, 사울을 위해 슬피 울어라. 그가 너희에게 화려한 옷을 입히고 너희 옷을 금장식품으로 꾸몄다. 용사들이 전쟁터에 쓰러졌구나.

요나단이 높은 산에서 죽임을 당했구나. 내 형제 요나단이여, 내가 그대를 위해 슬퍼하노라. 그대는 나를 얼마나 사랑했던가! 나에 대한 그대의 사랑이 여인의 사랑보다 깊지 않았던가! 용사들이 쓰러졌으니 그들의 무기가 쓸모없게 되었구나!"

그리고 다윗이 하나님께 물었다.

"유다로 돌아가도 됩니까?"

"그래, 올라가라."

"어느 성으로 가야 합니까?"

"헤브론으로 가라."

다윗이 두 아내와 부하들과 그 모든 가족을 데리고 헤브론으로 갔다. 유다 사람들이 헤브론에 와서 다윗에게 기름을 부어 유다의 왕으로 삼았다. 다윗은 길르앗의 야베스 사람들이 사울을 장사지냈다는 말을 듣고 전갈을 보냈다.

"여러분이 왕에게 충성하는 마음으로 그를 장사하였으니, 하나님이 복을 주시기 원합니다. 여러분이 행한 일에 대하여 하나님이 갚아주시기 바라며, 나도 여러분의 선한 일에 대하여 갚아주겠습니다. 이제 여러분은 강하고 담대하십시오. 여러분의 왕 사울은 죽었고, 유다 사람들은 나를 왕으로 삼았습니다."

✳133✳
아브넬
남을 실족시키는 자에게 화가 있다

사울의 군대 총사령관 아브넬이, 사울의 아들 이스보셋을 데리고 마하나임으로 가서 이스라엘의 왕으로 삼았다. 그의 나이 40세였다. 2년 동안 마하나임에서 통치하였다. 그러나 유다 백성은 다윗을 따라갔고, 다윗은 유다의 왕으로 7년 반 동안 헤브론에서 통치하였다.

아브넬 장군이 이스보셋의 일부 병력을 이끌고 기브온으로 갔다. 스루야의 아들 요압 장군도 다윗의 일부 병력을 데리고 나와 기브온 연

토크 지저스

못가에서 그들과 만났다. 그들이 연못 이편과 저편에서 서로 마주 보고 앉았다. 아브넬이 요압에게 제안하였다.

"우리 양편에서 젊은 군인들을 뽑아 서로 칼싸움을 시켜보는 것이 어떤가?"

요압이 기꺼이 승낙하여 12명씩 뽑아 세웠다. 그들이 서로 머리를 붙잡고 칼로 상대편의 옆구리를 찌르자 모두 그 자리에서 쓰러지고 말았다. 그때부터 그곳을 '칼의 밭'이라 부르게 되었다.

그리고 양군 사이에 치열한 싸움이 벌어졌다. 아브넬과 이스라엘군이 요압과 다윗의 군대에 패하였다. 요압의 형제 아비새와 아사헬도 그곳에 있었다. 아사헬은 노루처럼 빨리 뛰었던바 아브넬의 추격에 나섰다. 그가 끈질기게 쫓아가자 아브넬이 뒤돌아보며 물었다.

"아사헬이냐?"

"그렇다!"

"나를 쫓지 말고 다른 사람을 추격하여 가진 것을 빼앗아라."

아사헬이 계속 추격하자 아브넬이 말하였다.

"나를 쫓는 일을 중단하라. 어찌하여 내가 너를 죽이게 만드느냐? 너를 죽이고 내가 어떻게 너의 형 요압을 대면할 수 있겠느냐?"

아사헬이 돌아서지 않자 아브넬이 자기 창 뒤쪽 끝으로 그의 배를 찔렀다. 창이 아사헬의 등을 꿰뚫자 땅에 쓰러져 죽었다. 요압과 아비새가 아브넬의 추격에 나섰다. 그들이 기브온 광야로 가는 길가의 암마 산에 도착했을 때 해가 졌고, 베냐민 지파의 아브넬 군대는 그 산 꼭대기에 모여 있었다. 아브넬이 요압에게 외쳤다.

"우리가 계속 칼로 서로를 죽여야 하느냐? 너는 어찌하여 비참한 결과를 내다보지 못하느냐? 우리는 다 같은 동족이다. 네가 언제나 네 부하들에게 우리를 더이상 추격하지 말라고 명령하겠느냐?"

"내가 살아계신 하나님 앞에서 맹세하지만, 네가 싸움을 거는 말을 하지 않았다면 우리가 아침에 벌써 돌아갔을 것이다."

요압이 나팔을 불자 그 부하들은 더이상 이스라엘군을 추격하지 않았다. 그날 밤 아브넬과 그의 부하들은 아라바를 지나 요단강을 건너, 밤새도록 행군하여 다음 날 마하나임에 도착하였다.

요압과 그 부하들도 돌아가 인원 점검을 하자 희생자는 아사헬 외에 19명이었다. 베냐민 지파의 아브넬 부하는 360명이 전사하였다. 요압과 그 부하들이 아사헬의 시체를 베들레헴으로 메고 가서 그의 아버지 묘실에 장사하고, 밤새도록 걸어서 헤브론에 돌아갔다.

사울의 집안을 지지하는 사람들과 다윗의 추종자들 사이에 오랫동안 전쟁이 계속되었다. 다윗은 점점 강해지고 사울의 집안은 점점 약해졌다. 다윗이 헤브론에 사는 동안 여섯 아들을 낳았다.

아브넬은 사울의 집안을 지지하는 자들 가운데서 점점 자기 세력을 굳혀 갔다. 그가 사울의 첩인 리스바와 정을 통하였다. 사울의 아들 이스보셋이 자기 아버지의 첩을 간통했다고 아브넬을 책망하자 그가 격분하여 외쳤다.

"내가 유다 편의 개 같은 인간으로 보이오? 내가 오늘날까지 당신의 부친 사울의 집안과 그 형제들과 친구들에게 은혜를 베풀어주었을 뿐만 아니라, 당신을 다윗의 손에서 건져내었는데도 이까짓 여자 하나로 나를 책망한단 말이오?

하나님이 사울과 그 후손들에게서 나라를 빼앗아 단에서 브엘세바까지, 이스라엘과 유다 전체를 다윗에게 주겠다고 약속하였소. 내가 이 약속이 이루어지도록 최선을 다하지 않는다면, 하나님이 나에게 무서운 벌을 내리실 것이오."

이 말을 듣고 이스보셋은 아브넬이 두려워 감히 한마디도 대답하지 못하였다. 아브넬이 다윗에게 전갈을 보냈다.

"이 땅이 누구의 것입니까? 저와 협상합시다. 온 이스라엘이 당신에게 넘어갈 수 있도록 제가 돕겠습니다."

다윗이 통보하였다.

"좋다. 하지만 조건이 있다. 사울의 딸 미갈을 나에게 데려오라. 그렇지 않으면 너와 협상하지 않겠다."

그리고 이스보셋에게 전갈을 보냈다.

"내 아내 미갈을 돌려주시오. 그녀와 결혼하기 위해 블레셋 사람의 포피 100개를 상납하였소."

이스보셋이 미갈을 데려오라고 명령하였다. 그 남편이 바후림까지 울면서 아내를 뒤따라오자 아브넬이 말하였다.

"집으로 돌아가라."

그는 눈물을 머금고 되돌아갔다. 아브넬이 이스라엘 장로들과 상의하고, 오랫동안 그들이 다윗을 왕으로 삼고 싶어 한 사실을 상기시키며 말하였다.

"자, 이제 때가 되었소! 하나님의 말씀을 생각해 보시오. 내가 다윗을 통해 블레셋 사람들과 다른 대적들에게서 이스라엘을 구하겠다고 하신 말씀 말이오."

아브넬은 베냐민 지파 사람들에게도 이 말을 하였으며, 그들과 이스라엘 사람들의 생각을 다윗에게 보고하려고 헤브론을 향해 떠났다. 아브넬이 부하 20명을 데리고 헤브론에 도착하자 다윗은 잔치를 베풀어 환대하였다. 아브넬이 떠날 때 다윗에게 말하였다.

"제가 돌아가면 모든 이스라엘 사람을 불러 모아 당신을 왕으로 받아들일 수 있도록 하겠습니다. 그때 당신은 나라 전체를 다스리게 될 것입니다."

다윗이 그를 안전하게 돌아갈 수 있도록 하였다. 그때 요압과 그 부하들은 적을 약탈하고 많은 전리품을 가지고 돌아왔다. 왕이 그를 무사히 돌려보냈다는 말을 듣고 왕에게 가서 말하였다.

"이게 무슨 일입니까? 왕에게 찾아온 아브넬을 왕은 어찌하여 그냥 돌려보냈습니까? 왕도 잘 아시겠지만, 그가 여기까지 온 것은 왕을 속이고 왕의 동태를 살피기 위해서입니다."

요압이 사람을 보내 아브넬을 데려오라고 하였다. 그들이 시라 우물가에서 그를 만나 데려왔으나, 다윗은 그 일에 대하여 모르고 있었다. 아브넬이 헤브론에 도착했을 때, 요압은 마치 그와 사사로운 이야기라도 하려는 듯이 그를 성문 곁으로 데리고 갔다. 그리고 그의 배를 찔러 자기 동생 아사헬의 원수를 갚았다. 다윗이 그 일을 듣고 말하였다.

"아브넬의 피살 사건에 대해 나와 내 백성은 조금도 죄가 없음을 하나님이 아신다. 그 죄의 대가가 요압과 그 모든 가족에게 돌아가기를 원하며, 그 자손들을 성병과 문둥병에 걸리거나, 지팡이를 짚고 다니는 불구자가 되거나, 굶어 죽거나 전쟁에서 죽기를 원한다."

요압과 그 동생 아비새가 아브넬을 죽인 것은 그가 기브온에서 자기 동생 아사헬을 죽였기 때문이다. 다윗이 요압과 자기와 함께 있는 모든 사람들에게 말하였다.

"너희는 모두 상복을 입고 아브넬의 죽음을 애도하라."

다윗이 직접 상여를 따라 묘지까지 가서, 아브넬을 헤브론에 장사하고 그 무덤에서 소리 높여 울었다. 백성도 함께 울었다. 이때 다윗왕은 아브넬을 위해 애가를 지어 불렀다.

"어찌하여 아브넬이 바보처럼 죽었는가? 네 손이 묶이지 않고 네 발이 족쇄에 채이지 않았으나, 악한 사람에게 죽은 자처럼 허무하게 죽었구나!"

모든 백성이 그의 죽음을 슬퍼하며 울었다. 아브넬을 장사하는 날 다윗이 하루 종일 아무것도 먹지 않았다. 백성이 와서 음식을 권하였다. 다윗은 해가 지기 전에 아무것도 먹지 않겠다고, 하나님 앞에 맹세하며 완강히 거절하였다. 백성이 보고 기뻐하며 왕이 하는 일이라면 무엇이든지 다 기쁘게 여겼다.

유다와 이스라엘의 모든 백성이 다윗의 행동을 보고, 그가 아브넬의 살해 사건에 조금도 관련되지 않았다는 사실을 알게 되었다. 다윗이 신하들에게 말하였다.

"오늘 이스라엘에서 한 사람의 위대한 지도자가 죽은 것을 그대들은 알지 못하시오? 내가 비록 하나님이 세우신 왕이지만, 오늘날 내 힘이 약하여 다루기 벅찬 스루야의 이 두 아들을 어떻게 처리해야 할지 모르겠소. 하나님이 악한 자들에게 그 행위대로 갚아주시기를 바랄 뿐이오."

사울의 아들 이스보셋은 아브넬이 헤브론에서 죽었다는 말을 듣고 맥이 쭉 빠졌으며, 이스라엘 사람들도 놀라지 않을 수 없었다.

✳ 134 ✳

바아나와 레갑

위선자는 입술로 꾸미고 감정을 숨긴다

이스보셋에게 바아나와 레갑이라는 지휘관이 있었다. 이들은 형제로서 이스보셋 왕이 이끄는 특공대의 대장들이며, 베냐민 지파의 브에롯 사람 림몬의 아들이었다. 일찍이 깃다임으로 도망가 계속 그곳에 살았으나 여전히 베냐민 사람으로 인정되었다.

사울의 아들 요나단에게 므비보셋이라는 아들이 있었다. 그는 사울과 요나단이 이스르엘 전쟁에서 전사했을 때 5살이었다. 그들이 죽었다는 소식이 전해지자, 유모가 안고 급히 도망치다가 아이를 떨어뜨려 다리를 다쳤다.

레갑과 바아나가 이스보셋의 집을 향해 갔다. 정오쯤 도착하였다. 그때 이스보셋은 낮잠을 자고 있었다. 그들이 밀을 가지러 온 척하고 집 안으로 들어가 이스보셋을 죽인 후, 그의 머리를 잘라 밤새도록 아라바 길로 도망갔다. 그들이 헤브론에 도착하여 그 머리를 다윗에게 주면서 말하였다.

"보십시오! 왕을 죽이려고 하던 원수 사울의 아들 이스보셋의 머리가 여기 있습니다. 오늘 하나님이 왕의 원수를 사울과 그의 후손들에게 갚으셨습니다."

"나를 내 대적의 손에서 구원하신 하나님의 이름으로 맹세한다. 내가 시글락에 있을 때, 사울이 죽었다고 나에게 좋은 소식을 전해준 것으로 생각한 사람이 있었다. 그러나 그를 잡아 죽였다. 그것이 바로 그 소식의 대가였다. 하물며 침실에 누워 있는 죄 없는 사람을 죽인 이 악한들을 내가 어떻게 죽이지 않겠느냐? 내가 억울하게 죽은 이스보셋의 원수를 갚아주겠다."

다윗의 경호병들이 그들을 죽이고, 팔다리를 자른 후 시체를 헤브론 못가에 매달았다. 이스보셋의 머리는 가져다가 헤브론에 있는 아브넬의 묘실에 장사하였다. 그때 이스라엘 모든 지파의 대표들이 다윗에게 와서 말하였다.

"우리는 왕과 핏줄을 같이한 형제들입니다. 사울이 왕이었을 때도 전쟁에서 이스라엘군을 지휘한 사람은 왕이었습니다. 하나님도 왕이 이스라엘의 목자와 통치자가 될 것이라고 말씀하셨습니다."

다윗이 하나님 앞에서 이스라엘 지도자들과 헤브론에서 계약을 맺었다. 그들은 다윗에게 기름을 부어 이스라엘의 왕으로 삼았다. 다윗은 30세에 왕이 되어 40년간 다스렸다. 헤브론에서 7년 반 동안 유다를 다스렸고, 예루살렘에서 이스라엘과 유다를 33년간 다스렸다.

✳135✳
여부스 사람들
교만은 패망의 선봉이다

다윗이 예루살렘의 여부스 사람들을 치려고, 군대를 이끌고 올라갔을 때 그들이 큰소리쳤다.

"네가 절대 이리로 들어오지 못할 것이다. 장님과 절뚝발이도 너를 막아낼 수 있다!"

이는 자기네 성이 그만큼 튼튼하다고 여겼기 때문이다. 다윗과 그 군대가 그들을 공격하여 시온 요새를 점령하였다. 다윗이 병사들에게 말하였다.

"누구든지 여부스 사람을 치려면, 하수구를 통해 성으로 들어가 이 다윗이 미워하는 절뚝발이와 장님을 쳐라."

다윗이 그 요새를 점령하여 그곳에 살면서 다윗성이라 부르고, 밀로에서 안쪽으로 빙 둘러 성을 쌓았다. 전능하신 하나님이 함께하신바 다윗은 점점 강성하였다.

두로 왕 히람이 다윗에게 사절단을 보내고, 백향목과 목수와 석수도 보내 궁전을 짓게 하였다. 다윗은 하나님이 자신을 이스라엘의 왕으로 세우신 것과, 그 백성을 위해 나라를 크게 높이신 것을 알게 되었다.

다윗이 헤브론에서 예루살렘으로 도성을 옮기고 더 많은 아내와 첩을 두었던바, 여러 자녀들이 태어났다.

＊136＊
블레셋
내 입의 칼로 그들과 싸우겠다

다윗이 이스라엘의 왕이 되었다는 말을 블레셋 사람들이 듣고 잡으러 올라왔다. 다윗은 그들이 온다는 것을 알고 요새로 들어갔다. 블레셋 사람들이 르바임 골짜기를 완전히 장악하고 있었다. 다윗이 하나님께 물었다.

"제가 나가서 블레셋 사람들과 싸울까요? 주께서 저들을 제 손에 넘겨주시겠습니까?"

"그래, 나가서 싸워라. 내가 그들을 너에게 넘겨주겠다."

다윗이 바알브라심에서 그들과 싸워 격퇴하고 외쳤다.

"하나님이 물을 쳐 흩어버리듯, 내 앞에서 대적을 쳐 흩어버리셨다!"

블레셋 사람들이 우상을 버리고 도망갔던바 다윗과 그 군대가 치워 버렸다. 블레셋군이 르바임 골짜기로 돌아가 포진하고 있었다. 이때 다윗이 어떻게 해야 좋을지 묻자 하나님이 대답하셨다.

"정면 공격을 피하고, 그들 뒤로 돌아가 뽕나무 숲 근처에서 공격 태세를 취하라. 그리고 뽕나무 꼭대기에서 행군하는 발소리가 들리거든 즉시 공격하라. 이는 나 하나님이 너보다 앞서가서 블레셋군을 치겠다는 신호다."

하나님이 명하신 대로 다윗이 게바에서 게셀까지 줄곧 블레셋군을 쳐서 격퇴시켰다.

✴137✴
오벧에돔
복에 복을 더하리라

다윗이 3만 명의 특수부대를 이끌고, 그룹 사이에 계시는 하나님의 궤를 가져오려고 갔다. 그들이 궤를 새 수레에 싣고 산간 지대에 있는 아비나답의 집에서 나왔다. 그의 아들인 웃사와 아효가 그 수레를 몰았다. 아효는 궤 앞에서 걸어가고, 다윗과 이스라엘 사람들은 잣나무 가지를 꺾어 기쁜 마음으로 흔들며, 여러 가지 악기로 하나님 앞에서 노래하고 춤추며 뒤따라갔다.

그들이 나곤의 타작마당에 이르렀을 때, 갑자기 소들이 비틀거려 웃사가 그 궤를 붙잡았다. 하나님이 웃사의 불경한 행동에 노하여 그를 치시자 궤 곁에서 죽었다. 다윗이 하나님을 두려워하며 말하였다.

"내가 어떻게 하나님의 궤를 내 집으로 가져갈 수 있겠는가?"

그리고 그 궤를 가드 사람 오벧에돔의 집으로 가져갔다. 하나님의 궤는 거기서 석 달을 머물러 있었고, 하나님은 오벧에돔과 그의 모든 가족에게 복을 주셨다.

다윗이 그 소식을 듣고, 기쁜 마음으로 궤를 오벧에돔의 집에서 다윗성으로 가져왔다. 그 궤를 멘 사람들이 여섯 걸음을 옮겨놓았을 때 그들을 멈추게 하고, 소와 살진 양으로 하나님께 제사를 지냈다. 다윗은 모시 에봇을 입고 하나님 앞에서 힘껏 춤을 추었다.

그렇게 다윗과 이스라엘 사람들이 기쁨의 함성을 지르고, 나팔을 불며 하나님의 궤를 메어왔다. 그 궤가 다윗성에 들어올 때, 사울의 딸로 다윗의 아내인 미갈이 창밖을 내다보았다. 다윗왕이 하나님 앞에서 뛰고 춤추는 모습을 보고 속으로 업신여겼다.

다윗은 하나님의 궤를 휘장 안에 안치하고 번제와 화목제를 드렸다. 그리고 전능하신 하나님의 이름으로 백성을 축복하고, 모든 사람에게 빵 하나와 고기 한 조각과 건포도빵 한 개씩 나눠주었다. 백성이 돌아가자 가족을 축복하려고 집에 들어갔다. 미갈이 왕을 맞으며 빈정거렸다.

"오늘은 이스라엘의 왕이 부끄러운 줄도 모르고, 신하의 하녀들 앞에서 자기 몸을 드러내었습니다."

"나는 하나님 앞에서 춤을 춘 것이오! 하나님이 당신의 부친과 가족을 버리고 나를 택하여 이스라엘의 지도자로 삼았소. 나는 앞으로도 하나님을 기쁘시게 하는 일이라면 계속 춤을 출 것이오. 내가 이보다 더 바보 취급을 받아도 좋소. 하지만 당신이 말한 그 하녀들에게는 내가 존경을 받을 것이오."

사울의 딸 미갈은 죽는 날까지 자식이 없었다.

✳ 138 ✳

나단⑴

저는 주님의 종입니다

다윗은 그의 궁전에 정착하고, 하나님은 주변의 모든 원수들로부터 안전하게 지켜주셨다. 다윗이 나단에게 말하였다.

"나는 백향목 궁전에 살고 있으나 하나님의 궤는 천막 속에 있소."

"하나님께서 왕과 함께하시니 마음에 좋을 대로 하십시오."

그날 밤 하나님이 나단에게 말씀하셨다.

"너는 다윗에게 전하라. '너는 내 성전을 지을 자가 아니다. 나는 이스라엘 백성을 이집트에서 인도한 첫날부터 지금까지 성전에 있었던 적이 없고, 이리저리 옮겨 다니며 천막을 내 거처로 삼았다. 내가 이스라엘 백성과 함께 어느 곳으로 옮겨 다니든지, 나는 내 백성의 목자인 이스라엘 지도자에게 어찌하여 백향목 성전을 짓지 않느냐고 말한 적이 없다.

그리고 내가 들에서 양을 치던 너를 택하여 내 백성 이스라엘의 통치자로 삼았고, 네가 어디로 가든지 함께하여 너의 모든 대적을 파멸시켰다. 앞으로 너를 세상에서 가장 유명한 자로 높여주겠다. 내가 내 백성 이스라엘을 위해 정착지를 마련하였으니, 다시는 옮겨 다니지 않아도 될 것이다. 사사들이 나라를 다스리던 시대부터 악한 민족들의 침략으로 많은 괴로움을 받아왔으나, 다시는 그런 일이 없을 것이다.

너는 전쟁 없는 태평세월을 누리고, 네 자손들은 계속 이스라엘을 다스릴 것이다. 네가 죽어도 네 아들 하나를 왕으로 세워 그 나라를 건고하게 하겠다. 그가 나를 위해 성전을 건축할 것이며, 그 나라는 영원히 지속될 것이다.

나는 그의 아버지가 되고 그는 내 아들이 될 것이다. 그가 죄를 범하면 사람을 막대기와 채찍으로 사용하여 벌하겠다. 내가 사울에게 자비를 거둔 것처럼 그에게는 자비를 거두지 않을 것이다. 네 집안과 왕조는 끊어지지 않고 영원히 지속될 것이다.' 이는 전능한 하나님의 말이다."

나단이 다윗에게 가서 이 말씀을 그대로 전하였다. 다윗이 성막에 들어가 하나님 앞에 앉아 기도하였다.

"주 하나님이시여, 제가 누구이며 제 가족이 무엇인데 이런 축복을 베풀어주셨습니까? 하나님이 저를 위해 이미 행하신 일도 과분합니다. 이제 제 집안의 장래 일까지 말씀하시니, 그런 관대하심이 어찌 인간의 기준으로 말할 수 있겠습니까? 하나님은 이 종이 어떤 사람인지를 다 알고 계십니다. 제가 무슨 말을 할 수 있겠습니까? 주의 말씀과 뜻에 따라 이 큰일을 행하시고, 주의 종에게 알리셨습니다.

주 하나님이시여, 주는 정말 위대하십니다. 우리는 지금까지 주와 같은 신이 있다는 말을 듣지 못하였고, 주 외에 참 신이 있다는 말도 듣지 못했습니다. 이 세상에서 주의 백성 이스라엘처럼 복을 받은 나라가 어디 있습니까? 주께서는 주의 이름을 영화롭게 하시고자 주의 택한 백성을 구하시고, 이집트와 그 신들을 파멸시키고자 큰 기적을 행하셨습니다. 주께서 이스라엘을 택하여 영원히 주의 백성으로 삼으셨으니, 하나님이 저희 하나님이 되셨습니다.

주 하나님이시여, 이제 저와 제 집안에 대하여 약속하신 말씀대로 하소서. 사람들이 주의 이름을 영원히 높여 전능하신 이스라엘의 하나님이라 고백하게 하시고, 주의 종 다윗의 왕조가 주 앞에서 견고하게 하소서. 이스라엘의 전능하신 하나님이시여, 주께서 이 모든 것을 저에게 알리시고, 저와 제 자손을 통하여 이스라엘 왕국을 세우겠다고 말씀하신바, 제가 이런 기도를 드릴 마음이 생겼습니다.

주 하나님이시여, 주는 하나님이십니다. 주의 말씀은 진실하여 주의 종에게 이런 좋은 약속을 하셨습니다. 이제 이 종의 집안을 축복하여 영원히 지속되게 하소서.

주 하나님이시여, 주께서 말씀하신 대로 이 종의 집안이 영원히 복을 누릴 것입니다.”

✳ 139 ✳

므비보셋 (1)

자비는 심판을 이긴다

다윗이 사울의 집안 중에 아직도 살아남은 사람이 있을지 모른다는 생각을 하게 되었다. 요나단을 생각해서 은혜를 베풀고 싶었기 때문이다. 사울의 종 가운데 시바라는 사람이 있다는 말을 듣고 불러 물었다.

"네가 시바냐?"

"예, 제가 시바입니다."

"사울의 집안에 살아남은 자가 없느냐? 그에게 은혜를 베풀고 싶다."

"요나단의 장애인 아들이 있습니다."

"그가 어디 있느냐?"

"암미엘의 아들 마길의 집에 있습니다."

다윗이 사람을 보내 사울의 손자이자 요나단의 아들인 므비보셋을 데려왔다. 그가 두려워하며 나와 정중히 절하자 다윗이 말하였다.

"두려워하지 마라. 내가 너의 아버지 요나단을 생각하여 너에게 은혜를 베풀어주려고 불렀다. 내가 너의 할아버지 사울이 소유했던 땅을 모두 너에게 주고, 너를 항상 내 식탁에서 먹게 하겠다."

므비보셋이 다시 절하며 말하였다.

"이 종이 무엇인데 대왕께서 죽은 개 같은 저에게 이런 친절을 베풀어주십니까?"

왕이 사울의 종 시바를 불러 말하였다.

"사울과 그 가족이 소유했던 모든 것을 네 주인의 손자에게 주었다. 너와 네 아들들과 네 종들은 농사를 지어 그 가족에게 양식을 공급하라. 므비보셋은 항상 왕궁에 살면서 나와 함께 식사할 것이다."

시바에게 15명의 아들과 20명의 종이 있었다. 그가 대답하였다.

"대왕께서 명령하신 대로 하겠습니다."

므비보셋은 다윗의 식탁에서 왕자들과 함께 식사하였다. 그에게 미가라는 아들이 있었고, 시바의 집에 사는 사람들이 다 므비보셋의 종이 되었다.

140
하눈
어리석은 자의 훈도를 받지 마라

암몬 왕 나하스가 죽고 그 아들 하눈이 왕위를 계승하였다. 다윗은 나하스의 은혜를 생각하여 하눈에게 조의를 표하려고 특사를 보냈다. 조문단이 암몬 땅에 도착하자 하눈의 신하들이 말하였다.

"다윗이 조문단을 보낸 것이 왕의 부친을 공경해서가 아닙니다. 우리의 동태를 살피려고 보낸 것이 틀림없습니다."

하눈이 조문단을 잡아다가 수염 절반을 깎고, 옷의 엉덩이 중앙부를 잘라 아랫도리를 드러내게 만들어 돌려보냈다. 다윗이 듣고 그들에게 수염이 자랄 때까지 여리고에 머물러 있으라고 지시하였다.

암몬 사람들은 다윗의 비위가 상한 줄 알고 2만 명의 시리아군을 고용하고, 마아가 왕과 그 부하 1천 명, 돕 사람 1만 2천 명을 추가로 고용하였다.

다윗이 요압과 이스라엘의 전 군대를 보내 그들을 치게 하였다. 암몬 사람들이 나와 자기 성문 앞에 포진하고, 외국 용병들은 들에서 싸울 태세를 갖추고 있었다. 요압은 적군이 앞뒤에 있는 것을 보고 정예병을 뽑아 시리아군과 맞서게 하고, 나머지 병력은 자기 동생 아비새에게 맡겨 암몬군과 대치하게 하였다. 요압이 아비새에게 말하였다.

"시리아군이 나보다 강하면 네가 와서 도와주고, 암몬군이 너보다 강하면 내가 가서 도와주겠다. 자, 힘을 내라! 우리 백성과 하나님의 성들을 위해 용감히 싸우자. 모든 것이 하나님의 뜻대로 될 것이다."

요압과 그 군대가 시리아군을 공격하자 그들이 도주하기 시작하였다. 암몬 사람들은 시리아군이 도주하는 것을 보고, 아비새 앞에서 도망하여 성안으로 들어가 버렸다. 요압이 군대를 거느리고 예루살렘으로 돌아왔다.

✳141✳

밧세바

죄의 삯은 사망이다

다윗이 이스라엘군과 함께 요압을 출전시켰다. 그들이 암몬 사람을 치고 랍바 성을 포위하였다. 다윗은 예루살렘에 머물러 있었다.

어느 날 해 질 무렵, 다윗이 잠자리에서 일어나 왕궁 옥상을 거닐다가 어떤 여자가 목욕하는 모습을 보았다. 그녀가 너무 아름다워 사람을 보내 누구인지 알아보게 하였다. 헷 사람 우리아의 아내 밧세바였다. 다윗이 그녀를 데려오게 하여 잠자리를 같이하였고, 그녀는 자기 집으로 돌아갔다.

얼마 후 밧세바가 임신한 것을 알고 사람을 보내 다윗에게 알렸다. 다윗이 전장에 있는 우리아를 보내라고 요압에게 명령하였다. 우리아가 오자 다윗은 요압과 군사들의 안부와 전황을 묻고, 집에 가서 쉬라며 선물까지 주었다. 우리아는 집으로 가지 않고 그날 밤을 궁전 경비병들과 함께 보냈다. 그가 집으로 가지 않았다는 말을 듣고 다윗이 불러 물었다.

"무슨 일이냐? 오랫동안 너는 아내와 헤어져 있었다. 어찌하여 집에 가지 않았느냐?"

"우리 군대가 지금 전쟁 중이며, 하나님의 궤도 그들과 함께 있고, 저의 지휘관인 요압 장군과 그 부하들이 빈 들에서 진을 치고 있습니다. 제가 어떻게 집에 가서 먹고 마시며, 아내와 같이 잘 수 있겠습니까? 제가 대왕 앞에서 맹세하지만, 저는 절대 그러지 않을 것입니다."

"그렇다면 오늘 밤은 여기 있어라. 내일은 내가 너를 전쟁터로 다시 돌려보내겠다."

우리아가 그날 예루살렘에 머물러 있었다. 다윗이 그를 저녁 식사에 초대하여 먹고 마시며 취하게 하였으나, 그날 밤도 집에 가지 않고 궁전 정문의 경비실에서 잤다.

그다음 날 아침에 다윗이 편지를 써서 요압에게 전하라고 우리아에게 주었다. 그 편지에서 다윗은, 우리아를 가장 치열한 격전지에 투입시켜 최전방에서 싸우게 하고, 다른 병력은 후퇴시켜 죽게 하라고 지시하였다.

요압이 적군의 성을 포위하고 공격할 때, 가장 강한 반격이 예상되는 지점에 우리아를 배치시켰다. 적이 그 성에서 나와 요압과 싸울 때, 우리아는 결국 적의 반격을 받아 몇몇 다른 이스라엘군과 함께 전사하였다. 요압이 전황 보고서를 다윗에게 보내며 전령에게 말하였다.

"왕이 화를 내면서 '너희가 어찌하여 그처럼 성에 가까이 가서 싸웠느냐? 너희는 적이 성에서 활을 쏘리라는 것도 생각하지 못했느냐? 기드온의 아들 아비멜렉이 어떻게 죽었느냐? 성에서 어떤 여자가 던진 맷돌 위짝에 맞아 죽지 않았느냐? 어찌하여 너희는 그처럼 성벽 가까이 갔었느냐?'고 묻거든, '우리아도 죽었습니다.'라고 대답하라."

요압의 전령이 예루살렘에 와서 다윗에게 말하였다.

"적이 치러 나올 때 우리가 공격하여 성문까지 몰아붙였으나, 성벽 위에 있던 자들이 활을 쏘아 몇 사람이 죽고 우리도 죽었습니다."

"너는 요압에게 실망하지 말고 용기를 내라고 하라. 전쟁에서 칼은 이 사람도 죽이고 저 사람도 죽이는 것이 아니냐! 너는 그에게 더욱 힘써 그 성을 함락시키라고 하라."

밧세바는 남편이 죽었다는 소식을 듣고 소리 높여 슬피 울었다. 애도 기간이 끝나자 다윗이 사람을 보내 궁전으로 데려왔다. 그녀는 다윗의 아내가 되어 아들을 낳았으나 하나님이 선히 여기지 않으셨다.

✳142✳
나단(2)

심판은 무자비하나 자비는 심판을 이긴다

나단이 하나님의 보내심을 받고 다윗에게 가서 말하였다.

"어떤 성에 두 사람이 있었습니다. 한 사람은 양과 소를 아주 많이 가진 부자였고, 다른 사람은 자기가 사서 기르는 어린 암양 한 마리밖에 없었습니다. 그 양은 식구들과 같은 상에서 먹고 마셨으며, 주인은 자기 딸처럼 부둥켜안고 귀여워했습니다.

최근에 손님이 그 부잣집을 찾아왔습니다. 그는 자기 양과 소는 아까워 잡지 못하고, 한 마리밖에 없는 그 가난한 사람의 암양을 빼앗아 손님을 대접하였습니다."

"내가 살아계신 하나님 앞에서 맹세하지만, 누구든지 그런 짓을 한 사람은 마땅히 죽어야 한다. 그는 가난한 사람을 불쌍히 여기지 않고 그런 짓을 했으니, 그 새끼 양의 4배를 배상해야 한다."

"왕이 바로 그 사람입니다. 이스라엘의 하나님이 왕에게 '나는 너를 이스라엘의 왕으로 삼고 사울의 손에서 구했으며, 사울의 궁전과 그 처들을 주었고, 이스라엘과 유다를 맡겨 다스리게 하였다. 그것이 부족하였다면 내가 더 많은 것도 주었을 것이다.

그런데 어찌하여 너는 나 하나님의 법을 무시하고, 이런 끔찍한 일을 저질렀느냐? 너는 우리아를 죽이고 그 아내를 빼앗았다. 네가 나를 무시하고 우리아의 아내를 빼앗아 네 처로 삼았으니, 칼이 네 집에서 영영 떠나지 않을 것이다.

내가 분명히 말하지만, 내가 네 집안에서 너에게 미칠 화를 불러일으키고, 네가 보는 앞에서 네 처들을 너와 가까운 사람에게 주겠다. 그가 백주 대낮에 네 처들을 욕보일 것이다. 너는 그 일을 몰래 하였으나, 나는 이 일을 모든 이스라엘 사람들이 보는 앞에서 행할 것이다.' 라고 말씀하셨습니다."

"내가 하나님께 죄를 범하였습니다."

그리고 자기 잘못을 고백하였다. 나단이 말하였다.

"하나님이 용서하셨으니 왕은 죽지 않을 것입니다. 왕이 원수들에게 하나님을 경멸하고 모독할 기회를 주었는바, 왕의 아들이 죽게 될 것입니다."

하나님이 우리아의 처가 낳은 아이를 심한 병에 걸리게 하셨다. 다윗이 방에 들어가 하나님께 빌며 금식하고 밤새도록 방바닥에 엎드려 있었다. 원로들이 가서 함께 식사하자고 권했으나 거절하였다. 결국은 7일 만에 아이가 죽었다. 신하들이 알리기를 두려워하며 수군거렸다.

"아이가 살았을 때도 왕이 우리의 말을 듣지 않고 그처럼 상심하였는데, 아이가 죽었다는 말을 어떻게 전할 수 있겠는가?"

다윗은 신하들이 수군거리지 이이가 죽은 것을 눈치채고 물었다.

"아이가 죽었느냐?"

"예, 죽었습니다."

다윗이 일어나 목욕하고, 머리를 빗고 옷을 갈아입었다. 성막에 들어가 하나님께 경배하고, 궁으로 돌아와 음식을 먹었다. 신하들이 물었다.

"우리는 이해할 수 없습니다. 아이가 살았을 때는 울고 금식하시더니, 아이가 죽자 일어나 잡수십니다."

"내가 금식하고 운 것은, 하나님이 나를 불쌍히 여겨 혹시 아이를 살려주실지 모른다고 생각했기 때문이오. 이제 아이가 죽었으니 무엇 때문에 금식하겠소? 내가 그를 다시 살릴 수 있겠소? 언젠가 나는 그에게로 가겠지만, 그는 나에게 영영 돌아오지 않을 것이오."

다윗이 밧세바를 위로하고 잠자리를 같이하였다. 다시 아들을 낳아 이름을 솔로몬이라 하였다. 하나님이 그를 사랑하여 나단을 보내 '여디디야(여호와께 사랑을 입은 자)'라 부르게 하셨다.

토크 지저스

＊143＊
암논

자식을 사랑하는 부모는 매를 아끼지 않는다

다윗의 아들 압살롬에게 다말이라는 여동생이 있었다. 이복 오빠인 암논이 대단히 연모하였다. 그녀가 정숙한 처녀라서 쉽게 접근할 수 없었다. 결국은 상사병이 들었다. 암논에게 간교한 친구가 있었다. 다윗의 형 시므아의 아들 요나답이었다. 그가 암논에게 물었다.

"왕자가 왜 날마다 수심에 잠겨 있느냐?"

"내 이복 누이동생 다말에 대한 애정 때문일세."

"좋은 수가 있으니 내가 시키는 대로 하게. 침대에 누워 병든 척하다가 네 부친이 오면, 누이동생 다말을 보내 네가 보는 앞에서 음식을 만들게 하고, 그 음식을 다말의 손으로 직접 먹여주면 좀 나을 것 같다고 하게."

암논이 병든 척하고 있다가 아버지가 오자 말하였다.

"누이동생 다말을 보내 제가 보는 앞에서 음식을 만들어 먹여주라고 일러주십시오."

다윗이 다말에게 사람을 보내 암논의 집에 가서 그를 위해 음식을 만들어주라고 하였다. 다말이 그의 집에 갔을 때 암논은 침대에 누워 있었다. 다말이 밀가루를 가져다가 반죽하여 그가 보는 앞에서 과자를 만들어 구웠다. 그리고 과자 그릇을 그 앞에 갖다 놓았다. 그가 먹을 생각은 하지 않고, 모든 사람을 밖으로 나가게 하라고 소리를 질렀다. 그리고 다말에게 말하였다.

"자, 이제 그 음식을 가지고 침실로 들어와 직접 먹여라."

다말이 과자 그릇을 들고 그의 침실로 들어갔다. 음식을 먹이려고 가까이 다가갔다. 그가 다말을 붙잡고 자리에 들 것을 강요하였다. 다말이 거절하며 말하였다.

"오빠, 이게 무슨 짓이에요? 제발 이러지 마세요. 이런 일은 이스라엘에서 있을 수 없는 일이에요. 내가 수치를 당하면 어떻게 머리를 들고 다닐 수 있겠어요? 이러시면 오빠도 이스라엘에서 가장 어리석은 사람이 될 거예요. 나를 그렇게 사랑하신다면 아버지께 말씀드리세요. 아버지께서도 내가 오빠와 결혼하는 것을 말리지 않으실 거예요."

암논은 그 말을 듣지 않고, 강제로 덮쳐 강간하고 말았다. 순간 사랑이 증오로 돌변하여 그녀를 미워하며 소리쳤다.

"여기서 썩 나가!"

"그러시면 안 돼요. 이렇게 하고 나를 쫓아내는 것은 나를 욕보인 것보다 더 큰 죄란 말이에요."

그는 그 말도 듣지 않았다. 암논이 하인을 불러 명령하였다.

"이 계집을 밖으로 끌어내고 문을 걸어 잠그라."

다말은 시집가지 않은 공주로, 소매가 달린 긴 옷을 입고 있었다. 그 옷을 찢으며 머리에 재를 뒤집어쓰고, 손으로 얼굴을 가린 채 울면서 집으로 돌아갔다. 그때 그녀의 친오빠 압살롬이 달랬다.

"너를 욕보인 자가 암논이냐? 이 일로 너무 상심하지 마라. 어쨌든 이는 집안일이니 아무에게도 말하지 말고 조용히 있어라."

다말은 압살롬의 집에서 처량하게 지냈다. 다윗왕이 그 일을 듣고 노발대발하였다. 압살롬은 암논이 자기 동생 다말을 욕보인 일에 대해 일절 말하지 않고 그를 미워했다.

✳144✳
압살롬(1)
도중에 얼른 화해하라

그리고 2년이 지나 압살롬이 에브라임 부근에서 양털을 깎았다. 그가 잔치를 베풀어 모든 왕자를 초청하고 왕에게 가서 권하였다.

"아버지, 저의 집에 양털 깎는 일이 있어 잔치를 준비하였습니다. 신하들과 함께 와 주십시오."

"아니다. 내 아들아, 우리가 다 가게 되면 너무 큰 부담이 될 것이다."

압살롬은 권했으나 왕은 가지 않고 대신 복을 빌어주었다. 압살롬이 말하였다.

"그러시면 형 암논이라도 함께 가게 해주십시오."

"암논이 너와 함께 가야 할 이유가 무엇이냐?"

압살롬이 계속 간청하여 왕은 암논과 다른 모든 왕자를 함께 보냈다. 압살롬이 하인들에게 말하였다.

"너희는 암논이 취할 때까지 기다렸다가, 내가 신호를 하면 그를 죽여 버려라! 두려워할 것 없다. 이 명령을 내리는 자는 내가 아니냐? 용기를 내어 대담하게 해치워라."

그들이 압살롬의 지시대로 암논을 죽였다. 다른 왕자들이 급히 자리에서 일어나 노새를 타고 달아났다. 그들이 예루살렘으로 돌아가는 중에, 압살롬이 모든 왕자를 죽이고 하나도 남기지 않았다는 소문이 다윗의 귀에 들어갔다. 왕이 벌떡 일어나 옷을 찢고 땅에 엎드렸다. 신하들도 다 옷을 찢고 그 곁에 서 있었다. 다윗의 형 시므아의 아들 요나답이 왕에게 가서 말하였다.

"왕자들이 다 죽은 게 아니고 암논만 죽었을 뿐입니다. 압살롬은 암논이 다말을 욕보인 후, 그를 죽이기로 작정한 것이 분명합니다. 너무 상심하지 마십시오. 암논만 죽었습니다."

예루살렘의 파수꾼이 바라보니 뒷산 언덕길로 여러 사람이 떼를 지어 달려오고 있었다. 그가 왕에게 보고하자 요나답이 소리쳤다.

"보십시오! 제가 말한 대로 저기 왕자들이 오고 있지 않습니까?"

왕자들이 도착하여 대성통곡하자 왕과 신하들도 소리 높여 슬피 울었다. 압살롬은 그술 왕 달매에게 갔고, 다윗은 암논 때문에 슬픈 나날을 보냈다.

압살롬이 도망하여 그술에 머문 지 3년이 되었다. 다윗왕은 죽은 아들에 대한 슬픔을 잊고 그 마음이 압살롬을 향하여 있었다. 스루야의 아들 요압이 왕의 마음을 알고, 드고아에 사람을 보내 지혜로운 여자 한 사람을 데려오게 하였다.

"당신은 초상 당한 사람처럼 상복을 입고 머리를 산발한 후, 오랫동안 슬퍼한 시늉을 하고 왕에게 나아가 내가 일러주는 말을 전하시오."

그리고 왕에게 할 말을 일러주었다. 그녀가 왕에게 가서 얼굴을 땅에 대고 절하며 말하였다.

"임금님, 저를 좀 도와주십시오!"

"무슨 일이냐?"

"저는 가난한 과부입니다. 남편은 죽고 아들 둘만 있었습니다. 하루는 그들이 들에서 싸우다가 한 아이가 다른 아이를 쳐 죽였습니다. 모든 친척이 나를 공격하며 자기 형제를 죽인 놈은 죽여야 한다고, 그 아들을 내놓으라고 강요하고 있습니다. 그들의 요구대로 하면 저는 자식 없이 혼자 남는 신세가 되고, 저의 마지막 희망까지도 사라지게 되며, 남편의 대를 이을 후손마저 완전히 끊어지고 맙니다."

"이 문제는 나에게 맡기고 너는 집으로 돌아가라. 내가 아무도 네 아들에게 손을 대지 못하게 명령을 내리겠다."

"대왕께서 저를 도와주신 일로 비난을 받는다면, 그 죄는 저에게 있고 왕에게는 아무 잘못이 없습니다."

"그 문제는 염려하지 마라. 누구든지 너를 위협하면 그를 나에게 데려오라. 내가 다시는 너를 괴롭히지 못하게 할 것이다."

"그러시면 왕의 하나님께 기도하여 주십시오. 죽은 내 아들의 원수를 갚으려는 친척들이 남은 내 아들을 죽이지 못하게 하소서."

"내가 살아계신 하나님의 이름으로 맹세하지만, 네 아들의 머리카락 하나도 땅에 떨어지지 않을 것이다."

"죄송합니다만 한 마디만 더 말씀드려도 좋겠습니까?"

"말해 보아라."

"대왕께서 하나님의 백성에게 어찌하여 이런 일을 하셨습니까? 대왕께서 그렇게 말씀하시니 죄 있는 사람처럼 되셨습니다. 이는 망명 중인 왕의 아들을 데려오시지 않기 때문입니다. 우리는 결국 다 죽게 될 것입니다. 우리의 생명은 한 번 땅에 쏟으면 다시 담을 수 없는 물과 같습니다.

대왕께서 망명 생활을 하고 있는 왕의 아들을 돌아오게 하신다면, 하나님이 왕을 오래 살도록 축복하실 것입니다. 제 아들 문제로 이렇게 호소하는 것은, 저와 제 아들의 생명이 위협을 받고 있는바, 제가 속으로 이렇게 생각했기 때문입니다.

'내가 이 일을 왕께 말씀드리면 혹시 내 간청을 듣고, 왕이 이스라엘 땅에서 나와 내 아들을 죽이려는 자들의 손에서 나를 구해주실지 모른다. 그렇다. 왕은 우리에게 평안을 주실 것이다.'

저는 대왕께서 하나님의 천사와 같은바, 선악을 분별하실 줄 믿고 있습니다. 아무쪼록 하나님께서 왕과 함께하시기를 바랍니다."

"내가 물어보고 싶은 말이 있다."

"임금님, 말씀하십시오."

"요압이 너를 보냈느냐?"

"제가 어떻게 이 일을 숨길 수 있겠습니까? 그렇습니다. 요압 장군이 저를 보내 제가 할 말을 일러주었습니다. 요압 장군은 이 일을 자기가 시키지 않은 것처럼 꾸몄으나, 왕은 하나님의 천사와 같이 이 땅에서 일어나는 모든 일을 다 알고 계십니다."

왕이 요압을 불러 말하였다.

"좋다. 가서 압살롬을 데려오라."

요압이 땅에 엎드려 절하며 왕을 위해 복을 빌고 말하였다.

"저의 요구를 들어주시니, 이제야 왕이 저를 총애하시는 줄 알겠습니다."

그리고 그술로 가서 압살롬을 데리고 왔다. 왕이 말하였다.

"그를 자기 집에서 머물게 하고 내 앞에 나타나지 못하게 하라. 내가 그를 보고 싶지 않다."

압살롬은 자기 집으로 가서 왕 앞에 나타나지 않았다. 이스라엘에 압살롬만 한 미남자도 없었다. 그는 머리에서 발끝까지 흠 하나 없었다. 그는 머리숱이 많아 해마다 머리를 깎았으며 그 무게가 2.3kg이나 되었다. 압살롬에게 다말이라는 아주 아름다운 딸 하나와 세 아들이 있었다.

압살롬이 예루살렘에 2년 동안 있으면서 왕을 보지 못하였다. 요압을 왕에게 보내 중재역을 부탁하려 하였으나 그가 오질 않았다. 압살롬이 사람을 보냈지만 번번이 오지 않았다. 압살롬이 하인들에게 명하였다.

"너희는 내 밭 옆에 있는 요압의 보리밭에 불을 질러라."

그들이 요압의 밭에 불을 질렀다. 요압이 압살롬에게 와서 따져 물었다.

"당신의 하인들이 어찌하여 내 밭에 불을 질렀습니까?"

"내가 당신을 부른 것은, 왕이 나를 볼 생각이 없었다면 무엇 때문에 나를 그술에서 데려왔는지, 당신을 통해 한번 물어봐 달라고 부탁하고 싶었기 때문이오. 내가 차라리 그곳에 있었더라면 좋을 뻔했소. 이제 나를 왕과 좀 만나게 해주시오. 나에게 죄가 있다면 왕이 나를 죽여도 좋소."

요압이 왕에게 가서 압살롬이 한 말을 그대로 전하자 왕이 사람을 보내 압살롬을 불러오게 하였다. 그가 얼굴을 땅에 대고 절하자 왕이 그에게 입을 맞추었다.

✳145✳
다윗(6)

───────

주님은 나의 피난처십니다

압살롬이 전차와 말을 구입하고 50명의 호위병도 고용하였다. 매일 아침 일찍 일어나 성문으로 나갔다. 누구든지 소송 문제로 왕을 찾아오면 그를 불러 출신을 묻고, 어느 지파 누구라고 대답하면 친절하게 말하였다.

"이는 당신이 옳고 정당하지만, 유감스럽게도 그 문제를 들어줄 대리인을 왕이 세우지 않았습니다. 내가 재판관이 된다면 얼마나 좋겠습니까! 문제를 가진 사람은 누구든지 나에게 찾아올 수 있고, 내가 그 문제를 공정하게 처리할 것입니다."

그리고 자기에게 절하지 못하게 하고, 손을 내밀어 그를 붙잡고 입을 맞추었다. 이런 식으로 압살롬은 왕에게 재판을 받으러 오는 사람들의 마음을 도둑질하였다. 그렇게 4년이 지나 압살롬이 왕에게 말하였다.

"제가 하나님께 서약한 것이 있습니다. 헤브론에 가서 그 서약을 지키게 해주십시오. 제가 그술에 있을 때, 하나님이 예루살렘으로 다시 돌아가게 하시면 제물을 드리겠다고 서약하였습니다."

"그래, 가서 서약을 지켜라."

압살롬이 헤브론으로 갔다. 이스라엘 각처에 몰래 사람들을 보내 지시하였다.

"너희는 나팔 소리가 나거든 '압살롬이 헤브론에서 왕이 되었다!'라고 외쳐라."

그때 압살롬의 초대로 함께 간 사람들이 200명쯤 되었으나, 그들은 압살롬의 의도가 무엇인지 전혀 알지 못하였다. 그가 제사를 드리는 동안 사람을 보내 다윗의 자문관인 길로 사람 아히도벨을 초대하였다. 그가 압살롬을 지지하고 나섰다. 반역 세력이 점점 커지자 압살롬을 따르는 자들이 계속 불어났다. 어떤 사람이 다윗에게 와서 말하였다.

"이스라엘 사람들의 마음이 압살롬에게 쏠리고 있습니다."

다윗이 예루살렘에 있는 신하들에게 말하였다.

"그렇다면 우리가 즉시 떠나야 한다. 압살롬의 손에 한 사람도 살아남지 못할 것이다. 빨리 서둘러라! 우물쭈물하다가는 그가 급습하여 우리를 치고 주민들까지 다 죽일 것이다."

신하들이 대답하였다.

"왕이 무엇을 하시든지 우리는 왕을 따르겠습니다."

왕은 궁을 지킬 후궁 10명만 남겨두고 모든 가족과 신하들을 데리고 즉시 떠났다. 다윗이 성 어귀에서 잠시 발길을 멈추고, 모든 신하와 경호병과 가드에서 함께 온 600명의 군인들을 앞서가게 하였다. 그리고 가드 사람 잇대에게 말하였다.

"어찌하여 네가 우리와 함께 가려고 하느냐? 너는 예루살렘으로 돌아가 새 왕과 함께 있어라. 너는 망명한 외국인이다. 이제 우리는 어디로 갈지 모른다. 어떻게 어제 온 너를 우리와 함께 유랑의 길을 떠나게 할 수 있느냐? 너는 네 동족을 데리고 돌아가라. 하나님이 은혜를 베풀어주시길 원한다."

"제가 살아계신 하나님 앞에서 목숨을 걸고 맹세하지만, 죽든지 살든지 왕이 가시는 곳으로 따라가겠습니다."

"그러면 우리와 함께 가자."

잇대가 자기를 따라온 사람들과 가족들을 데리고 다윗 일행과 함께 갔다. 그들이 지나갈 때 온 예루살렘의 주민들이 소리 높여 울었다. 왕이 기드론 시내를 건너 광야로 향하였다. 사독과 함께한 레위 사람들이 하나님의 궤를 메어다 놓았고, 아비아달도 올라왔다. 모든 사람이 성에서 다 빠져나올 때까지 기다렸다. 왕이 사독에게 말하였다.

"하나님의 궤를 다시 성으로 메고 가시오. 내가 하나님께 은총을 입는다면 언젠가 돌아와 궤와 그 처소를 다시 보게 하실 것이오. 하지만 하나님이 나를 선히 여기지 않으시면 그대로 하실 것이오."

그리고 사독에게 다시 말하였다.

"당신은 선견자가 아니오? 당신의 아들 아히마아스와 아비아달의 아들 요나단을 데리고 평안히 성으로 돌아가시오. 내가 요단강 나루터에서 당신의 소식을 기다리겠소. 당신은 내가 광야로 들어가기 전에 예루살렘에서 일어나는 일을 나에게 알려주시오."

사독과 아비아달이 하나님의 궤를 예루살렘에 다시 메어다 놓고 있었다. 다윗이 슬피 울며 머리를 가리고 맨발로 감람산 길을 올라갔다. 그와 함께 가는 백성들도 머리를 가리고 울었다. 그때 다윗은 자기 자문관인 아히도벨이 압살롬의 반역에 가담했다는 말을 듣고 기도하였다.

"하나님이시여, 아히도벨의 조언을 어리석게 하소서."

다윗이 예배처가 있는 감람산 꼭대기에 이르렀을 때, 그의 신실한 친구 아렉 사람 후새가 옷을 찢고, 티끌을 머리에 뒤집어쓴 채 기다리고 있었다. 다윗이 말하였다.

"자네가 나와 함께 가면 오히려 나에게 짐이 될 걸세. 예루살렘으로 돌아가 압살롬에게 말하게.

'왕이여, 내가 왕의 부친에게 한 것처럼 왕에게 충성을 다하겠습니다.'

그러면 아히도벨의 모략을 꺾을 수 있을 걸세. 그것이 자네가 나를 돕는 일일세. 제사장 사독과 아비아달도 거기 있으니, 자네는 왕궁에서 일어나는 일을 모두 그들에게 전해주게. 그들이 아들인 아히마아스와 요나단을 나에게 보내 그 정보를 일러줄 걸세."

다윗의 친구 후새가 그곳을 떠나 예루살렘으로 돌아갔다. 그때 압살롬도 성으로 들어가고 있었다.

토크 지저스

시바

속고 속이는 자가 다 그의 손안에 있다

다윗이 감람산 마루턱을 조금 지났을 때, 므비보셋의 하인 시바가 2마리의 나귀에 빵 200개, 건포도 100송이, 싱싱한 과일 100개, 포도주 1부대를 싣고 왔다. 왕이 물었다.

"이것이 무엇이냐?"

"나귀는 왕의 가족이 타고, 빵과 과일은 왕과 함께한 백성이 먹고, 포도주는 그들이 광야에서 지칠 때 마시라고 가져왔습니다."

"므비보셋은 어디 있느냐?"

"예루살렘에 머물러 있습니다. 그는 이스라엘 사람들이 자기 할아버지의 나라를 자기에게 돌려줄 것으로 생각하고 있습니다."

"그렇다면 그에게 속한 것을 너에게 모두 주겠다."

"저는 왕의 종입니다. 제가 왕 앞에서 은총을 입게 하소서."

✳147✳
시므이
주여, 나의 억울함을 감찰하소서

다윗과 일행이 바후림에 이르렀을 때, 한 사람이 마을에서 나와 그들을 저주하였다. 그는 사울의 집안으로 게라의 아들 시므이였다. 그가 다윗과 신하들에게 돌을 던졌고, 왕은 백성과 경호병에게 싸여 있었다. 시므이가 다윗을 저주하였다.

"살인자야, 악한 자야, 여기서 사라져라! 하나님이 사울과 그 가족을 죽인 죄를 너에게 갚으셨다. 네가 사울의 왕위를 빼앗았으나 이제 하나님이 너의 아들 압살롬에게 주었구나! 너는 사람을 죽인 죄로 이제 벌을 받아 망하게 되었다."

스루야의 아들 아비새가 말하였다.

"어찌하여 왕은 저 죽은 개 같은 녀석이 저주하도록 내버려 두십니까? 제가 가서 당장 저놈의 목을 베겠습니다."

"이건 네가 상관할 일이 아니다. 하나님이 시켜서 그가 나를 저주한다면, 누가 감히 '네가 어찌하여 이렇게 하느냐?'고 할 수 있겠느냐? 내 몸에서 난 아들도 나를 죽이려 하거늘, 하물며 이 베냐민 사람이야 오죽하겠느냐? 하나님이 시키신 것이니 내버려 두어라. 어쩌면 하나님이 내가 당하는 어려움을 보시고, 오늘의 이 저주로 인해 나를 축복하실지 모른다."

다윗과 일행은 아무 말 없이 길을 갔고, 시므이는 비탈길로 계속 따라오며 저주하고 돌을 던지며 티끌을 날렸다.

✳148✳
아히도벨

하나님의 어리석음이 사람보다 지혜롭다

왕과 함께한 사람들이 요단에 이르렀을 때 몹시 지쳐 잠시 머물러 쉬었다. 압살롬과 그 추종자들은 예루살렘에 들어왔고, 아히도벨은 압살롬과 함께 있었다. 다윗의 친구 아벡 사람 후새가 압살롬에게 가서 외쳤다.

"대왕 만세! 대왕 만세!"

"이것이 당신의 친구에 대한 우정이오? 어찌하여 친구와 함께 가지 않았소?"

"저는 하나님과 이스라엘 백성이 택한 자를 위해 일하고, 그와 함께 있을 것입니다. 제가 전에는 왕의 부친을 섬겼으나 이제는 왕을 돕겠습니다."

압살롬이 아히도벨에게 물었다.

"다음에는 내가 무엇을 해야 되겠소?"

"왕의 아버지가 궁을 지키기 위해 남겨둔 후궁들이 있습니다. 그들과 동침하십시오. 그러면 왕의 부친이 왕을 원수로 여기고 있다는 사실을 이스라엘 사람들이 다 알게 될 것이며, 왕을 따르는 사람들이 크게 힘을 얻을 것입니다."

추종자들이 궁전 옥상에 천막을 치자, 압살롬은 이스라엘 사람들이 지켜보는 앞에서 자기 아버지의 후궁들과 동침하였다. 아히도벨의 조언은 하나님의 말씀과 같았던바, 다윗은 물론이고 압살롬도 그의 모든 말을 따랐다. 아히도벨이 압살롬에게 말하였다.

"저에게 병력 1만 2천 명만 주십시오. 오늘 밤 다윗을 추적하러 떠나겠습니다. 그가 지쳐서 피곤할 때 기습하면, 그의 군대는 공포에 질려 모두 도망할 것입니다. 제가 다윗만 죽이고, 나머지 사람들은 모두 왕에게 돌아오도록 하겠습니다. 왕이 찾는 그만 죽으면 다른 사람들은 자연히 돌아오게 되고, 모든 백성이 평안할 것입니다."

그 말을 압살롬과 장로들이 다 좋게 여겼다. 압살롬이 말하였다.

"후새를 불러라. 그는 이 일을 어떻게 생각하는지 물어보자."

후새가 오자 압살롬이 아히도벨의 조언을 설명하고 말하였다.

"당신의 생각은 어떻소? 아히도벨의 생각이 틀렸다면 당신의 의견을 한번 말해 보시오."

"이번에는 아히도벨이 잘못 생각한 것 같습니다. 왕도 잘 아시겠지만, 왕의 부친과 그를 따르는 자들은 다 용감한 군인들입니다. 그들은 아마 새끼를 빼앗긴 곰처럼 대단히 화가 나 있을 것입니다.

왕의 부친은 전쟁 경험이 많은바, 밤에는 병사들 가운데서 자지 않을 것입니다. 지금쯤 아마 어느 굴이나 다른 어떤 곳에 숨었을 것입니다. 그가 나와서 왕의 군대를 공격하여 몇 사람을 쓰러뜨리면, 왕의 병사들이 당황하여 패했다고 외칠 것입니다. 그렇게 되면 사자같이 용감한 병사도 무서워 꼼짝없이 얼어붙고 맙니다. 왕의 부친이 전쟁 영웅이요, 그의 군인들도 아주 용감하다는 사실은 온 이스라엘 사람이 다 아는 일입니다.

그러므로 제 의견은 이렇습니다. 왕은 단에서 브엘세바까지 모든 이스라엘 사람들을 모아 막강한 군대를 조직하십시오. 그리고 직접 그 군대를 지휘하는 것이 좋을 듯합니다. 그러면 우리가 다윗이 있는 곳을 찾아 기습적으로 공격하여 그들을 모조리 죽일 수 있습니다. 그가 어느 성으로 도망가면 모든 이스라엘 사람들이 밧줄을 가져다가 그

성을 가까운 골짜기로 끌어내 무너뜨릴 수도 있습니다."

그러자 압살롬과 모든 사람이 후새의 조언이 아히도벨의 조언보다 낫다고 하였다. 이는 하나님이 압살롬에게 재난을 당하게 하시려고, 아히도벨의 좋은 책략을 좌절시키기로 작정하셨기 때문이다. 그리고 후새가 제사장 사독과 아비아달에게 아히도벨이 말한 것과 자신이 제안한 것을 다 말하고 일러주었다.

"당신들은 빨리 다윗에게 사람을 보내 요단강 나루터에서 자지 말고, 강을 건너 광야로 들어가라고 전하시오. 그렇지 않으면 왕과 백성이 전멸하고 말 것이오."

요나단과 아히마아스는 사람들의 눈에 띨까 봐 성에 들어가지 못하고, 예루살렘 변두리의 샘터에 머물러 있었다. 그들이 어떤 여종을 통해 받은 전갈을 다윗에게 직접 전해주는 임무를 맡았다.

그때 한 소년이 보고 압살롬에게 일러바쳤고, 그들은 바후림으로 도망쳐 어떤 사람의 집에 있는 우물 속에 숨었으며, 그의 아내가 덮개를 가져다가 덮고 그 위에 곡식을 널어놓았다. 그들이 숨은 것을 아는 자가 아무도 없었다.

압살롬의 종들이 그 집에 와서 아히마아스와 요나단을 보았느냐고 물었다. 그녀는 그들이 시내를 건너갔다고 하였더니, 그들을 찾지 못하고 결국 예루살렘으로 돌아가고 말았다. 그들이 떠난 후 두 사람이 우물에서 올라와 다윗에게 급히 달려가 일러주었다.

"오늘 밤 서둘러 요단강을 건너가십시오. 아히도벨이 왕을 잡아 죽일 계획을 세워놓았습니다."

그들은 요단강을 건너갔고, 새벽까지 강을 건너지 못한 사람이 아무도 없었다. 아히도벨은 자기 제안이 좌절된 것을 보고, 나귀에 안장을 지워 고향으로 돌아가 목을 매달아 자살하였다.

압살롬(2)
부모의 것을 빼앗는 자는 살인자와 같다

다윗은 마하나임에 도착하였고, 압살롬은 이스라엘의 전 군대를 이끌고 요단강을 건넜다. 압살롬이 요압 대신 아마사를 이스라엘군 총사령관으로 임명하였다. 그의 아버지는 이스마엘 사람 이드라였고, 그의 어머니는 나하스의 딸로 요압의 어머니인 스루야의 동생 아비가일이었다.

압살롬과 그 군대가 길르앗 땅에 진을 쳤다. 다윗이 마하나임에 도착했을 때 나하스의 아들 소비와 암미엘의 아들 마길과 길르앗 사람 바실래가 침구와 취사도구, 밀, 보리, 밀가루, 볶은 곡식, 콩, 팥, 꿀, 버터, 양, 치즈 등을 가져와 다윗과 함께한 백성에게 주었다. 그들은 다윗과 그 일행이 광야를 걸어오는 동안 몹시 지치고 피곤하며, 목마르고 배고플 것이라 생각하였다.

다윗은 함께 온 백성을 한자리에 모으고, 백 명과 천 명 단위로 부대를 편성하여 각 부대의 지휘관을 임명하였다. 1/3은 스루야의 아들 요압에게, 1/3은 그의 동생 아비새에게, 1/3은 가드 사람 잇대에게 맡기고 말하였다.

"나도 함께 출전하겠다."

"왕이 우리와 함께 출전하시면 안 됩니다. 우리가 도망하거나 우리 중에 절반이 죽는다고 해도, 적은 우리에게 관심이 없을 것입니다. 그들의 관심은 오직 왕을 찾아 해치는 데 있습니다. 왕은 우리 만 명보다 더 소중한 분입니다. 왕은 성에 남아계시다가, 우리가 어려울 때 도와주시는 편이 더 나을 것입니다."

"너희가 좋은 대로 하겠다."

왕이 성문 곁에 서자 모든 군대가 부대별로 그 앞을 지나갔다. 왕이 요압과 아비새와 잇대에게 부탁하였다.

"나를 생각해서 어린 압살롬을 너그럽게 대하라."

모든 병사가 그 말을 들었다. 다윗의 군대가 들로 나가자 에브라임 숲속에서 이스라엘군과 전투가 벌어졌다. 이스라엘군이 대패하여 그 날 2만 명이 전사하였다. 그 전투는 그 지역 일대에 전면전으로 번져 칼에 죽은 자보다 숲에서 죽은 자들이 더 많았다.

압살롬이 전투 중에 다윗의 부하들과 마주치자 노새를 타고 도망치기 시작하였다. 큰 상수리나무 아래로 지나갈 때 압살롬의 머리가 그 나뭇가지에 걸렸다. 노새는 그냥 달아나고, 그는 공중에 대롱대롱 매달려 있었다. 다윗의 부하 한 사람이 보고 요압에게 보고하였다.

"압살롬이 상수리나무에 매달려 있는 것을 보았습니다."

"뭐야! 네가 그를 보았다고? 그렇다면 어찌하여 당장 죽이지 않았느냐? 네가 그를 죽였더라면 상금으로 은화 10개를 주고, 1계급 특진과 아울러 훈장도 주었을 것이다."

"저에게 은화 천 개를 준다고 해도 저는 그렇게 할 수 없습니다. 우리는 왕이 장군에게 '나를 생각해서 어린 압살롬을 해치지 말라'고 명령하는 소리를 들었습니다. 제가 왕의 명령을 거역하고 압살롬을 죽였다면, 왕은 분명히 누가 그랬는지 찾아낼 것이고, 아마 장군께서도 저를 변호하지 못할 것입니다."

"나는 더이상 너와 시간을 허비하지 않겠다."

그리고 단창 3개를 가지고 가서, 나뭇가지에 매달린 채 아직 살아있는 압살롬의 심장을 찔렀다. 요압의 부하 10명이 압살롬을 에워싸고

쳐서 완전히 죽여 버렸다.

요압이 나팔을 불자 그 부하들은 이스라엘군을 더이상 추적하지 않고 돌아왔다. 입실롬의 시체를 숲속의 깊은 구덩이에 던지고 그 위에 돌무더기를 쌓았다. 이스라엘군은 다 자기 집으로 도망치고 말았다. 사독의 아들 아히마아스가 요압에게 말하였다.

"제가 달려가 하나님이 왕의 원수를 갚아주신 소식을 전하겠습니다."

"지금은 아니다. 왕의 아들이 죽은 것은 왕에게도 좋은 소식이 못된다. 너는 다른 날에 그 소식을 전하라."

요압이 어떤 구스 사람에게 말하였다.

"네가 가서 본 것을 왕에게 전하라."

그가 요압에게 절하고 달려갔다. 아히마아스가 요압에게 말하였다.

"저도 가게 해주십시오."

"네가 무엇 때문에 가려고 하느냐? 네가 이 소식을 전한다고 해도 상을 받지 못할 것이다."

"어쨌든 저를 좀 보내주십시오."

"그게 소원이면 가거라."

아히마아스가 지름길로 들을 지나 구스 사람을 앞질러 갔다. 다윗은 두 성문 사이에 앉아있었다. 파수병이 성문 관망대로 올라가 보니 어떤 사람이 혼자 달려오고 있었다. 그가 소리쳐 다윗에게 알리자 왕이 말하였다.

"그가 혼자 오면 좋은 소식을 가져오는 것이 분명하다."

그가 점점 가까이 오고 있을 때, 또 한 사람이 달려오는 것을 보고 파수병이 문지기에게 외쳤다.

"또 한 사람이 달려오고 있다."

왕이 말하였다.

"저도 좋은 소식을 가져오는 자다."

"먼저 오는 자가 사독의 아들 아히마아스로 보입니다."

"그는 좋은 사람이니 좋은 소식을 가져올 것이다."

아히마아스가 도착하여 왕에게 인사하고 땅에 엎드려 말하였다.

"왕의 하나님을 찬양합니다. 하나님이 왕을 대적하는 반역자들을 없애버렸습니다."

"어린 압살롬은 어떻게 되었느냐? 그는 무사하냐?"

"요압 장군이 저를 보낼 때, 크게 떠들어대는 소리가 있었으나 무슨 일이 있었는지는 모르겠습니다."

"너는 물러서 있어라."

그가 물러나 곁에 서 있었다. 구스 사람이 도착하여 왕에게 말하였다.

"대왕께 전할 좋은 소식이 있습니다. 오늘 하나님이 왕을 대적하는 모든 반역자에게 왕의 원수를 갚으셨습니다."

"어린 압살롬은 어떻게 되었느냐? 그는 무사하냐?"

"왕의 모든 원수가 그와 같이 되기를 바랍니다."

왕이 슬픔을 못 이겨 성문 위의 누각으로 올라가 부르짖었다.

"내 아들 압살롬, 내 아들 압살롬아! 내가 너를 대신해 죽었더라면 좋았을 것을! 아이고! 압살롬, 내 아들아!"

요압

중재자는 친구이니 눈물로 호소한다

어떤 사람이 요압에게 전하였다.

"왕이 압살롬의 죽음을 슬퍼하며 울고 있습니다."

그날 전쟁에 이긴 기쁨은 슬픔으로 변하였다. 왕이 아들의 죽음을 슬퍼한다는 말이 모든 사람에게 들렸기 때문이다. 다윗의 전 군대는 마치 패잔병처럼 얼굴을 들지 못하고, 기가 죽어 슬금슬금 성으로 들어왔다. 왕이 손으로 얼굴을 가리고 계속 울며 부르짖었다.

"내 아들, 압살롬아! 내 아들, 내 아들아!"

요압이 왕에게 가서 말하였다.

"우리는 오늘 왕과 왕의 자녀들과 왕비와 후궁들의 생명을 구했습니다. 그런데 왕은 오히려 우리를 부끄럽게 하였습니다. 왕이 왕을 미워하는 자는 사랑하시고, 왕을 사랑하는 자는 오히려 미워하시니, 결국 우리는 왕에게 아무 가치도 없는 존재가 되고 말았습니다. 압살롬이 살고 우리가 모두 죽었더라면 왕이 기뻐하였을 뻔했습니다.

이제 일어나 나가 우리 병사들을 격려해 주십시오. 제가 하나님의 이름으로 맹세하지만, 왕이 그렇게 하시지 않으면 오늘 밤 왕과 함께 머물러 있을 사람이 하나도 없을 것입니다. 그렇게 되면 왕은 지금까지 당하신 그 어떤 불행보다도 더 큰 불행을 당하게 될 것입니다."

왕이 일어나 성문 곁에 가서 앉았다. 그 소식이 성안에 퍼지자 모든 사람이 왕에게 나아왔다. 이스라엘군은 모두 도망하여 자기 집으로 돌아갔다. 그들이 각처에서 서로 논쟁하며 말하였다.

"다윗왕은 우리를 원수들이 손에서 구원하시고, 블레셋 사람에게서 구출하셨다. 지금은 압살롬을 피해 나라를 떠나게신다. 우리가 왕으로 세웠던 압살롬은 이제 전사하였다. 어찌하여 다윗왕을 다시 모셔 오는 일에 대해 아무 말이 없는가?"

다윗이 제사장 사독과 아비아달을 유다 장로들에게 보내며 말하였다.

"당신들은 그들에게 가서 말하시오. '온 이스라엘이 왕을 궁으로 다시 모시자고 야단인데 어찌하여 당신들은 아무 말이 없소? 당신들은 나와 같은 지파로서 살과 피를 나눈 형제들이 아니오.'

그리고 아마사에게 '너는 나와 살과 피를 나눈 친척이 아니냐? 내가 요압 대신 너를 내 군대의 총사령관으로 임명하겠다. 내가 만일 그렇게 하지 않으면 하나님이 나에게 엄벌을 내리시기 원한다.'라고 전하시오"

다윗이 유다 사람들의 마음을 돌이키자 그들이 전갈을 보냈다.

"왕은 모든 신하들을 데리고 우리에게 돌아오십시오."

왕이 예루살렘을 향해 출발하였다. 그가 요단강에 이르렀을 때, 유다 사람들이 왕을 모시려고 길갈로 나왔다.

✱151✱
다윗(7)
___
해가 지도록 분을 품지 마라

게라의 아들 시므이가 다윗왕을 만나려고 유다 사람들과 함께 급히 내려왔다. 천 명의 베냐민 사람들도 그와 함께 나왔다. 그들 가운데 사울의 신하 시바와 그 아들 15명과 20명의 종들도 있었다. 그들은 왕보다 먼저 요단강에 도착하여 왕의 가족을 실어 나르며 왕을 도우려고 하였다. 왕이 강을 건널 때 시므이가 왕 앞에 엎드려 애걸하였다.

"내 주 왕이여, 저를 용서하소서. 왕이 예루살렘을 떠나실 때 제가 한 무례한 행동을 기억하지 마소서. 제가 죽을죄를 지었습니다. 제가 왕을 영접하려고 요셉 지파의 다른 사람들보다 먼저 내려왔습니다."

스루야의 아들 아비새가 말하였다.

"시므이는 하나님이 세우신 왕을 저주하였으니 당연히 죽어야 하지 않습니까?"

다윗이 대답하였다.

"스루야의 아들들아, 내가 너희와 무슨 상관이 있다고 오늘 너희가 나의 대적이 되려고 하느냐? 나는 이제 이스라엘의 왕이 된 사람이다. 오늘 같은 날 사람이 죽어서야 되겠느냐?"

그리고 시므이에게 죽이지 않겠다고 맹세하였다.

므비보셋(2)

내가 당한 일을 주께서 보셨습니다

사울의 손자 므비보셋이 다윗왕을 맞으러 나왔다. 그는 왕이 예루살렘을 떠난 날부터 발도 씻지 않고 옷도 빨지 않았으며, 수염도 깎지 않았다. 왕이 물었다.

"므비보셋아, 너는 왜 나와 함께 가지 않았느냐?"

"내 주 왕이여, 왕도 아시겠지만 저는 장애인입니다. 제가 왕과 함께 가려고 시바에게 나귀 안장을 지우라 하였더니, 그가 저를 배신하고 거짓말로 왕 앞에서 저를 비난했습니다.

왕은 하나님의 천사와 같은 분이니 왕의 처분대로 하십시오. 저와 제 친척들은 왕의 손에 죽어도 마땅할 사람들입니다. 왕은 이 종에게 왕의 식탁에서 먹을 수 있는 영광을 주셨습니다. 제가 무슨 염치로 왕에게 더 구하겠습니까?"

"알았다. 내가 사울의 밭을 너와 시바에게 똑같이 분배하겠다."

"그 땅을 전부 그에게 주십시오. 저는 왕께서 궁으로 다시 돌아오신 것만으로 족합니다."

바실래

겸손하면 영광이 따른다

———

다윗이 망명길에 있을 때, 마하나임에서 왕과 함께한 사람들에게 음식을 제공한 길르앗 사람 바실래가, 왕을 도와 강을 건너게 하려고 내려왔다. 그는 부유한 사람으로 이제 나이가 많아 80세 노인이 되었다. 왕이 말하였다.

"나와 함께 건너가 예루살렘에서 같이 살도록 합시다. 내가 당신을 보살펴드리겠습니다."

"아닙니다. 저는 너무 늙었습니다. 이제 나이가 80세, 어찌 좋고 나쁜 것을 분간할 수 있겠습니까? 저는 먹고 마시는 것도 맛을 알 수 없으며, 좋은 노래를 들어도 즐거운 줄 모르는 사람이 되었으니, 오히려 왕께 부담만 될 것입니다. 저는 잠시 왕을 모시고 강을 건널 뿐입니다. 어찌하여 저에게 이런 보상을 하려고 하십니까? 저를 부모가 묻힌 고향 땅으로 돌아가게 해주십시오. 저는 거기서 죽고 싶습니다. 다만 여기 왕을 섬길 제 아들 김함이 있습니다. 저를 왕과 함께 건너가게 하시고, 그에게 왕이 좋을 대로 하십시오."

"좋소! 내가 김함을 데리고 가서 당신이 원하는 대로 해주겠소."

다윗이 요단강을 건너 바실래와 입 맞추고 축복하자, 그는 자기 집으로 돌아갔다. 왕이 김함을 데리고 길갈로 갔다. 모든 유다 사람과 이스라엘 사람의 절반이 왕을 뒤따라왔다. 이스라엘 사람들은, 유다 사람이 몰래 왕과 그 가족과 함께한 사람들을 나룻배에 실어 요단강을 건네주었다는 이유로 불평하였다. 유다 사람이 대답하였다.

"왕이 우리 지파여서 그렇게 했을 뿐이다. 어찌하여 이런 일로 화를 내느냐? 우리는 왕에게 아무 폐도 끼친 것이 없다. 왕은 우리를 먹여 주지 않았고, 우리에게 선물을 준 것도 없다."

이스라엘 사람이 대꾸하였다.

"비록 왕이 너희 지파이긴 하지만, 우리는 10지파나 많다. 왕에 대하여 주장할 권리를 10배나 더 가지고 있다는 말이다. 어찌하여 너희가 우리를 무시하느냐? 왕을 모셔오기 전에 먼저 우리와 상의해야 옳지 않았느냐?"

유다 사람의 주장이 이스라엘 사람의 주장보다 더 강력하였다.

＊154＊
세바
욕심이 죄를 낳고 죄가 죽음을 낳는다

길갈에 베냐민 사람 비그리의 아들로 세바라는 못된 녀석이 있었다. 그가 나팔을 불며 외쳤다.

"우리는 이새의 아들과 아무 상관이 없다. 이스라엘 사람들아, 집으로 돌아가자! 다윗은 우리의 왕이 아니다!"

이스라엘 사람들이 다윗을 떠나 세바를 좇았다. 유다 사람들은 왕을 떠나지 않고 요단에서 예루살렘까지 줄곧 동행하였다. 다윗이 예루살렘 궁전에 도착하였다. 궁을 지키기 위해 남겨둔 10명의 후궁들을 별실에 가두고, 필수품만 공급하며 잠자리를 같이하지 않았다. 그들은 죽는 날까지 갇혀 생과부로 지냈다.

왕이 아마사에게 3일 이내 유다 사람들을 소집하고, 돌아와 보고하라고 하였다. 아마사가 유다 사람들을 소집하러 나갔으나 정한 기한에 돌아오지 않았다. 왕이 아비새에게 말하였다.

"세바는 압살롬보다 더 위험한 존재다. 궁중 경호병들을 데리고 빨리 가서 그를 추적하라. 그렇지 않으면 우리가 미칠 수 없는 요새로 들어가고 말 것이다."

아비새와 요압이 궁중 경호병들과 용감한 군인들을 이끌고 세바를 찾으러 나섰다. 그들이 기브온의 큰 바위에 이르렀을 때 우연히 아마사와 마주치게 되었다. 그때 군복을 입고 칼을 찬 요압이 아마사에게 다가서며 몰래 칼집을 풀어놓았다. 요압이 말하였다.

"동생, 잘 있었나?"

그리고 입을 맞추려는 듯이 오른손으로 그의 수염을 잡았다. 아마사는 요압의 왼쪽 손에 칼이 있는 줄 몰랐다. 요압이 칼로 그의 배를 찌르자 창자가 쏟아져 그 자리에서 죽고 말았다. 요압의 부하 한 사람이 그 시체 곁에 서서 외쳤다.

"요압과 다윗왕을 지지하는 사람은 모두 요압을 따르라!"

아마사의 시체는 피투성이로 길 가운데 있었고, 요압의 부하들은 사람들이 구경하러 모여들자 그 시체를 밭으로 끌어다 옷으로 덮어두었다. 길에서 시체를 치우고 그들은 다시 요압을 따라 세바의 추적에 나섰다.

세바는 이스라엘 전 지역을 돌다가 아벨과 벧마아가와 베림의 온 지역에 이르렀다. 그곳 사람들이 모두 모여 그를 따랐다. 요압의 부하들은 세바가 그곳에 있다는 말을 듣고 성을 완전히 포위하였다. 그리고 성벽을 허물기 위해 그 밑을 파서 토성을 쌓기 시작하였다.

그때 그 성의 한 지혜로운 여인이 할 말이 있다고 요압을 불러달라고 외쳤다. 요압이 다가가자 그녀가 물었다.

"당신이 요압 장군이세요?"

"그렇소!"

"제 말 좀 들어보세요."

"어디 한번 말해 보시오."

"옛날부터 사람들은 문제가 있거든 아벨에 가서 물어보라고 하면서 그것을 해결하였습니다. 당신은 이스라엘에 충성을 다한 평화롭고 전통 있는 이 성을 지금 파괴하려고 합니다. 당신은 하나님의 소유를 삼켜버릴 작정입니까?"

"그렇지 않소. 내가 이 성을 파괴할 생각은 절대로 없소. 에브라임 산간 지대의 사람 비그리의 아들 세바가 다윗왕을 대적하였소. 당신들이 그 사람만 넘겨준다면 우리는 그대로 돌아갈 것이오."

"좋습니다. 우리가 그의 머리를 당신에게 던지겠습니다."

그녀가 성 주민들에게 지혜로운 말로 이야기하자 그들이 세바의 머리를 잘라 요압에게 던져주었다. 요압이 나팔을 불어 부하들을 성에서 물러나게 하였다. 병사들은 자기 집으로 돌아가고, 요압은 예루살렘의 왕에게 돌아갔다.

요압이 다시 이스라엘군의 총사령관이 되었고, 여호야다의 아들 브나야는 왕의 경호대장, 아도니람은 사역군의 총감독관, 아힐룻의 아들 여호사밧은 역사관, 스와는 서기관, 사독과 아비아달은 제사장, 그리고 야일 사람 이라는 다윗의 보좌관이 되었다.

155
리스바

상심한 자를 고치시고 아픈 곳을 싸매신다

이스라엘에 3년 동안 흉년이 들었다. 다윗이 기도하자 하나님이 말씀하셨다.

"이는 사울과 그 집안이 기브온 사람들을 죽여 죄를 지은 대가다."

다윗왕이 기브온 사람들을 불렀다. 이스라엘 사람이 아니라 아모리 사람 중에서 살아남은 자들이다. 이스라엘 사람이 그들을 죽이지 않겠다고 약속하였으나, 사울이 민족주의 열성으로 그들을 전멸시키려고 했던 것이다. 다윗이 그들에게 물었다.

"내가 너희를 위해 어떻게 하면 좋겠느냐? 나는 너희가 입은 피해를 보상하여 너희가 우리에게 복을 빌 수 있도록 하고 싶다."

"사울과 그 집안과의 분쟁은 돈으로 해결될 문제가 아닙니다. 우리에게는 이스라엘 사람을 죽일 권한이 없습니다."

"내가 너희에게 무엇을 해주면 좋을지 말하라. 그대로 하겠다."

"사울은 우리를 학살하여 이스라엘 땅에 한 사람도 남겨두지 않으려고 했습니다. 그의 자손 중에서 남자 일곱을 넘겨주십시오. 우리가 사울의 성이었던 기브아에서 그들을 하나님 앞에 목매달아 죽이겠습니다."

"좋다. 내가 그들을 너희에게 넘겨주겠다."

다윗은 요나단과 맹세한 바가 있었던바, 사울의 손자이자 요나단의 아들인 므비보셋은 내어주지 않고, 사울의 아들 둘과 외손자 다섯을 주었다. 기브온 사람들이 그들을 산에서 목매달아 죽였다. 보리 추수를 시작할 무렵이었다.

두 아들을 졸지에 잃은 아야의 딸 리스바는 굵은 삼베를 가져다가 바위 위에 깔고, 추수가 시작될 때부터 하늘에서 비가 쏟아질 때까지, 낮에는 시체에 독수리가 앉지 못하게 하고 밤에는 맹수가 달려들지 못하게 하였다.

리스바가 행한 일을 듣고 다윗이 그들의 뼈를 거두어오라고 지시하였다. 그리고 사울과 요나단의 뼈를 가지러 직접 길르앗의 야베스로 갔다. 그들은 사울과 요나단이 길보아 산에서 전사했을 때, 블레셋 사람들이 그 시체를 벧산 광장에 매어단 것을 훔쳐 왔었다.

다윗이 사울의 뼈와 그 아들 요나단의 뼈를 가지고 올라오자 사람들이 나무에 달려 죽은 자들의 뼈를 거두어왔다. 그리고 그들이 그 모든 뼈를 베냐민 지파의 땅 셀라에 있는 기스의 묘실에 장사하였다. 하나님이 그 땅에 흉년을 그치게 하셨다.

✳ 156 ✳

아라우나

하나님은 겸손한 자를 구원하신다

하나님이 이스라엘 백성에게 다시 분노하셨다. 다윗이 충격을 받아 총사령관 요압에게 명령하였다.

"단에서 브엘세바까지 인구를 조사하여 보고하라."

"왕의 하나님이 자기 백성을 지금보다 100배나 더 많게 하시고, 왕은 그날까지 사시기를 바랍니다. 어찌하여 이 일을 하려고 하십니까?"

왕이 강압적으로 나와 요압과 군 지휘관들은 어쩔 수 없이 물러 나왔다. 그들이 전국을 두루 다니며 9개월 20일 만에 인구조사를 마치고 돌아와 보고하였다. 전쟁에 나가 싸울 수 있는 사람들이 이스라엘에서 80만, 유다에서 50만이었다. 다윗이 양심의 가책을 받아 하나님께 부르짖었다.

"제가 이 일로 큰 죄를 지었습니다. 하나님이시여, 이제 종의 죄를 용서해주소서. 제가 아주 미련한 짓을 하였습니다."

다음 날 아침, 하나님이 예언자 갓에게 말씀하셨다.

"너는 다윗에게 가서 '내가 3가지 일을 제시하겠다. 너는 하나를 택하라. 그것을 실행하겠다.'라고 전하라."

갓이 다윗에게 가서 하나님의 말씀을 전하고 물었다.

"왕은 3년간의 기근, 3개월을 적에게 쫓겨 다니는 것, 3일 동안의 전염병 중에서 어느 것을 택하시겠습니까? 잘 생각해 보시고 제가 하나님께 대답할 말을 일러주십시오."

"내 입장이 정말 난처하게 되었소. 나는 사람에게 벌을 받고 싶지 않소. 하나님은 자비하시니 하나님이 직접 벌하게 하시오."

하나님이 그날 아침부터 정하신 때까지 이스라엘 땅에 무서운 전염병을 내리셨다. 단에서 브엘세바까지 이스라엘 전역에서 죽은 자가 7만이나 되었다. 하나님의 천사가 예루살렘을 칠 때 하나님이 마음을 돌이켜 천사에게 말씀하셨다.

"그만하면 됐다. 이제 네 손을 거두어라."

천사가 여부스 사람 아라우나의 타작마당에 서 있었다. 다윗이 백성을 죽이는 천사를 보고 하나님께 부르짖었다.

"죄를 지은 사람도 나요, 악을 행한 사람도 나입니다. 이 불쌍한 백성이 무엇을 잘못했다고 벌을 주십니까? 차라리 나와 내 집안을 벌하십시오."

갓이 다윗에게 가서 말하였다.

"여부스 사람 아라우나의 타작마당으로 가서 하나님께 단을 쌓으십시오."

다윗이 하나님의 명령에 순종하여 그곳으로 갔다. 아라우나는 왕과 그 신하들이 오는 것을 보고, 앞으로 나가 얼굴을 땅에 대고 엎드려 절하며 말하였다.

"대왕께서 무슨 일로 이 종에게 오셨습니까?"

"너의 타작마당을 사서 내가 하나님께 단을 쌓아 이 백성에게 내리는 재앙을 그치게 하려고 한다."

"왕이 원하시면 무엇이든 사용하십시오. 여기 불로 태워 바치는 번제물로 소가 있고, 제물을 태울 땔감으로 타작하는 기구와 소의 멍에가 있습니다. 제가 이 모든 것을 왕께 드리겠습니다. 아무쪼록 왕의 하나님이 그 제사를 기쁘게 받으시길 바랍니다."

"아니다. 내가 돈을 주고 사겠다. 아무 대가도 치르지 않은 번제를 하나님께 드리고 싶지 않다."

그리고 타작마당과 소의 값으로 은 570g을 주고 단을 쌓아 하나님께 번제와 화목제를 드렸다. 하나님은 그 기도를 들어주셨고, 그 땅에 내리던 재앙은 그쳤다.

✳157✳
아도니야

하나님은 교만한 자를 누르신다

다윗왕은 나이가 많아 이불을 덮어도 따뜻한 줄 몰랐다. 신하들이 왕에게 말하였다.

"우리가 젊은 처녀 하나를 구해 왕의 시중을 들게 하고, 왕의 품에 있도록 하겠습니다. 그러면 왕의 몸이 따뜻해질 것입니다."

그리고 수넴 여자 아비삭을 찾아 데려왔다. 그녀는 정말 아름다웠다. 그녀가 왕의 시중을 들고 섬겼으나 왕이 성관계는 하지 않았다.

학깃의 몸에서 태어난 다윗의 아들 아도니야가 왕이 될 야심을 품고, 전차와 기병과 호위병 50명을 준비하였다. 그는 압살롬의 동생으로 대단한 미남자였다. 그 부친이 그를 책망하거나 섭섭하게 한 적이 한 번도 없었다. 그가 요압 장군과 제사장 아비아달에게 모든 것을 털어놓고 말하여 지지를 받았다. 그러나 제사장 사독과 여호야다의 아들 브나야, 예언자 나단, 시므이와 레이와 군 지휘관들은 그 음모에 가담하지 않았다.

아도니야가 '뱀 바위'라는 곳에서 양과 소와 살진 짐승을 잡고, 여러 왕자와 유다 출신의 신하들을 잔치에 초대하였다. 그때 예언자 나단과 브나야와 군 지휘관들과 이복동생 솔로몬은 초대하지 않았다. 나단이 솔로몬의 어머니 밧세바에게 가서 말하였다.

"학깃의 아들 아도니야가 왕이 되었다는 말을 듣지 못하셨습니까? 왕은 이 사실을 모르고 있습니다. 이제 당신과 당신의 아들 솔로몬의 생명을 구하고 싶으면 내 말대로 하십시오. 지금 곧 왕에게 가서 이렇게 물어보십시오.

'대왕이여, 제 아들 솔로몬을 왕위에 앉히겠다고 약속하지 않으셨습니까? 어찌하여 아도니야가 왕이 되었습니까?'

당신이 왕과 말하고 있을 때, 나도 들어가 당신의 말을 지지하겠습니다."

밧세바가 왕의 침실로 들어갔다. 왕이 노쇠하여 수넴 여자 아비삭의 시중을 받고 있었다. 밧세바가 몸을 굽혀 절하자 왕이 물었다.

"무슨 일이오?"

"대왕이여, 제 아들 솔로몬을 왕위에 앉히겠다고 하나님의 이름으로 맹세하지 않으셨습니까? 그런데 아도니야가 새 왕이 되었는데도 왕은 모르고 계십니다. 그가 소와 양과 살진 짐승을 잡고 왕자들과 제사장 아비아달과 요압 장군을 잔치에 초대하였으나, 왕의 아들 솔로몬은 초대하지 않았습니다.

대왕이여, 이제 모든 이스라엘 사람들이 누가 왕위를 계승할 것인지 왕의 말씀을 기다리고 있습니다. 만일 왕이 아무 조치를 취하지 않으시면, 저와 제 아들 솔로몬은 왕이 돌아가시는 즉시 죄인의 취급을 받게 될 것입니다."

밧세바가 왕과 말하고 있을 때 예언자 나단이 들어왔다. 신하들이 말하였다.

"예언자 나단이 왕을 뵈려고 왔습니다."

나단이 왕 앞에 허리를 굽히고 절하며 말하였다.

"왕이여, 왕은 아도니야가 왕위를 계승할 것이라고 말씀하셨습니까? 오늘 아도니야가 소와 양과 살진 짐승을 잡아 잔치를 베풀고, 왕자들과 군 지휘관들과 제사장 아비아달을 초대하여 '아도니야 왕 만세!'를 외치고 있습니다.

그러나 저와 제사장 사독과 브나야와 솔로몬은 초대하지 않았습니다. 이 일을 왕이 지시하셨습니까? 왕은 어느 왕자가 왕위를 계승할 것인지, 아직 우리에게 아무 말씀도 하지 않으셨습니다."

왕이 밧세바를 다시 불러들여 말하였다.

"나는 전에 이스라엘의 하나님 앞에서 당신의 아들 솔로몬에게 왕위를 계승하겠다고 약속하였소. 나를 모든 위험에서 구원하신 살아계신 하나님의 이름으로 분명히 말하지만, 내가 오늘 그 약속을 지키겠소."

밧세바가 허리를 굽혀 절하며 말하였다.

"대왕이여, 만수무강하소서."

다윗왕이 명령하였다.

"제사장 사독과 예언자 나단과 여호야다의 아들 브나야를 불러들여라."

그들이 들어오자 왕이 말하였다.

"당신들은 내 아들 솔로몬을 내 노새에 태워 내 경호병들과 함께 기혼으로 내려가시오. 거기서 사독 제사장과 나단 예언자는 솔로몬에게 기름을 부어 이스라엘의 왕으로 세우시오. 그리고 나팔을 불어 '솔로몬 왕 만세!'를 외치시오. 그런 다음 그를 다시 이리로 데리고 와서 내 왕좌에 앉혀 나 대신 다스리게 하시오. 나는 이미 그를 이스라엘과 유다의 왕으로 임명하였소."

여호야다의 아들 브나야가 대답하였다.

"정말 좋은 생각이십니다. 왕의 하나님도 이렇게 말씀하시기를 바랍니다. 하나님이 왕과 함께하셨던 것처럼 솔로몬에게도 함께하시어 대왕보다 더 위대한 통치자가 되게 하시기를 바랍니다."

사독과 나단과 브나야가 궁중 경호병들의 호위를 받아 솔로몬을 다윗왕의 노새에 태우고 기혼으로 내려갔다. 제사장 사독이 성막에서 기름을 가져다가 솔로몬에게 붓자 나팔 소리가 울려 퍼졌고, 사람들은 '솔로몬 왕 만세!'를 외쳤다. 그리고 그들은 새 왕과 함께 예루살렘으로 돌아와 피리를 불고, 땅이 꺼질 듯이 큰 소리로 떠들어대며 즐거워하였다.

한편 아도니야와 그의 모든 손님이 잔치 자리에서 막 일어나려고 할 때, 성에서 큰 소리가 들려왔다. 요압이 나팔 소리를 듣고 물었다.

"무슨 일이냐? 어찌하여 성안이 이처럼 소란한가?"

그 말이 끝나기도 전에 제사장 아비아달의 아들 요나단이 달려왔다. 아도니야가 말하였다.

"자, 어서 오게. 자네는 좋은 사람이니 좋은 소식을 가져왔겠지."

"아닙니다. 다윗왕은 솔로몬을 왕으로 삼으셨습니다. 왕이 궁중 경호병들의 호위 하에, 솔로몬을 제사장 사독과 예언자 나단과 여호야다의 아들 브나야와 함께 기혼으로 보냈습니다. 그들은 왕의 노새에 그를 태우고 갔으며, 사독과 나단이 그에게 기름을 부어 새 왕으로 삼았습니다.

그리고 그들이 성으로 돌아와 기뻐 소리치며 온통 축제 분위기에 들떠 있습니다. 여러분이 들은 그 요란한 소리는 바로 거기서 들려온 소리입니다. 솔로몬이 왕위에 앉자 신하들이 다윗왕에게 축복하며 말하였습니다.

'당신의 하나님께서 솔로몬을 당신보다 더 유명하게 하시고, 그를 당신보다 더 위대한 통치자가 되게 하시기를 바랍니다.'

그때 다윗왕은 침대에서 몸을 굽혀 '이스라엘의 하나님을 찬양합니다. 주께서 내 아들 중에 하나를 택하여 왕위에 앉히시고, 내 생전에 그것을 보게 하셨습니다.'라고 기도하였습니다."

아도니야와 함께 있던 사람들이 놀라서 일어나 뿔뿔이 흩어지고 말았다. 아도니야는 솔로몬을 두려워하여 성막으로 달려가 제단의 뿔을 잡았다. 솔로몬 왕이 아도니야가 제단의 뿔을 잡고 왕의 관대한 처분만 기다리고 있다는 말을 들었다.

"앞으로 올바르게 살아간다면 그의 머리털 하나도 건드리지 않겠다. 그러나 다시 악한 짓을 하면 살아남지 못할 것이다."

솔로몬 왕이 사람을 보내 아도니야를 제단에서 데려오게 하였다. 그가 와서 왕 앞에 엎드려 절하자 왕이 말하였다.

"집으로 가시오."

✳ 158 ✳
다윗(8)

모든 일은 정한 때와 기한이 있다

다윗이 솔로몬을 불러 말하였다.

"이제 나는 세상 사람들이 다 가는 길을 가게 되었다. 너는 남자답게 굳세게 살며, 하나님의 명령을 지키고 모세의 책에 기록된 대로 법과 규정을 실천하라. 그러면 어디서 무엇을 하든지 모든 일이 다 잘될 것이다. 일찍이 하나님이 말씀하셨다.

'네 자손들이 모든 일에 조심하고 내 앞에서 최선을 다해 진실하게 살면, 이스라엘의 왕위에 오를 사람이 네 집안에서 끊어지지 않을 것이다.'

네가 순종하면 하나님이 이 약속을 지키실 것이다. 너도 스루야의 아들 요압이 나에게 행한 일을 잘 알고 있겠지만, 그는 이스라엘 군대의 두 지휘관인 넬의 아들 아브넬과 예델의 아들 아마사를 죽였다. 게다가 죄 없는 사람의 피를 흘리고도 마치 전쟁터에서 죽은 것처럼 꾸몄다. 그를 지혜롭게 다루어 평안히 죽지 못하게 하라.

너는 길르앗 사람 바실래의 아들들에게 친절을 베풀어 그들을 네 식탁에 앉아 먹게 하라. 내가 네 형 압살롬을 피해 다닐 때 나에게 호의를 베풀었다.

그리고 바후림 출신의 베냐민 사람 게라의 아들 시므이를 기억하느냐? 그는 내가 마하나임으로 갈 때 흉측한 말로 나를 저주하였다. 그러나 그가 요단강에서 나를 영접하여 죽이지 않겠다고 하나님의 이름으로 맹세하였다. 그를 죄 없는 사람처럼 여겨서는 안 된다. 너는 지혜로운 사람이니 그가 피를 흘리고 죽도록 알아서 처리해라."

다윗은 죽어 다윗성에 장사되었다. 그는 40년 동안 이스라엘을 통치하였다. 헤브론께서 7년, 예루살렘에서 33년을 다스렸다. 솔로몬이 아버지의 왕위를 이어받자 나라의 기틀이 튼튼히 잡혀갔다.

솔로몬(1)

정의는 평화와 안정을 가져온다

학깃의 아들 아도니야가 솔로몬의 어머니 밧세바를 만나러 왔다. 밧세바가 물었다.

"네가 또 무슨 말썽을 일으키려고 왔느냐?"

"아닙니다. 한 가지 부탁드릴 일이 있습니다."

"무슨 일이냐?"

"잘 아시겠지만 제가 당연히 왕이 되어야 하고, 이스라엘의 모든 사람이 그렇게 생각하고 있었습니다. 그런데 상황이 바뀌어 동생이 대신 왕이 되었는바, 이는 하나님의 뜻입니다. 이제 하나만 부탁합니다. 제발 거절하지 말아 주십시오."

"그게 무엇이냐?"

"솔로몬 왕에게 말씀드려 수넴 여자 아비삭을 제 아내로 삼게 해주십시오. 왕은 당신의 요구를 거절하지 않으실 것입니다."

"그래, 내가 한번 왕에게 말씀드려 보겠다."

밧세바가 아도니야의 일로 왕을 찾아갔다. 왕이 자리에서 일어나 맞으며 절한 후 왕좌에 앉고, 자기 오른편에 자리를 마련하여 어머니를 모셨다. 밧세바가 말하였다.

"사소한 부탁이 있어 왕을 찾아왔으니 거절하지 마시오."

"어머니, 그것이 무엇입니까? 제가 거절하지 않겠습니다."

"수넴 여자 아비삭을 왕의 형 아도니야에게 주어 그의 아내로 삼게 해주시오."

"어찌하여 아비삭을 아도니야에게 주라고 하십니까? 그는 나의 형으로 왕위도 그에게 물려주라고 하시죠. 제사장 아비아달과 스루야의 아들 요압을 위해서도 부탁하시고요."

솔로몬 왕이 하나님의 이름으로 맹세하며 말하였다.

"내가 이런 요구를 한 아도니야를 살려둔다면 하나님이 나를 쳐서 죽이시기 원한다. 약속하신 대로 내 아버지의 왕위와 이 나라를 나에게 주신 살아계신 하나님의 이름으로 맹세하지만, 아도니야는 오늘 분명히 죽게 될 것이다."

솔로몬 왕이 여호야다의 아들 브나야에게 명령을 내리자 그가 가서 아도니야를 칼로 쳐 죽였다. 왕은 또 제사장 아비아달을 불러 말하였다.

"당신은 고향 아나돗으로 돌아가시오. 당신도 마땅히 죽어야 하지만 내가 오늘은 그러지 않겠소. 내 아버지가 살아계실 때 당신은 하나님의 법궤를 맡던 제사장이었고, 아버지가 고난을 당하실 때 당신도 함께 고난을 받았기 때문이오."

솔로몬이 아비아달을 제사장직에서 파면시키고 추방하였다. 이로써 하나님이 엘리의 집안에 대해 실로에서 예언하신 말씀이 이루어졌다.

요압은 아도니야가 처형되었다는 말을 듣고, 성막으로 달려가 제단의 뿔을 잡고 있었다. 그가 압살롬의 반역에는 가담하지 않았지만 아도니야의 반역 음모에 동조하였기 때문이다. 솔로몬 왕은 요압이 성막으로 달려가 제단 곁에 있다는 말을 듣고, 여호야다의 아들 브나야를 보내 명령하였다.

"가서 요압을 죽여라."

브나야가 하나님의 성막으로 가서 요압에게 말하였다.

"왕의 명령이다. 나오라."

"싫다. 나는 여기서 죽겠다."

브나야가 그대로 보고하자 왕이 말하였다.

"그의 말대로 제단 곁에서 죽이고 묻어라. 무죄한 사람들을 죽인 요압의 죄에 대하여 나와 내 집안이 책임지지 않아도 될 것이다. 그는 이스라엘군 총사령관 넬의 아들 아브넬과 유다군 총사령관 예델의 아들 아마사를 내 아버지도 모르게 살해하였다. 하나님이 요압에게 그들을 죽인 죄의 대가를 반드시 치르게 하실 것이다. 요압과 그 자손들은 이 살인죄에 대한 대가를 대대로 받을 것이지만, 다윗과 그 자손들에게는 하나님의 평안이 길이길이 있을 것이다."

브나야가 성막으로 다시 가서 요압을 쳐 죽였다. 그는 빈들의 자기 집 묘실에 장사 되었다. 왕은 요압 대신 브나야를 군 총사령관으로 임명하고, 아비아달 대신 사독을 제사장으로 임명하였다. 그리고 왕이 시므이를 불러 말하였다.

"너는 이곳 예루살렘에 집을 짓고 살면서 한 발자국도 성 밖으로 나가지 마라. 네가 성을 떠나 기드론 시내를 건너가는 날에는 반드시 죽게 될 것이다."

시므이가 대답하였다.

"좋습니다. 왕의 말씀대로 하겠습니다."

그리고 그는 예루살렘에서 오랫동안 살았다. 3년 후 시므이의 두 종이 가드의 아기스 왕에게 도망쳤다. 그들이 가드에 있다는 말을 듣고, 시므이가 아기스 왕에게 가서 그들을 데리고 예루살렘으로 돌아왔다. 시므이가 예루살렘을 떠나 가드에 갔다는 말을 듣고, 솔로몬 왕이 시므이를 불러 말하였다.

"내가 너에게 하나님의 이름으로 맹세하게 하고, 예루살렘을 떠나지 말라고 하였다. 이를 어기면 반드시 죽게 될 것이라고 경고하였다. 그때 너도 그렇게 하겠다고 대답하였다. 어찌하여 하나님 앞에서 한 맹세와 내 명령을 지키지 않았느냐? 네가 내 아버지 다윗왕에게 행한 일을 벌써 잊은 것이냐? 하나님이 반드시 그 대가를 치르게 하실 것이다. 그러나 나 솔로몬은 복을 받을 것이며, 다윗의 왕위는 하나님 앞에서 길이 지속될 것이다."

왕이 여호야다의 아들 브나야에게 명령을 내리자, 그가 시므이를 밖으로 데리고 나가 쳐 죽였다. 솔로몬이 나라의 기반을 튼튼하게 굳혔다.

∗160∗
지혜
지혜는 진주보다 값지다

솔로몬이 이집트 왕 바로와 우호조약을 맺고, 그 딸과 결혼하여 데리고 왔다. 궁전과 성전을 짓고 예루살렘 주변의 성벽을 다 쌓을 때까지 그녀를 다윗성에서 살게 하였다.

이스라엘 백성은 산 위에 쌓은 여러 제단에서 제사를 지냈다. 그가 하나님을 사랑하고 아버지 다윗의 교훈을 거울삼아 살았으나, 여전히 산당에서 제사를 드리고 분향하였다. 당시 가장 유명한 산당이 기브온에 있었던바, 거기서 솔로몬 왕은 1천 마리의 짐승을 잡아 번제로 드렸다. 그날 밤 꿈에 하나님이 나타나 말씀하셨다.

"내가 너에게 무엇을 주었으면 좋겠는지 말하라."

"주께서는 주의 종 제 아버지 다윗에게 언제나 크신 사랑을 베풀어 주셨습니다. 제 아버지가 정직하고 진실하게 살며 주께 충성을 다한 바, 주께서 한결같은 은혜를 베풀어 오늘처럼 왕위를 이을 아들을 주셨습니다.

나의 하나님이시여, 주께서 제 아버지 다윗을 이어 왕이 되게 하셨으나, 저는 아직 어린아이 같아 제 직무를 어떻게 수행해야 할지 모릅니다. 제가 다스릴 주의 백성은 그 수를 헤아릴 수 없을 정도로 많습니다. 주의 백성을 잘 다스리고 선악을 분별할 수 있는 지혜로운 마음을 주소서. 그렇지 않으면 제가 어떻게 이처럼 많은 주의 백성을 다스릴 수 있겠습니까?"

솔로몬이 지혜를 구하자 하나님이 기뻐하며 말씀하셨다.

"너는 무병장수나 부귀영화를 구하거나 네 원수를 죽여 달라고 할 수도 있었지만, 내 백성을 바르게 다스릴 지혜를 구했다. 내가 네 요구대로 지혜롭고 총명한 마음을 주겠다. 또 네가 구하지 않은 부귀와 명예도 주겠다. 네가 네 아버지 다윗처럼 나에게 순종하고 내 법과 명령을 지키면, 내가 너를 오래오래 살도록 하겠다."

솔로몬이 눈을 떠보니 꿈이었다. 예루살렘으로 돌아와 하나님의 법궤 앞에 서서 번제와 화목제를 드리고, 모든 신하를 초청하여 큰 잔치를 베풀었다.

두 창녀가 시빗거리로 솔로몬 왕을 찾아와 말하였다.

"임금님, 우리는 한 집에 살고 있습니다. 제가 아이를 낳은 지 3일 만에 이 여자도 아이를 낳았습니다. 그때 집안에는 아무도 없고 우리 둘만 있었습니다. 이 여자가 잠을 자다가 자기 아이를 깔아뭉개 죽이고 말았습니다. 밤중에 일어나 내 곁에 누운 내 아들과 죽은 자기 아들

토크 지저스

을 바꿔치기 했습니다. 다음 날 아침에 일어나 젖을 먹이려고 보니 아이가 죽었지 않겠습니까! 날이 밝아 자세히 보니 그 아이는 내 아들이 아니었습니다."

"아니야, 살아있는 아이가 내 아들이고 죽은 아이가 네 아들이야!"

"아니야, 죽은 아이가 네 아들이고 산 아이가 내 아들이야!"

왕이 말하였다.

"너희가 살아있는 아이를 서로 자기 아들이라 하고 죽은 아이는 서로 남의 아들이라 하는구나!"

그리고 칼을 가져오게 하여 명령하였다.

"산 아이를 둘로 잘라 한쪽씩 나눠주어라."

진짜 어머니가 아들에 대한 사랑으로 마음이 찢어질 것 같아 왕에게 말하였다.

"임금님, 그건 안 됩니다. 그 아이를 죽이지 마시고 저 여자에게 주십시오."

다른 여자가 말하였다.

"그래, 어차피 네 아이도 아니고 내 아이도 안 될 바에는 차라리 둘로 나눠서 갖자."

왕이 판결하였다.

"그 아이를 죽이지 말고 아이를 살려달라고 애걸하는 저 여자에게 주어라. 그녀가 저 아이의 진짜 어머니다."

이 소문이 온 이스라엘 땅에 퍼졌다. 하나님이 솔로몬에게 놀라운 지혜를 주신 줄 알고, 사람들이 두려운 마음으로 우러러보았다.

✳161✳
히람 왕

서로 화목하게 지내라

솔로몬의 지혜와 명성이 이웃 나라까지 널리 퍼졌다. 그는 3천 개의 잠언을 말하고 1천 편의 노래를 지었으며, 레바논의 백향목에서 돌담의 우슬초까지 모든 식물을 논하고, 포유류와 조류와 파충류와 어패류까지 연구한 자연 과학자였다.

온 세상의 왕들이 솔로몬의 소문을 듣고, 그 지혜를 배우려고 사절단을 보냈다. 평소 다윗과 친분이 두터웠던 두로의 히람 왕도 축하 사절단을 보냈던바, 솔로몬이 사람을 보내 전하였다.

"당신도 아시겠지만 나의 아버지는 계속된 전쟁으로 하나님의 성전을 건축하지 못하고, 하나님이 모든 원수를 물리치실 때까지 기다렸습니다. 이제 하나님이 사방에 평화를 주어 대적도 없고 재난을 당할 위험도 없습니다. 하나님이 내 아버지에게 말씀하셨습니다.

'너를 이어 왕이 될 아들이 나를 위해 성전을 건축할 것이다.'

이제 내가 하나님의 성전을 건축하려고 하니 레바논의 백향목을 좀 보내주십시오. 당신의 종들에게 명령만 내리시면 내 종들을 보내 함께 일하도록 하겠습니다. 물론 당신의 종들이 일한 대가는 충분히 지급하겠습니다. 당신도 아시겠지만 우리나라에는 시돈 사람처럼 벌목을 잘하는 사람이 없습니다."

히람이 솔로몬의 전갈을 받고 무척 기뻐하며 말하였다.

"하나님이 다윗에게 이처럼 지혜로운 아들을 주시고, 이스라엘의 백성을 다스리게 하셨으니 하나님을 찬양하노라."

그리고 회답을 보냈다.

"당신의 전갈을 잘 받았습니다. 당신의 요구대로 내가 백향목과 잣나무를 보내겠습니다. 내 종들이 목재를 레바논에서 지중해로 운반한 후, 거기서 뗏목으로 엮어 당신이 지정하는 해안까지 운송하겠습니다. 당신은 내 왕궁에 식량을 공급해 주십시오."

히람은 솔로몬에게 원하는 만큼의 백향목과 잣나무를 보냈고, 솔로몬은 히람에게 밀 2만 섬과 맑은 감람기름 20섬을 보냈으며, 해마다 그렇게 공급하였다. 하나님이 솔로몬에게 약속하신 지혜를 주어 히람과 솔로몬이 정식으로 우호조약을 맺었다.

솔로몬은 이스라엘 전국에서 3만 명의 사역자를 모집하여 1만 명씩 교대로 레바논에 보냈다. 그들이 한 달은 레바논에 있고, 두 달은 집에서 보냈다. 총감독관은 아도니람이었다. 또 전적으로 운반만 하는 사역자 7만 명, 산에서 돌을 뜨는 석수 8만 명, 작업반장 3천 3백 명도 동원하였다.

솔로몬이 명령을 내리자 석수들은 크고 좋은 돌을 뜨다가 성전의 기초석으로 다듬었다. 솔로몬의 건축가들과 히람의 건축가들, 그발 사람들이 함께 성전의 돌을 다듬고, 목재와 석재를 준비하였다.

솔로몬(2)

하나님께 영광을 돌리라

이스라엘 백성이 이집트에서 나온 지 480년이 지나 성전 건축을 시작하였다. 성전 규모는 길이 27m, 폭 9m, 높이 13.5m였고, 현관은 폭 9m, 길이 4.5m였다. 채석장에서 완전히 다듬은 돌만 사용하여, 성전을 건축하며 망치나 도끼나 철 연장 소리가 들리지 않았다. 하나님이 솔로몬에게 말씀하셨다.

"네가 내 명령에 순종하고 나의 모든 법과 규정을 지키면, 내가 너의 아버지 다윗에게 약속한 것을 다 이행하고, 내가 이스라엘 백성 가운데 살면서 그들을 버리지 않을 것이다."

솔로몬 왕 4년 2월에 성전 기초를 놓고, 11년 8월에 설계대로 성전이 준공되었다. 공사 기간은 7년 6개월이었다. 또 솔로몬은 자기 궁전을 13년 동안 건축하여 준공하였다.

그리고 하나님의 법궤를 다윗성 곧 시온에서 성전으로 옮기려고, 이스라엘의 모든 장로와 각 지파의 지도자와 족장을 예루살렘에 소집하였다. 그들이 솔로몬 왕 앞에 모인 때는 7월의 초막절이었다.

이스라엘 지도자들이 다 모이자 제사장들이 법궤를 메고 성전으로 올라갔다. 레위인들과 제사장들이 성막과 성막 안의 모든 기구를 성전으로 옮겼다.

솔로몬 왕과 이스라엘 백성이 법궤 앞에 모여 양과 소를 바쳐 제사를 드렸으며, 그 수가 너무 많아 셀 수도 없었다. 법궤 안에는 이스라엘 민족이 이집트에서 나온 후, 하나님이 그들과 계약을 맺은 시내 산에서 모세가 넣은 두 돌 판이 있었다.

제사장들이 성소에서 나올 때 갑자기 성전 안이 찬란한 구름으로 가득 찼다. 제사장들이 성전 안을 메운 그 영광의 광채로 직무를 계속 수행할 수 없었다. 솔로몬이 말하였다.

"하나님이시여, 주께서 캄캄한 구름 가운데 계신다고 하셨습니다. 이제 주께서 영원히 계실 좋은 성전을 지었습니다."

그리고 이스라엘 백성을 향해 축복하고 말하였다.

"이스라엘의 하나님을 찬양합니다. 하나님께서 제 아버지에게 약속한 것을 지키셨습니다.

'나는 내 백성을 이집트에서 인도한 첫날부터 지금까지, 내가 경배받을 성전을 짓기 위해 이스라엘 땅에서 아무 성도 택하지 않고, 또 내 백성을 다스릴 왕도 택하지 않았으나, 이제 예루살렘과 너 다윗을 택하였다.'

저의 아버지는 하나님의 성전을 건축할 마음이 있었으나 하나님이 말씀하셨습니다.

'네가 나를 위해 성전을 건축하겠다는 뜻은 좋으나 너는 건축하지 못할 것이다. 네 아들이 내 성전을 건축할 것이다.'

이제 하나님이 그 약속을 지키셨습니다. 저는 하나님이 약속하신 대로 제 아버지를 이어 이스라엘의 왕이 되었고, 하나님의 성전을 건축하였으며, 또 하나님이 우리 조상들을 이집트에서 인도하실 때, 그들과 맺은 계약의 돌 판을 넣은 법궤를 위해 성전에 한 장소를 마련하였습니다."

그리고 솔로몬이 모든 백성이 지켜보는 가운데 제단 앞으로 가서, 하늘을 향해 손을 들고 기도하였다.

"이스라엘의 하나님이시여, 천하에 주와 같은 신이 없습니다. 주는 온전한 마음으로 주께 순종하며, 주의 뜻대로 살아가는 모든 사람에게 주의 언약을 지키시고, 사랑을 베풀어주는 분이십니다. 주께서 제 아버지에게 한 약속을 지키시고, 오늘과 같이 주의 모든 말씀을 이행하셨습니다.

이스라엘의 하나님이시여, 주께서 제 아버지에게 이런 약속을 하셨습니다.

'네 자손들이 너를 본받아 내 뜻대로 살면, 이스라엘의 왕위에 앉을 사람이 네 집안에서 끊어지지 않을 것이다.'

이스라엘의 하나님이시여, 주의 종 제 아버지에게 말씀하신 이 모든 약속이 이제 이루어지게 하소서. 하나님이시여, 그렇지만 주께서 정말 땅에 계실 수 있겠습니까? 가장 높은 하늘도 주를 모실 곳이 못 되는데, 하물며 제가 건축한 이 성전이 어떻게 주를 모실 수 있겠습니까?

하나님이시여, 오늘 주 앞에서 부르짖는 이 종의 기도를 들으시고 저의 요구를 들어주소서. 이제 이 성전을 밤낮으로 지켜보소서. 여기는 주께서 경배를 받으시겠다고 말씀하신 곳입니다.

제가 이 성전을 향해 부르짖을 때 주께서 들어주소서. 주의 백성이 이곳을 향해 부르짖을 때 그들의 죄를 용서하소서. 어떤 사람이 남을 해친 죄로 고발되어 이 성전 제단 앞에 끌려와 맹세하면, 그 옳고 그름을 판단하여 그가 행한 대로 갚아주소서.

주의 백성이 주께 죄를 범하여 적에게 패하고 돌아와 이 성전에서 주의 이름을 부르며 용서를 구하면, 그 죄를 용서하시고 그 조상들에게 주신 땅으로 그들을 돌아오게 하소서. 그들의 죄 때문에 하늘이 닫히고 비가 내리지 않아 이곳을 향해 기도하고 주의 이름을 부르면, 주의 백성의 죄를 용서하여 그들에게 바른길을 가르치시고, 영구한 소유로 주신 이 땅에 비를 내려주소서.

이 땅에 흉년이 들거나, 전염병이 발생하거나, 병충해나 메뚜기 떼로 농작물이 피해를 당하거나, 주의 백성이 적군의 공격을 받거나, 질병이나 그밖에 어떤 재앙이 있을 때, 주의 백성 가운데 누구든지 자기 죄를 깨닫고 이 성전을 향해 손을 들고 기도하면, 그들의 죄를 용서하시고 도와주소서.

주께서 사람의 마음을 아시니 각 사람이 행한 대로 갚아주소서. 주께서 우리 조상들에게 주신 땅에서 그들이 사는 날 동안 항상 주를 두려운 마음으로 섬길 것입니다.

먼 땅에 사는 외국인들이 주의 이름과 주께서 행하신 놀라운 일을 듣고, 주께 경배하려고 이 성전에 와서 기도할 때도 그들의 기도에 응답하소서. 세상의 모든 민족이 주의 백성과 마찬가지로 주의 이름을 알고 주를 두려워할 것이며, 이 성전이 주께서 경배를 받으시는 곳임을 알게 될 것입니다.

주의 백성이 주의 명령을 받아 적군과 싸우러 나갈 때, 그들이 어느 곳에 있든지 주께서 택하신 이 성과 성전을 향해 기도하면, 하늘에서 들으시고 그들을 도와주소서.

죄를 짓지 않는 사람은 하나도 없습니다. 주의 백성이 죄를 지어 주께서 그들을 외국 땅에 포로로 잡혀가게 하실 때, 그들이 잘못을 깨닫고 주를 향하여 '우리가 죄를 범하였습니다. 우리가 악을 행하였습니다.'하고 부르짖으며, 그들이 진심으로 주께 돌아와 회개하고, 주께서 그들의 조상들에게 주신 이 땅과 주께서 택하신 이 성과 주의 이름을 위해 건축한 이 성전을 향하여 기도하면, 그들에게 자비를 베풀어주소서. 그들의 모든 죄와 잘못을 용서하시고, 그들을 포로로 잡아간 자들이 그들을 관대하게 대할 수 있게 하소서. 그들은 주께서 용광로와 같은 이집트에서 직접 인도하신 주의 백성입니다.

하나님이시여, 이 종과 주의 백성이 주께 부르짖는 기도를 들어주소서. 주께서 우리 조상들을 이집트에서 인도하실 때, 주의 종 모세를 통해 말씀하신 대로, 주께서 온 세상에서 특별히 이스라엘 민족을 택하여 주의 백성으로 삼으셨습니다."

무릎을 꿇고 하늘을 향해 손을 높이 들고 기도하던 솔로몬이 기도를 마치고, 하나님의 제단 앞에서 일어나 큰 소리로 백성을 축복하며 말하였다.

"약속하신 대로 자기 백성에게 안식을 주신 하나님을 찬양합니다. 그가 자기 종 모세를 통하여서 하신 말씀을 하나도 남김없이 다 이루셨습니다. 우리 하나님이 우리 조상들과 함께하신 것처럼 우리와 함께하시고, 우리를 떠나거나 버리지 않으시며, 순종하는 마음을 주어 우리가 그의 뜻대로 살고, 우리 조상들에게 주신 모든 법과 명령을 지킬 수 있게 하시길 원합니다.

우리 하나님이 내가 드리는 이 모든 기도를 항상 기억하시고, 나와 이 백성이 매일 필요로 하는 것을 채워주시어, 세상의 모든 민족이 야훼 외에는 다른 하나님이 없는 것을 알게 하시기 원합니다. 여러분이 우리 하나님께 여러분의 마음을 온전히 바쳐서, 오늘날처럼 언제나 그의 모든 법과 명령에 순종하기를 원합니다."

그리고 솔로몬 왕과 백성이 제사를 드려 성전 봉헌식을 거행하며, 화목제로 소 2만 2천 마리와 양 12만 마리를 드렸다. 그날 솔로몬 왕은 성전 앞뜰의 중앙을 거룩히 구별하고, 거기서 불로 태워 바치는 번제와 곡식으로 드리는 소제와 화목제의 기름을 드렸다. 이것은 번제단이 너무 작아 거기서 이 모든 제물을 다 드릴 수 없었기 때문이다.

성전 봉헌식의 축제는 7일 동안의 초막절을 포함하여 모두 14일 동안 계속되었으며, 북으로 하맛 고개에서 남으로 이집트 국경에 이르기까지, 이스라엘 전역에서 수많은 사람들이 모여들었다.

솔로몬이 백성을 돌려보내자 그들은 왕에게 복을 빌고, 하나님이 그의 종 다윗과 이스라엘 백성에게 베푸신 은혜를 생각하고 기뻐하며 돌아갔다. 솔로몬이 하나님의 성전과 왕궁과 그 밖에 자기가 짓고 싶은 모든 것을 다 완성했을 때, 하나님이 전에 기브온에서 나타나신 것처럼 다시 나타나 말씀하셨다.

"나는 네가 나에게 하는 기도를 다 듣고, 네가 지은 이 성전을 거룩하게 하였다. 여기는 내가 영원히 경배받을 곳인바, 내 마음과 눈이 항상 이 성전에 머물러 있을 것이다.

네가 네 아버지 다윗처럼 내 앞에서 정직하고 진실하게 살면서 나의 모든 법과 명령을 지키면, 내가 네 아버지 다윗에게 이스라엘의 왕위에 오를 사람이 네 집안에서 끊어지지 않게 하겠다고 한 약속을 내가 지킬 것이다.

그러나 너와 네 자손이 나를 떠나 다른 신을 섬기고 내 법과 명령을 지키지 않으면, 나는 이스라엘 백성을 내가 그들에게 준 이 땅에서 제거할 것이며, 내 이름을 위해 내가 거룩하게 한 이 성전마저도 버릴 것이다.

그러면 이스라엘은 온 세계 사람들에게 웃음거리와 조소의 대상이 될 것이다. 그때 이 성전은 완전히 폐허가 될 것이며, 지나가는 사람들이 보고 놀라 '어찌하여 하나님이 이 땅과 성전을 이렇게 하셨을까?'하고 물을 것이며, '그거야 그들이 자기 조상들을 이집트에서 인도한 그들의 하나님을 버리고 다른 신을 섬겨 하나님이 이 모든 재앙을 내렸기 때문이 아닌가?'하며 서로 대답할 것이다."

솔로몬은 20년이 걸려 하나님의 성전과 자기 궁전을 짓고, 두로의 히람 왕에게 갈릴리 땅에 있는 20개의 성을 주었다. 그가 솔로몬의 요구대로 백향목과 잣나무와 금을 제공하였기 때문이다. 그러나 히람이 성들을 보고 마음에 들지 않아 말하였다.

"내 형제여, 당신이 나에게 준 것이 고작 이것이오?"

그리고 '가불 땅'이라 불렀다. 히람이 솔로몬에게 보낸 금의 총량은 4톤이었다.

＊163＊

스바 여왕

지혜를 들으려고 땅끝에서 왔다

스바 여왕이 솔로몬의 명성을 듣고 어려운 문제로 시험하기 위해 예루살렘에 왔다. 많은 수행원을 거느리고 향료와 금과 보석을 낙타에 잔뜩 싣고 와서, 솔로몬을 만나 물어보고 싶은 것을 다 말하였다. 솔로몬은 스바 여왕의 질문에 모두 답하고, 설명하지 못한 것이 하나도 없었다.

여왕은 솔로몬의 지혜로운 말을 듣고, 또 건축한 궁전과 식탁에 오르는 음식과, 대신들이 앉는 좌석과 수많은 신하와, 그들의 의복과 술을 따르며 시중드는 사람과, 성전에 드리는 제물을 보고 정신이 하나도 없었다. 여왕이 솔로몬에게 말하였다.

"내가 내 나라에서 당신의 업적과 지혜에 대하여 들은 소문이 모두 사실이군요. 나는 그 소문을 믿지 않았으나 이제 직접 와서 본바, 사실에 비하면 내가 들은 것이 절반도 못 되니 당신의 지혜와 부는 소문보다 엄청납니다.

당신 앞에서 항상 지혜로운 말을 듣는 가족과 신하들은 얼마나 행복하겠습니까! 당신의 하나님을 찬양합니다. 하나님이 이스라엘을 이처럼 사랑하여 당신을 택하여 왕으로 삼으시고, 바르고 선한 정치를 하도록 하셨습니다."

그리고 약 4톤의 금과 많은 향료와 보석을 솔로몬 왕에게 선물로 주었다. 솔로몬은 그처럼 많은 향료를 다시 받아보지 못하였다. 솔로몬 왕은 관례에 따른 예물 외에도 여왕이 요구하는 것은 무엇이든지 다 주었으며, 여왕은 자기 신하들과 함께 본국으로 돌아갔다.

솔로몬 왕은 금으로 3.5kg짜리 큰 방패 200개와 1.7kg짜리 작은 방패 300개를 만들어 레바논의 숲이라는 궁에 두었다. 또 1,400대의 전차와 12,000명의 마병을 확보하여 일부는 왕궁에 두고, 나머지는 병거 주둔 성에 배치하였다.

예루살렘에는 은이 돌처럼 흔하고 백향목이 저지대의 뽕나무처럼 많았다. 솔로몬은 말과 전차를 이집트에서 도매로 수입하였다. 전차 한 대의 값은 은 6.8kg, 말 한 마리의 값은 은 1.7kg이었다. 이렇게 사들인 말과 전차는 헷 사람의 왕들과 시리아 왕들에게 다시 팔렸다.

하닷과 르손

사람 막내기와 인생 재찍으로 친다

솔로몬 왕은 바로의 딸 외에도 여러 외국인 여자를 아내로 맞아들였다. 모압, 암몬, 에돔, 시돈 그리고 헷 여자였다. 전에 하나님이 말씀하셨다.

'너희는 그들과 결혼하지 마라. 너희 마음을 돌려 우상을 섬기게 할 것이다.'

그러나 솔로몬은 그런 여자들을 사랑하여 700명의 후궁과 300명의 첩을 거느렸다. 그들이 왕의 마음을 돌려 하나님을 떠나게 하였다. 솔로몬이 나이 많아 그들의 꼬임에 빠져 이방신을 섬겼던바, 다윗처럼 신실하게 하나님을 섬기지 못하였다. 시돈 여신 아스다롯과 암몬 신 밀곰과 몰렉, 모압 신 그모스를 위해 예루살렘 동쪽 감람산에 산당을 지었으며, 외국인 아내들이 그 신들에게 분향하고 제사하는 신전까지 지어주었다.

하나님이 솔로몬에게 2번이나 나타나 이방신들을 섬기지 말라고 경고하셨으나, 끝내 순종하지 않았다. 하나님이 솔로몬의 마음이 자기를 떠난 것을 보시고, 분노하여 말씀하셨다.

"너는 나와 맺은 계약을 어기고 내 명령을 지키지 않았다. 내가 반드시 나라를 빼앗아 네 신하에게 주겠다. 다만 네 아버지 다윗을 생각하여 네 생전에는 그렇게 하지 않고, 네 아들에게서 그렇게 할 것이다. 하지만 그에게서 나라를 다 빼앗지 않고, 내 종 다윗과 내가 택한 예루살렘을 위해 한 지파를 그에게 주어 다스리게 하겠다."

하나님이 에돔의 왕족 하닷을 일으켜 솔로몬의 대적이 되게 하셨다. 오래전 다윗이 에돔을 정복했을 때, 군 총사령관 요압이 전사한 부하들의 시체를 묻기 위해 에돔으로 간 일이 있었다. 그는 부하들과 함께 6개월 동안 머물며 에돔의 남자들을 모조리 쳐 죽였다.

그때 어린아이였던 하닷이 자기 아버지의 몇몇 신하들과 이집트로 도망갔다. 그들이 미디안에서 출발하여 바란으로 가서 몇 사람을 더 데리고 바로 왕을 찾아갔을 때, 그가 하닷에게 집과 먹을 양식과 약간의 토지를 주었다. 하닷은 바로의 총애를 받았고, 바로는 왕비 다브네스의 동생인 처제를 주어 아내로 삼게 하였다. 그의 아내가 그누밧이라는 아들을 낳았던바, 왕궁에서 바로의 아들들과 함께 자랐다.

하닷이 다윗과 그의 군대 총사령관 요압이 죽었다는 말을 듣고, 바로에게 자기 고국으로 돌아가게 해달라고 부탁하였다. 바로가 물었다.

"나와 함께 있는 것이 불만이냐? 네가 무엇이 부족해서 네 고국에 돌아가려고 하느냐?"

"아닙니다. 아무것도 부족한 것이 없습니다. 하지만 고국으로 돌아가고 싶습니다."

하나님이 또 엘리아다의 아들 르손을 솔로몬의 대적이 되게 하셨다. 그는 소바의 하닷에셀 왕에게서 도망한 자였다. 다윗이 소바군을 쳐 죽일 때 르손이 사람을 모아 무법자들의 두목이 되었으며, 그들이 후에 다마스쿠스로 가서 살았고, 르손이 왕이 되었다. 그가 시리아의 왕이 되어 솔로몬의 평생에 하닷과 함께 이스라엘을 대적하였다.

여로보암(1)

순종이 제사보다 낫다

느밧의 아들 여로보암이 왕을 대적하여 반란을 일으켰다. 에브라임 출신으로 솔로몬의 신하였으며, 그의 어머니는 스루아라는 과부였다. 그는 대단히 유능한 사람이었다. 밀로 요새를 재건하고 다윗성의 벽을 수리할 때 아주 열심히 일하는 모습을 보고, 솔로몬이 그를 요셉 자손의 일꾼을 감독하게 하였다.

여로보암이 예루살렘에서 나오고 있었다. 실로 출신의 예언자 아히야가 들에서 조용히 그를 만났다. 그가 입고 있던 새 옷을 벗어 12조각으로 찢으며 말하였다.

"당신은 이 10조각을 가지시오. 이스라엘의 하나님이 당신에게 '내가 솔로몬의 손에서 나라를 빼앗아 10지파를 너에게 주겠다. 내 종 다윗과 내가 특별히 택한 예루살렘 성을 위해 한 지파는 솔로몬에게 남겨둘 것이다. 솔로몬이 나를 버리고 시돈의 여신 아스다롯과 모압의 신 그모스와 암몬의 신 밀곰을 숭배하며, 그 아버지 다윗을 본받지 않고 나에게 불순종하며, 내 앞에서 옳은 일을 행하지 않고 내 법과 명령을 지키지 않았기 때문이다.

다만 내가 택한 나의 종 다윗이 내 명령과 법을 지켰던바, 솔로몬의 생전에는 나라를 빼앗지 않고 그의 아들에게서 10지파를 떼어 너에게 주며, 그 아들에게는 1지파만 주어 내가 경배를 받으려고 택한 예루살렘 성에서 내 종 다윗의 자손이 항상 다스리게 할 것이다.

이제 나는 너를 이스라엘의 왕으로 삼아 네가 원하는 대로 다스리게 하겠다. 네가 나에게 철저히 순종하고 내 뜻대로 살며, 내가 보기에 옳은 일을 행하고 내 종 다윗처럼 나의 모든 명령을 지키면, 내가 언제나 너와 함께 하여 내가 다윗에게 했던 것처럼 너를 축복하고, 네 자손이 계속 이스라엘을 다스리게 하겠다. 내가 솔로몬의 죄 때문에 다윗의 자손들을 벌하지만 영원히 그러지는 않을 것이다.'라고 말씀하셨소."

솔로몬이 여로보암을 죽이려고 하였으나, 그는 이집트의 시삭 왕을 찾아가 솔로몬이 죽을 때까지 그곳에 머물러 있었다. 솔로몬은 예루살렘에서 40년 동안 이스라엘을 통치하고 죽어 다윗성에 장사 되었다.

✳ 166 ✳

르호보암

노인에게는 지혜가 있다

이스라엘 사람들이 르호보암 왕을 세우려고 세겜으로 갔다. 이때 솔로몬 왕을 피해 이집트로 망명한 느밧의 아들 여로보암이 돌아왔다. 사람들이 여로보암을 앞세우고 르호보암에게 와서 말하였다.

"당신의 아버지는 우리를 혹사시키고 무거운 짐을 지워주었습니다. 이제 그 짐을 가볍게 하여 우리를 편하게 해주십시오. 그러면 우리가 당신을 왕으로 모시겠습니다."

"돌아갔다가 3일 후에 다시 오시오."

르호보암 왕이 아버지의 자문관으로 일한 노인들을 불러 물었다.

"이 백성에게 어찌 대답하면 좋겠소?"

"왕이 겸손한 마음으로 백성을 다스리고, 그 요구에 기꺼이 응하시면 그들이 왕을 잘 섬길 것입니다."

르호보암은 노인들의 조언을 무시하고, 자기와 함께 자란 젊은 보좌관들에게 물었다.

"그대들은 어떻게 생각하시오? 짐을 가볍게 해달라고 요구하는 이들에게 어찌 대답하면 좋겠소?"

"왕은 그들에게 '내 새끼손가락이 내 아버지의 허리보다 더 굵은 줄 몰랐소? 내 아버지가 당신들에게 무거운 짐을 지웠다고 생각한다면, 나는 그 짐을 더 무겁게 할 것이오. 내 아버지는 채찍으로 다스렸으나 나는 전갈로 다스리겠소.'라고 대답하십시오."

3일 후 여로보암과 백성이 르호보암을 찾아왔을 때, 왕은 노인들의 조언을 무시하고 포악한 말로 젊은 보좌관들이 일러준 대로 대답하였다. 왕이 이처럼 백성의 말을 듣지 않은 것은, 하나님이 실로 사람 아히야를 통해 느밧의 아들 여로보암에게 하신 말씀을 이루려고 개입하셨기 때문이다. 이스라엘 사람들은 왕이 말을 듣지 않는 것을 보고 외쳤다.

"다윗과 그 집을 타도하자! 이새의 아들에게서 무엇을 얻겠느냐? 르호보암아, 이제 너는 네 집이나 다스러라!"

그리고 그들은 돌아갔다. 유대인들은 계속 르호보암을 왕으로 모셨다.

여로보암(2)

정의와 불의가 어찌 함께하겠는가?

르호보암 왕이 사역군의 총감독 아도니람을 이스라엘 사람들에게 보냈으나 그들이 돌로 쳐 죽였다. 르호보암이 급히 수레를 타고 예루살렘으로 도망쳤다. 그때부터 북쪽 이스라엘 사람들은 계속 다윗의 집을 배척하였다.

여로보암이 이집트에서 돌아왔다는 말을 듣고 이스라엘 사람들이 그를 대중의 모임에 초대하여 왕으로 삼았다. 유다 지파만은 계속 다윗의 집에 충성하였다.

르호보암이 예루살렘에 돌아와 유다와 베냐민 지파에서 18만 명의 정예병을 소집하고, 전쟁을 일으켜 이스라엘 북쪽 지파들을 장악하려고 하였다. 하나님이 예언자 스마야를 통해 르호보암과 유다와 베냐민 지파 모두에게 말씀하셨다.

"너희는 이스라엘 사람들과 싸우지 말고 모두 집으로 돌아가라. 이 일은 내 뜻이었다."

그들이 하나님의 말씀에 순종하여 집으로 돌아갔다. 여로보암은 에브라임 산간 지대에 세겜 성을 건축하고, 거기서 얼마 동안 살다가 브누엘 성을 건축하며 생각하였다.

'이대로 두면 나라가 다윗의 집으로 다시 돌아갈지 모른다. 내 백성이 예루살렘의 성전으로 가서 하나님께 제사를 드리면, 그들이 다시 유다의 르호보암을 왕으로 섬기고 나를 죽일 것이다.'

그가 보좌관들과 의논한 끝에 금송아지 2마리를 만들어 놓고 백성에게 말하였다.

"지금부터 여러분은 예배하러 예루살렘에 올라갈 필요가 없습니다. 이스라엘의 백싱 여러분, 이집트에서 여러분을 구출한 이 신들을 보십시오!"

그리고 그 금송아지 우상을 하나는 벧엘에, 하나는 단에 세워 두었다. 이 일이 죄가 된 것은 백성이 벧엘이나 단에 가서 그 우상을 섬겼기 때문이다.

여로보암은 또 산당을 짓고 레위 자손이 아닌 사람을 제사장으로 세웠다. 8월 15일을 유다의 명절과 비슷한 명절로 제정하고, 벧엘에 가서 금송아지 앞에 제사를 드리고 분향하며, 산당에서 일할 제사장들을 정식으로 임명하였다.

한 예언자가 하나님의 명령을 받고 유다에서 벧엘로 갔다. 마침 여로보암이 단 곁에 서서 분향을 하려던 참이었다. 그가 하나님의 말씀으로 단을 향하여 외쳤다.

"단아, 단아! 하나님이 말씀하신다. 요시야라는 아이가 다윗의 집에서 태어나, 여기서 분향하는 산당 제사장들을 네 위에 제물로 바칠 것이며, 사람의 뼈를 네 위에서 태울 것이다."

그리고 그것이 하나님의 말씀이라는 증거를 보였다.

"이 단이 갈라지고 그 위에 있던 재가 쏟아질 것이다."

여로보암 왕이 손을 펴서 그를 가리키며 외쳤다.

"저놈을 잡아라!"

그때 왕의 팔이 펴진 채 마비되고 말았다. 갑자기 단이 갈라지고 재가 단에서 쏟아져 내렸다. 여로보암 왕이 그에게 간청하였다.

"제발 나를 위해 당신의 하나님께 기도하여 내 팔이 다시 성하게 해주시오."

토크 지저스

그가 하나님께 기도하자 왕의 팔이 다시 정상으로 회복되었다. 왕이 말하였다.

"나와 함께 집으로 가서 잠시 쉬었다 가시오. 내가 당신에게 선물을 주겠소."

"왕이 재산의 절반을 준다고 해도 나는 가지 않을 것이며, 빵도 먹지 않고 물 한 모금도 마시지 않을 것입니다. 하나님이 빵도 먹지 말고 물도 마시지 말며, 오던 길로 돌아가지도 말라 하셨습니다."

그리고 그는 다른 길로 돌아갔다.

✳ 168 ✳
예언자
하나님의 말씀을 가볍게 여기면 망한다

벧엘에 한 늙은 예언자가 있었다. 그의 아들들이 그날 유다에서 온 예언자가 벧엘에서 한 일과, 여로보암 왕에게 한 말을 아버지에게 이야기하였다. 그가 물었다.

"그 사람이 어느 길로 갔느냐?"

그들이 그가 간 길을 가르쳐주었다. 그 예언자가 나귀를 타고 유다에서 온 예언자를 뒤쫓아 갔다. 그가 상수리나무 아래 앉은 것을 보고 가서 물었다.

"당신이 유다에서 온 예언자입니까?"

"그렇습니다."

"나와 함께 우리 집으로 가서 식사합시다."

"나는 당신과 함께 가서 먹고 마실 만한 처지가 못 됩니다. 하나님이 빵도 먹지 말고 물도 마시지 말며, 오던 길로 돌아가지도 말라고 명하셨습니다."

"나도 예언자입니다. 하나님의 명을 받은 천사가 나에게 당신을 집으로 데리고 가서 대접하라고 하였습니다."

이는 거짓말이었다. 그가 가서 식사하였다. 식사 도중에 하나님이 그 늙은 예언자를 통해 유다에서 온 예언자에게 말씀하셨다.

"너는 나 하나님의 말에 불순종하고 내 명령을 지키지 않았다. 내가 아무것도 먹지 말라고 명한 곳에서 네가 빵을 먹고 물을 마셨다. 너는 죽임을 당할 것이며, 네 시체는 네 조상의 묘실에 장사 되지 못할 것이다."

식사를 마치고 그 늙은 예언자가 그를 위해 나귀에 안장을 지워주었다. 그가 나귀를 타고 가는 도중에 사자를 만나 죽임을 당하였고, 그의 시체는 길가에 버려졌으며, 그 곁에는 나귀와 사자가 함께 서 있었다. 지나가던 사람들이 그의 시체와 그 곁에 말없이 서 있는 사자를 보고, 벧엘로 가서 그 늙은 예언자에게 말해주었다. 그 말을 듣고 그가 말하였다.

"이것이 하나님의 명령에 불순종한 예언자의 최후이다. 하나님이 말씀하신 대로 사자를 보내 그를 찢어 죽이게 하셨다."

그리고 자기 아들들에게 나귀에 안장을 지우라고 하였다. 그가 나귀를 타고 가보니 그 예언자의 시체가 길에 버려져 있었고, 그 곁에는 나귀와 사자가 함께 서 있었으며, 사자는 그 시체를 먹지 않고 나귀도 찢지 않았다. 그가 시체를 나귀에 싣고 자기 성으로 돌아와 슬피 울며 장사하였다. 그를 자기 가족의 묘실에 묻고 부르짖었다.

"오, 나의 형제여!"

그 후 그가 자기 아들들을 불러 말하였다.

"내가 죽으면 그 예언자의 뼈 곁에 장사해라. 그가 하나님의 명령을 받고 벧엘에 있는 단과 사마리아의 여러 성에 있는 산당들을 향하여 외친 말은 반드시 이루어질 것이다."

그러나 여로보암은 악을 버리지 못하고, 제사장으로 지원하는 사람은 누구든지 임명하였다. 그래서 여로보암의 집은 완전히 망하게 되었다.

✳169✳
아히야
산 자와 죽은 자의 재판장으로 세우셨다

여로보암의 아들 아비야가 병이 들었다. 그가 아내에게 말하였다.

"당신은 왕의 아내라는 사실을 아무도 눈치채지 못하게 변장하고, 실로에 가서 예언자 아히야를 만나시오. 그는 내가 이스라엘의 왕이 될 것이라고 일러준 사람이오. 빵 10개와 약간의 과자와 꿀 한 병을 가지고 가서 우리 아들이 어떻게 될지 물어보시오. 그가 알려줄 것이오."

여로보암의 아내가 실로에 있는 아히야의 집으로 갔다. 그는 나이 많아 제대로 보지 못하였다. 하나님이 여로보암의 아내가 병든 아들의 일로 변장하고 온다는 것과, 그녀에게 대답할 말을 미리 일러주셨다. 아히야가 그녀의 발소리를 듣고 말하였다.

"여로보암 왕의 부인은 들어오시오. 어찌하여 다른 사람인 체하시오? 당신에게 일러줄 말이 있소. 남편에게 하나님이 말씀하신다고 전해주시오.

'내가 백성 가운데서 너를 택하여 이스라엘의 통치자로 삼고, 나라를 다윗의 자손에게서 찢어주었다. 너는 내 종 다윗과 같지 않았다. 이전의 통치자들보다 더 많은 악을 행하였으며, 나를 배반하고 우상을 만들어 섬김으로써 나를 노하게 만들었다.

내가 네 집에 재앙을 내려 종이든 자유인이든 남자는 모조리 죽일 것이며, 네 가족을 거름더미처럼 쓸어버릴 것이다. 성에서 죽은 네 가족의 시체는 개가 먹을 것이며, 들에서 죽은 네 가족의 시체는 공중의 새가 먹을 것이다. 이는 나 하나님의 말이다.'

이제 집으로 돌아가시오. 당신이 성안에 들어서는 즉시 아들은 죽을 것이며, 모든 이스라엘 사람들은 그를 위해 슬퍼하고 장사할 것이오. 여로보암 왕의 모든 가족 중에서 묘실에 장사 될 사람은 이 아이뿐이오. 하나님이 그 아이에게서 선한 것을 보셨기 때문이오.

하나님이 이스라엘을 다스릴 다른 왕을 세우실 것이며, 그가 여로보암 왕의 집을 쑥대밭으로 만들 것이오. 하나님이 이스라엘을 쳐서 물에 흔들리는 갈대처럼 할 것이며, 그 백성을 그들의 조상에게 준 이 좋은 땅에서 뿌리째 뽑아, 유프라테스 강 밖으로 흩어버리실 것이오. 이는 그들이 우상을 만들어 섬김으로써 하나님을 노하게 하였기 때문이오.

여로보암 왕은 자신이 죄를 범했을 뿐만 아니라 모든 백성에게 죄를 짓게 하였는바, 하나님은 이스라엘을 버리실 것이오."

여로보암의 아내가 디르사로 돌아가 집에 들어서자 아이는 죽고 말았다. 이스라엘 사람들은 하나님이 예언자 아히야를 통해서 말씀하신 대로 장사하고 슬퍼하였다.

✳ 170 ✳

요나

―――――――

니느웨 사람들은 듣고 회개하였다

하나님이 아밋대의 아들 요나에게 말씀하셨다.

"너는 저 큰 니느웨 성으로 가서 멸망할 것이라고 외쳐라. 그곳 사람들의 죄악이 하늘에 사무쳤다."

요나가 하나님을 피해 도망치려고 욥바로 내려갔다. 마침 다시스로 가는 배가 있어 삯을 주고 탔다. 하나님이 바다에 강한 바람을 보내 폭풍이 일게 하시자 배가 거의 깨어지게 되었다.

선원들이 두려워 각자 섬기는 신에게 도와달라고 부르짖으며, 배를 가볍게 하려고 바다에 짐을 던졌다. 요나는 배 밑층에서 깊이 잠들어 있었다. 선장이 보고 소리쳤다.

"당신은 어찌하여 이런 때에 잠을 자고 있소? 일어나 당신의 신에게 도움을 구하시오! 그가 우리를 불쌍히 여겨 구해줄지 누가 알겠소."

선원들이 말하였다.

"이 재앙이 누구 때문인지 제비를 뽑아 알아보자."

그리고 제비를 뽑자 요나가 걸렸다. 그들이 물었다.

"무슨 이유로 우리가 이 재앙을 당하게 되었는지 말하시오. 당신은 누구이고 어디서 왔으며 어느 나라 사람이오?"

"나는 히브리 사람으로 땅과 바다를 만드신 하나님을 섬기는 사람입니다."

그리고 자신이 하나님을 피해 도망치고 있음을 밝혔다. 선원들이 몹시 두려워하며 말하였다.

"당신이 어찌하여 이런 짓을 하였소?"

폭풍이 점점 더 무섭게 휘몰아치자 선원들이 다시 물었다.

"우리가 당신을 어떻게 해야 바다가 잔잔하겠소?"

"나를 바다에 던지시오. 그러면 잔잔해질 것입니다. 이 폭풍이 내 탓이라는 것을 잘 알고 있습니다."

선원들이 최선을 다해 배를 육지에 대려고 하였으나, 점점 더 사나운 파도가 몰아쳐 더이상 어찌할 방도가 없었다.

"하나님이시여, 죄 없는 사람을 죽인다고 우리를 벌하지 마소서. 당신은 당신의 뜻대로 하시는 분이니, 이 사람의 죽음에 대하여 우리에게는 아무 잘못이 없습니다."

그리고 요나를 들어 바다에 던졌다. 성난 바다가 즉시 잔잔해졌다. 선원들이 크게 두려워하며 제사를 드리고, 하나님만 섬기겠다고 서약하였다.

그때 하나님은 이미 큰 물고기를 예비하여 요나를 삼키게 하셨다. 요나는 밤낮 3일을 그 물고기 뱃속에서 지내며 하나님께 기도하였다.

"제가 고통 중에 부르짖자 주께서 응답하셨으며, 무덤 같은 곳에서 도움을 구하자 제 음성을 들어주셨습니다. 주께서 저를 바다 깊은 곳에 던져 물이 저를 두르고, 주의 큰 파도가 덮쳤습니다.

제가 주 앞에서 쫓겨나 다시 주의 성전을 바라보겠다고 하였습니다. 물이 덮쳐 제가 바다 깊은 곳에 빠졌을 때, 바다풀이 제 머리를 휘감 았습니다.

제가 해저의 산 밑바닥까지 내려가 죽음의 땅에 갇혔으나, 나의 하 나님이 제 생명을 구해내셨습니다. 제 생명이 서서히 사라져갈 때, 제 가 다시 한번 하나님을 생각하며 기도하자 주께서 제 기도를 들어주 셨습니다.

무가치한 우상을 숭배하는 자들은 주의 자비를 저버린 자들입니다. 저는 감사의 노래로 주께 제사를 드리며 서약한 것을 지키겠습니다. 구원은 하나님이 주시는 것입니다.”

하나님이 물고기에게 명령하여 요나를 해변에 토하게 하셨다. 그리 고 요나에게 다시 말씀하셨다.

“너는 저 큰 니느웨 성으로 가서 그 성의 멸망을 선포하라.”

요나가 하나님의 말씀에 순종하여 니느웨로 갔다. 그 성은 한 바퀴 도는 데 3일이나 걸렸다. 요나가 그 성에 들어가 하루 종일 돌아다니 며 40일 후에 멸망할 것이라고 외쳤다.

니느웨 사람들이 하나님의 말씀을 믿었다. 금식을 선포한 후, 지위 고하를 막론하고 모두 회개하는 마음으로 굵은 삼베옷을 입었다. 그 소문을 들은 니느웨 왕도 자기 왕좌에서 일어나 왕복을 벗은 후, 굵은 삼베옷을 입고 잿더미에 앉았다. 왕이 니느웨 사람들에게 조서를 내 렸다.

“왕과 대신들의 명령이다. 사람이나 짐승은 음식을 입에 대지 말고, 물도 마시지 마라. 사람과 짐승이 다 굵은 삼베를 걸칠 것이며, 사람은 하나님께 진심으로 기도하고, 각자 잘못을 뉘우치며 악을 버려라. 하 나님이 혹시 뜻을 돌이켜 우리를 멸망시키지 않을지 누가 알겠는가!”

하나님은 그들이 잘못을 뉘우치고 악한 길에서 돌아서는 모습을 보셨으며, 그 뜻을 돌이켜 재앙을 내리지 않으셨다. 요나가 기분이 언짢아 기도하였다.

"하나님이시여, 제가 고국에 있을 때 주께서 이렇게 하실 것이라고 말하지 않았습니까? 그래서 급히 다시스로 도망쳤습니다. 저는 주께서 은혜와 자비로 쉽게 노하지 않으시고, 언제나 사랑이 풍성하여 그 뜻을 돌이키시며, 재앙을 내리지 않는 분이신 줄 알았습니다. 하나님이시여, 이제 제 생명을 거두어 가소서. 사는 것보다 차라리 죽는 편이 낫습니다."

"네가 성낼 만한 이유라도 있느냐?"

요나는 성에서 빠져나가 성 동편에 초막을 짓고, 그 그늘 아래 앉아 성이 어떻게 되는지 보려고 하였다. 그때 초막이 시들어가자 하나님이 박 덩굴을 자라게 하여, 요나의 머리 위에 그늘을 만들어 시원하게 하셨다. 요나는 그 덩굴로 대단히 기분이 좋았다.

다음날 새벽, 하나님이 벌레를 준비하여 그 박 덩굴을 씹게 하시자 곧 시들어 버렸다. 해가 뜨고 하나님이 뜨거운 동풍을 보내시자 요나는 머리 위에 내리쬐는 태양의 열기로 쓰러질 지경이었다. 그래서 그가 말하였다.

"사는 것보다 차라리 죽는 편이 더 낫겠다!"

하나님이 말씀하셨다.

"네가 이 박 덩굴에 대하여 화낼 만한 이유가 있느냐?"

"예, 제가 죽고 싶을 정도로 화낼 만한 이유가 있습니다!"

"너는 수고도 하지 않고 키우지도 않았으며, 하룻밤 사이에 났다가 다음 날 아침에 말라죽은 그 박 덩굴도 측은하게 여겼다. 하물며 선악을 분별하지 못하는 사람이 12만이 넘고, 수많은 가축도 있는 이 큰 니느웨 성을 내가 불쌍히 여기는 것이 옳지 않느냐?"

✳171✳

사르밧 과부

과부와 고아를 괴롭히지 마라

길르앗에 사는 디셉 사람 엘리야가 아합 왕에게 말하였다.

"내가 섬기는 살아계신 하나님의 이름으로 말씀드립니다. 앞으로 몇 년 동안 이슬과 비가 내리지 않을 것입니다."

하나님이 엘리야에게 말씀하셨다.

"너는 이곳을 떠나 동쪽으로 가라. 요단강 동편의 그릿 시냇가에 숨어 그 물을 마셔라. 먹을 것은 내가 까마귀를 통해 공급하겠다."

그가 가서 그 물을 마시고, 아침저녁으로 까마귀가 물어다 주는 빵과 고기를 먹었다. 비가 내리지 않아 그 시냇물도 마르자 하나님이 다시 말씀하셨다.

"너는 시돈 근처에 있는 사르밧으로 가라. 내가 한 과부를 통해 먹을 것을 공급하겠다."

엘리야가 사르밧 성문에 이르렀다. 한 과부가 나무를 줍고 있었다. 그가 물 한 잔 갖다 달라고 하였다. 그녀가 물을 가지러 가려고 하자 다시 말하였다.

"빵도 있으면 한 조각만 갖다 주시오."

"살아계신 하나님의 이름으로 맹세합니다. 저에게는 빵이 없습니다. 제가 가진 것은 밀가루 한 움큼과 약간의 기름뿐입니다. 저는 나무를 조금 주워 아들과 함께 마지막으로 음식을 만들어 먹으려고 합니다. 그리고 우리는 굶어 죽게 될 것입니다."

"염려하지 말고 그것으로 작은 빵 하나를 만들어 먼저 내게 가져오시오. 그리고 남은 것으로 당신과 아들을 위해 음식을 만들어 드시오. 하나님이 이 땅에 비를 내리시는 날까지 통에 밀가루가 떨어지지 않을 것이며, 병에 기름이 마르지 않을 것이라고 하셨습니다."

그녀가 가서 그대로 하였다. 엘리야와 그 식구가 여러 날 동안 먹었으나 그 통의 밀가루가 떨어지지 않고, 그 병의 기름이 마르지 않았다. 얼마 후 그녀의 아들이 병들어 죽었다. 그녀가 엘리야에게 말하였다.

"하나님의 사람이여, 어찌 이렇게 하셨습니까? 저의 죄를 생각나게 하시고, 제 아들을 죽이려고 이곳에 오셨습니까?"

"그 아이를 이리 주시오."

그리고 그를 받아 자신이 임시로 사용하고 있는 다락방으로 안고 갔다. 그를 침대에 눕히고 하나님께 부르짖었다.

"나의 하나님이시여, 주는 어찌 이 과부에게 이런 재앙을 내리셨습니까? 주께서 저를 친절히 보살펴주는 이 과부의 아들을 죽이셨습니다."

그리고 몸을 펴서 그 아이 위에 3번 엎드리고 기도하였다.

"나의 하나님이시여, 이 아이의 영혼이 돌아오게 하소서."

하나님이 엘리야의 기도를 들어주셨다. 아이의 영혼이 몸으로 돌아와 살아났다. 엘리야가 아이를 안고 다락방에서 내려와 그 어머니에게 주며 말하였다.

"보시오, 당신의 아들이 살아났소!"

"제가 이제야 당신이 정말 하나님의 사람이며, 하나님이 당신을 통해 말씀하신 것이 모두 사실임을 알겠습니다."

172

엘리야(1)
야훼는 우리의 하나님이시다

하나님이 흉년 3년 만에 엘리야에게 말씀하셨다.

"너는 아합 왕에게 가라. 내가 이 땅에 비를 내리겠다."

사마리아에 기근이 극심하여 아합 왕이 궁중의 대신 오바댜를 불렀다. 그는 하나님을 진실하게 섬기는 자로서 이세벨이 하나님의 예언자들을 죽일 때, 예언자 100명을 50명씩 나눠 굴에 숨기고 빵과 물을 공급하였다. 아합 왕이 그에게 말하였다.

"모든 샘과 골짜기로 가서 물 있는 곳을 찾아보자. 우리의 말과 노새를 살릴 수 있는 풀이 있을지 모른다."

그들이 탐색할 땅을 나눠 각자 풀을 찾으러 나섰다. 오바댜가 길을 가다가 엘리야를 만났다. 그가 엎드려 절하며 물었다.

"당신은 엘리야 예언자 아니십니까?"

"그렇소, 내가 엘리야요. 내가 여기 있다고 왕에게 전해주시오."

"제가 무엇을 잘못하여 그의 손에 죽게 하려고 하십니까? 살아계신 하나님의 이름으로 맹세하지만, 왕이 온 세상천지에 사람을 보내 당신을 찾게 하고, 어떤 나라에서 당신을 찾지 못했다고 보고하면, 아합이 그 나라 왕에게 그것이 사실임을 보증하는 맹세까지 시켰습니다.

지금 왕에게 가서 당신이 여기 있다는 말을 전하라고 하셨으나, 제가 떠난 후 하나님의 영이 당신을 이끌어 가시면 저는 어떻게 되겠습니까? 왕이 와서 보고 당신을 찾지 못하면 저를 분명히 죽일 것입니다.

저는 어릴 때부터 하나님을 섬기는 종입니다. 이세벨이 하나님의 예언자를 죽일 때, 그들 중에서 100명을 둘로 나눠 굴에 숨기고 빵과 물을 공급한 일을 듣지 못하셨습니까? 당신의 말대로 하면 왕이 저를 죽일 것이 뻔합니다."

"내가 섬기는 전능하신 하나님의 이름으로 맹세하지만, 내가 오늘 아합 왕 앞에 나타날 것이오."

오바댜가 왕에게 가서 엘리야가 왔다는 말을 전하자 아합이 와서 보고 말하였다.

"이스라엘을 괴롭히는 자야! 네가 왔느냐?"

"이스라엘을 괴롭힌 사람은 내가 아니라 당신과 당신의 아버지요. 당신은 하나님의 명령에 불순종하고 바알 우상을 섬겼소. 이제 당신은 이세벨이 부양하는 바알의 예언자 450명과 아세라 예언자 400명을 이스라엘 백성과 함께 갈멜산에 모으시오. 내가 거기서 기다리고 있겠소."

아합이 모든 백성과 그들을 갈멜산으로 불러 모았다. 엘리야가 말하였다.

"당신들이 언제까지 마음을 정하지 못하고 망설일 작정이오? 야훼가 하나님이면 하나님을 섬기고, 바알이 하나님이면 바알을 섬기시오."

백성이 대답하지 않자 엘리야가 다시 말하였다.

"하나님의 예언자는 나 하나만 남고 바알의 예언자는 450명이오. 이

제 송아지 두 마리를 가져오시오. 한 마리는 바알의 예언자들이 잡아 각을 떠서 나무 위에 올려놓고 불은 놓지 마시오. 나도 한 마리를 그리 하겠소. 그리고 각자 신들에게 기도하시오. 나도 하나님께 기도하겠소. 불을 내려 응답하는 신이 바로 하나님이오."

백성이 좋다고 소리쳤다. 엘리야가 바알의 예언자들에게 말하였다.

"너희는 수가 많다. 먼저 송아지 한 마리를 택하여 잡고 너희 신의 이름을 불러라. 나무에 불을 놓아서는 안 된다."

그들이 송아지를 잡아 나무 위에 올려놓았다. 아침부터 정오까지 바알의 이름을 부르며 단 주변에서 춤을 추고 기도하였다.

"바알이여, 응답하소서!"

그러나 응답이 없었다. 정오쯤 되었을 때 엘리야가 그들을 조롱하며 비웃었다.

"더 큰 소리로 불러라. 그가 신이 아니냐? 딴생각을 하고 있거나, 용변을 보러 갔거나, 여행을 떠났거나, 잠이 들어 깨워야 할지 모른다."

그들이 더 크게 외치며 의식에 따라 피가 흐를 때까지 칼과 창으로 자기 몸을 상하게 하였다. 그렇게 정오가 지나고 저녁 제사를 드릴 때까지 미친 듯이 부르짖었다. 그러나 아무 응답도 없고 소리도 없었다. 엘리야가 백성을 향하여 말하였다.

"나에게 가까이 오시오."

그들이 엘리야 주변에 모여들었다. 엘리야가 이스라엘 12지파를 상징하는 12개의 돌을 가져다 무너진 하나님의 단을 다시 쌓았다. 그 주변에 물 15ℓ가 들어가는 도랑을 파고 단에 나무를 쌓았다. 송아지의 각을 떠서 나무에 올려놓았다. 물 네 주전자를 번제물과 나무 위에 부은 후, 다시 그렇게 하라고 하였다. 그들이 그렇게 하자 다시 말하였다.

"한 번 더 그렇게 하시오!"

사람들이 세 번이나 물을 갖다 부었다. 물이 단에 넘쳐흐르고 도랑에도 가득하였다. 저녁 제사를 드릴 시간이 되었을 때 엘리야가 단으로 가서 기도하였다.

"아브라함과 이삭과 야곱의 하나님이시여, 주께서 이스라엘의 하나님이신 것과, 제가 주의 종이라는 것과, 제가 행한 이 모든 것이 주의 명령임을 입증해 주소서. 하나님이시여, 응답하소서! 그러시면 이 백성이 야훼가 하나님이신 것과, 주는 저들의 마음을 돌이키시는 분임을 알게 될 것입니다."

그때 갑자기 하늘에서 불이 내려와 그 제물과 나무와 돌과 흙을 태우고, 도랑의 물을 핥아버렸다. 백성이 보고 땅에 엎드려 외쳤다.

"야훼는 하나님이시다! 야훼는 하나님이시다!"

엘리야가 백성에게 소리쳤다.

"바알의 예언자들을 잡아 한 명도 도망치지 못하게 하시오!"

백성이 그들을 붙잡았다. 엘리야가 기손 시내로 끌고 가 모조리 죽여 버렸다. 엘리야가 아합에게 말하였다.

"이제 가서 먹고 마시십시오. 폭우 소리가 들려옵니다."

아합이 올라가자 엘리야는 갈멜산 꼭대기로 올라갔다. 그가 얼굴을 무릎 사이에 넣고 앉아 기도하며 사환에게 말하였다.

"가서 바다 쪽을 바라보아라."

그가 보고 돌아와 말하였다.

"아무것도 보이지 않습니다."

엘리야가 그를 7번이나 보내며 동쪽을 바라보게 하였다. 사환이 7번째 돌아와 말하였다.

"바다에서 손바닥만 한 구름이 떠오르고 있습니다."

"너는 아합 왕에게 달려가, 비가 쏟아지기 전에 마차를 타고 급히 내려가라고 일러주어라."

잠시 후 하늘이 시커먼 구름으로 뒤덮이고, 바람이 불면서 폭우가 쏟아지기 시작하였다. 아합이 마차를 타고 이스르엘을 향해 달려갔다. 엘리야는 하나님이 주신 놀라운 힘으로 허리를 졸라매고, 이스르엘까지 줄곧 그 마차 앞에서 달렸다.

✳173✳
엘리야(2)
저는 주의 종이니 뜻대로 되기를 바랍니다

아합이 이세벨에게 엘리야가 행한 모든 일과, 그가 바알의 예언자들을 죽인 사실을 말하였다. 그녀가 엘리야에게 전갈을 보냈다.

"내가 내일 이맘때까지 반드시 너를 죽여 네가 죽인 내 예언자들처럼 만들겠다. 내가 그렇게 하지 않으면 신들이 나에게 무서운 벌을 내리기 원한다."

엘리야가 두려워 사환을 데리고 유다의 브엘세바로 도망하였다. 그는 사환을 그곳에 머물게 하고, 하루 종일 혼자 광야로 들어가 싸리나무 아래 앉아 죽기를 바라며 말하였다.

"이제 더 바랄 것이 없습니다. 제 생명을 거둬주소서. 제가 제 조상들보다 나은 것이 아무것도 없습니다."

그리고 그 나무 아래 누워 잠이 들었다. 갑자기 한 천사가 그를 어루만지며 말하였다.

"일어나 먹어라."

일어나 보니 이제 막 불에 구운 빵 한 개와 물 한 병이 머리맡에 있었다. 그것을 먹고 마신 후 다시 누웠다. 하나님의 천사가 또 와서 어루만지며 말하였다.

"일어나 좀 더 먹어라. 네가 갈 길이 너무 멀다."

그가 다시 일어나 먹고 마신 후, 힘을 얻어 40일간 밤낮으로 걸어 시내 산에 도착하였다. 엘리야는 거기 있는 굴에 들어가 그날 밤을 보내게 되었다. 하나님이 물으셨다.

"엘리야야, 네가 여기서 무엇을 하느냐?"

"전능하신 하나님이시여, 저는 주를 위해 열심히 일해 왔습니다. 그러나 이스라엘 백성은 주와 맺은 계약을 어기고, 주의 제단을 헐고, 주의 예언자를 모두 죽이고, 살아남은 사람은 저 하나밖에 없습니다. 이제 저마저 죽이려고 합니다."

"너는 굴에서 나와 내 앞에 서라."

그때 하나님이 지나가셨다. 무서운 강풍이 산을 쪼개고 바위를 부수었으나 그 가운데 계시지 않았다. 바람이 그친 후 지진이 있었으나 그 가운데도 계시지 않았다. 지진 후 불이 있었으나 그 불 속에도 계시지 않았다. 그 불이 있은 후 부드럽게 속삭이는 소리가 있었다. 엘리야가 그 소리를 듣고, 자기 겉옷으로 얼굴을 가리며 굴 입구에 나가 서자 음성이 들려왔다.

"엘리야야, 네가 여기서 무엇을 하느냐?"

"전능하신 하나님이시여, 저는 주를 위해 열심히 일해 왔습니다. 그러나 이스라엘 백성은 주와 맺은 계약을 어기고, 주의 제단을 헐고,

주의 예언자를 모두 죽이고, 살아남은 사람은 저 하나밖에 없습니다. 이제 저마저 죽이려고 합니다."

"너는 오던 길로 광야를 지나 다마스쿠스로 가라. 하사엘에게 기름을 부어 시리아의 왕이 되게 하고, 님시의 아들 예후에게 기름을 부어 이스라엘의 왕이 되게 하며, 사밧의 아들 엘리사에게 기름을 부어 너를 이을 예언자가 되게 하라.

하사엘의 칼을 피하는 자를 예후가 죽일 것이며, 예후의 칼을 피하는 자를 엘리사가 죽일 것이다. 내가 이스라엘 사람 가운데 아직 바알에 무릎을 꿇지 않고, 그 우상에게 입을 맞추지 않은 사람 7천 명을 남겨두었다."

엘리야가 가서 사밧의 아들 엘리사를 만났다. 그는 12겨리 소로 밭을 갈고 있었다. 그에게 가까이 가서 자기 겉옷을 벗어 던졌다. 엘리사가 소를 버려두고 엘리야에게 달려와 말하였다.

"먼저 가서 부모에게 인사하고 오도록 허락하십시오. 제가 당신을 따르겠습니다."

"그래, 다녀오너라. 내가 너를 말리지 않겠다."

엘리사가 가서 소 2마리를 잡고, 그 소의 도구로 고기를 삶아 사람들에게 나눠주었다. 그리고 엘리야를 따라가 제자가 되었다.

✻ 174 ✻
벤하닷(1)

오만한 자의 불행에는 약이 없다

시리아의 벤하닷 왕이 모든 병력을 소집하였다. 그가 마병과 전차 부대를 이끌고, 32명의 동맹국 왕들과 함께 사마리아를 포위하였다. 그리고 성안에 있는 아합 왕에게 전갈을 보냈다.

"너의 금과 은과 아내와 가장 건장한 자녀를 내놓아라."

"좋습니다. 대왕의 말씀대로 내가 모든 것을 드리겠습니다."

"내가 너의 금과 은과 아내와 자녀를 내놓으라고 하였다. 내일 이맘 때 내가 신하들을 보내겠다. 너의 궁전과 네 신하들의 집을 샅샅이 뒤져 마음에 드는 것을 모조리 가져가겠다."

아합이 보좌관들을 불러 말하였다.

"너희도 알겠지만 이 사람이 우리를 못살게 굴고 있다. 내 아내와 자녀와 금과 은을 요구했지만 거절할 수 없었다."

"왕은 절대로 응하지 마십시오. 그에게 굴복해서는 안 됩니다."

아합이 벤하닷에게 회답을 보냈다.

"왕이 처음 요구한 것은 들어줄 수 있으나 나중 요구한 것은 응할 수 없습니다."

"내가 수많은 부하들을 보내 순식간에 사마리아 성을 잿더미로 만들 겠다. 그렇게 하지 않으면 신들이 나에게 무서운 벌을 내리기 원한다."

"길고 짧은 것은 대봐야 아는 법이오."

벤하닷이 동맹국의 왕들과 천막에서 술을 마시다가 이 말을 듣고 부하들에게 공격 준비를 명하였다. 그들이 공격 태세를 취했을 때, 한

토크 지저스

예언자가 아합 왕에게 가서 말하였다.

"하나님이 왕에게 '이 많은 군대가 보이느냐? 내가 오늘 이들을 네 손에 넘겨주겠다. 그러면 내가 하나님임을 네가 알게 될 것이다.'라고 말씀하셨습니다."

"누구를 통해 그렇게 하겠소?"

"하나님이 각 지방 장관의 젊은 부하들을 통해 그리할 것이라고 하셨습니다."

"그러면 누가 먼저 공격을 개시해야 되겠소?"

"그것은 왕이 해야 합니다."

아합이 각 지방의 젊은 병사들을 소집하자 232명이었다. 그리고 7,000명의 다른 병력도 동원하여 정오에 벤하닷을 치러 나갔다. 벤하닷과 32명의 왕들이 천막에서 술을 마시며 흥청거리고 있었다. 각 지방에서 뽑힌 젊은 병사들이 나가자 벤하닷의 정찰병들이 보고하였다.

"사마리아 성에서 사람들이 나옵니다."

벤하닷이 명령하였다.

"그들이 화친하러 오든지 싸우러 오든지 무조건 생포하라."

아합의 전 군대가 성에서 달려 나와 적군을 쳐 죽이자 그들은 당황하여 도망치기 시작하였다. 이스라엘군은 그들을 맹렬히 추격하였고, 벤하닷은 몇몇 마병들과 함께 말을 타고 도망하였다. 그 전투에서 아합 왕은 수많은 말과 전차를 빼앗고, 시리아군을 무수히 죽이는 전과를 올렸다. 그 예언자가 아합 왕에게 가서 말하였다.

"왕은 돌아가 힘을 기르고 만반의 준비를 하십시오. 내년 봄에 시리아 왕이 다시 쳐들어올 것입니다."

✳ 175 ✳

아합 왕

의인과 악인을 분별하라

벤하닷의 신하들이 말하였다.

"이스라엘 신은 산의 신으로, 산에서 싸웠기 때문에 그들이 우리를 이겼습니다. 평지에서 싸우면 분명히 우리가 이길 것입니다. 이제 동맹국의 왕들이 가진 지휘권을 우리 지휘관에게 넘겨주시고, 잃은 병력과 말과 전차를 보충하십시오. 우리가 평지에서 싸우면 이길 것입니다."

벤하닷이 그대로 받아들여 이듬해 봄에 군을 소집하고, 이스라엘을 치려고 아벡으로 올라갔다. 이스라엘 사람들도 무기와 식량을 배급받고 나가 그들과 맞섰다. 온 벌판을 가득 메운 시리아군에 비해 이스라엘군은 두 떼의 작은 염소 새끼 같았다. 하나님의 사람이 아합 왕에게 가서 말하였다.

"하나님은 왕에게 '시리아 사람들이 나 하나님은 산의 신이지 평지의 신은 아니라고 한다. 내가 그 군대를 네 손에 넘겨주겠다. 그러면 너와 네 백성이 내가 하나님임을 알게 될 것이다.'라고 말씀하셨습니다."

시리아군과 이스라엘군이 서로 대치한 지 7일 만에 전투가 벌어졌다. 이스라엘군이 첫날에 시리아군 10만 명을 죽였다. 살아남은 자들이 아벡 성으로 도주하였으나 성벽이 무너져 2만 7천 명이 더 죽었다. 벤하닷이 그 성의 어느 골방에 들어가 숨었다. 그의 신하들이 와서 말하였다.

"이스라엘의 왕들은 대단히 인자하다고 들었습니다. 삼베를 허리에 두른 후 밧줄을 머리에 감고, 이스라엘 왕에게 나아가면 어떻겠습니

토크 지저스

까? 어쩌면 그가 목숨만은 살려줄지 모릅니다."

벤하닷의 신하들이 먼저 삼베를 허리에 두른 후, 밧줄을 머리에 감고 아합 왕에게 가서 말하였다.

"왕의 종 벤하닷이 목숨만 살려달라고 간청합니다."

"그가 아직 살아 있느냐? 그는 내 형제다!"

그들이 좋은 징조로 알고 재빨리 맞장구를 쳤다.

"그렇습니다. 벤하닷은 왕의 형제입니다."

"그를 나에게 데려오라."

벤하닷이 도착하자 아합이 자기 전차에 태웠다. 벤하닷이 말하였다.

"내 아버지가 뺏은 모든 성을 돌려드리겠습니다. 그리고 내 아버지가 사마리아에 상가를 설치한 것처럼 당신도 다마스쿠스에 상가를 설치하십시오."

아합이 그와 조약을 맺고 돌려보냈다.

"이를 조건으로 내가 당신을 살려 보내겠소."

그때 하나님의 명령을 받은 예언자가 동료에게 자기를 치라고 하였다. 그가 거절하자 그 예언자가 말하였다.

"네가 하나님의 명령에 순종하지 않았다. 내가 너를 떠나는 즉시 사자가 너를 죽일 것이다."

그가 떠나자 정말 사자가 달려들어 그를 죽이고 말았다. 그 예언자가 또 다른 사람을 만나 말하였다.

"너는 나를 쳐라."

그가 힘껏 쳐서 그 예언자를 다치게 했다. 그 예언자가 수건으로 눈을 가리고 변장한 후, 길가에 서서 왕을 기다렸다. 왕이 지나가자 불러 말하였다.

"왕이여, 제 말 좀 들어주십시오. 내가 전쟁터에서 싸우고 있었습니다. 어떤 사람이 생포한 적군 하나를 끌고 와서 '이 사람을 지켜라. 이 포로가 도망가면 네가 대신 죽거나 벌금으로 은 34kg을 지급해야 한 다.'고 하였습니다. 그러나 내가 바빠서 이리저리 뛰어다니는 바람에 그 포로가 도망치고 말았습니다."

"그것은 네 잘못이다. 너는 그 대가를 치러야 한다."

그가 눈을 가린 수건을 벗자 왕은 즉시 알아보았다. 그가 왕에게 말 하였다.

"하나님은 왕에게 '내가 죽이기로 작정한 사람을 너는 살려주었다. 그 사람 대신 네가 죽게 될 것이며, 살려둔 그의 백성 대신에 네 백성 이 죽을 것이다.'라고 말씀하셨습니다."

아합 왕이 잔뜩 화가 나서 사마리아로 돌아갔다.

✳176✳
이세벨(1)
악을 심고 독을 뿌리는 자는 그대로 거둔다

이스르엘에 나봇이라는 사람이 아합의 궁전 부근에 포도원을 가지 고 있었다. 아합이 나봇에게 말하였다.

"네 포도원을 넘겨라. 궁전에서 가까워 내가 채소밭으로 사용하고 싶다. 그 대신 더 좋은 포도원을 주겠다. 원한다면 그 값을 후하게 쳐 서 돈으로 줄 수 있다."

"이 포도원은 조상 대대로 물려받은 유산입니다. 하나님이 유산을 다른 사람에게 팔거나 넘기지 말라고 하셨습니다."

아합이 듣고 기분이 언짢아 침대에 누워 얼굴을 돌리고 아무것도 먹지 않았다. 그의 아내 이세벨이 물었다.

"왕은 무슨 일로 식사하지 않으십니까?"

"나봇에게 그의 포도원을 팔거나 내 포도원과 바꾸자고 했더니 거절하였소."

"이래서야 어찌 왕으로 행세하겠습니까? 일어나 식사하시고 기운을 차리십시오. 내가 나봇의 포도원을 뺏어드리겠습니다."

이세벨이 아합의 이름으로 여러 통의 편지를 쓰고, 왕의 도장을 찍어 나봇의 성에 사는 지도자들과 귀족들에게 보냈다.

"여러분은 금식일을 선포하고 주민들을 한자리에 모아 나봇을 높은 곳에 앉히시오. 건달 둘을 내세워 나봇이 하나님과 왕을 저주했다고 증언시킨 후, 그를 성 밖으로 끌어내 돌로 쳐 죽이시오."

그들이 이세벨의 지시대로 하고 나봇의 죽음을 알렸다. 이세벨이 아합에게 가서 말하였다.

"나봇이 죽었습니다. 이제 일어나 그의 포도원을 가지십시오."

아합이 그 포도원을 차지하려고 내려갔다. 하나님이 예언자 엘리야에게 말씀하셨다.

"너는 사마리아로 가서 아합 왕을 만나라. 그가 나봇의 포도원을 차지하려고 내려갔다. 그에게 '네가 나봇을 죽이고 포도원까지 빼앗았느냐? 개들이 나봇의 피를 핥은 곳에서 네 피도 핥을 것이다.'라고 일러주어라."

아합이 엘리야를 보고 말하였다.

"내 원수야, 네가 나를 찾았느냐?"

"그렇습니다. 내가 당신을 찾았습니다. 당신이 하나님 앞에서 악을 행하는 일에만 전력을 쏟아 하나님이 말씀하셨습니다.

'내가 너에게 재앙을 내려 네 집의 남자는 모조리 죽이고, 느밧의 아들 여로보암의 집과 아히야의 아들 바아사의 집처럼 만들 것이다. 네가 나를 노하게 하고 이스라엘 백성을 죄의 길로 빠뜨렸기 때문이다.'

또 이스르엘의 개들이 이세벨의 시체를 뜯어 먹을 것이라 하셨으며, 당신의 집안 가운데 성에서 죽는 자는 개들이 먹고, 들에서 죽는 자는 공중의 새들이 먹을 것이라고 하셨습니다."

일찍이 아합처럼 하나님 앞에서 악을 행하는 데만 정신이 팔린 사람도 없었다. 그의 아내 이세벨이 그를 충동하여 온갖 악을 행하였기 때문이다. 그는 이스라엘 백성이 가나안 땅으로 들어갈 때, 하나님이 쫓아내신 우상을 섬기고 온갖 더러운 짓을 하였다.

그때부터 아합은 자기 옷을 찢은 후 몸에 삼베를 두르고 금식하며, 삼베를 걸친 채 잠을 자고, 다닐 때도 암울한 표정으로 조심스럽게 다녔다. 하나님이 엘리야에게 다시 말씀하셨다.

"너는 아합이 내 앞에서 겸손해진 모습을 보았느냐? 그가 내 앞에서 겸손한 태도를 보였다. 내가 그의 생전에는 재앙을 내리지 않고, 그의 아들에게 가서 그 집에 재앙을 내리겠다."

✳177✳
미가야

거짓 예언자가 나타나 미혹할 것이다

시리아와 이스라엘 사이에 3년 동안 전쟁이 없었다. 유다의 여호사밧 왕이 이스라엘의 아합 왕을 만나러 왔다. 아합 왕이 신하들에게 말하였다.

"길르앗 라못은 원래 우리 땅이 아니냐? 되찾을 생각은 하지 않고 가만히 있어서야 되겠느냐?"

그리고 여호사밧 왕에게 물었다.

"당신이 나와 함께 가서 길르앗 라못을 치겠습니까?"

"좋습니다. 내가 당신과 함께 싸우러 가겠습니다. 내 백성과 말들은 다 준비되었으니, 먼저 하나님께 물어봅시다."

아합 왕이 예언자 400명을 불러 물었다.

"내가 길르앗 라못을 쳐야 하겠느냐, 치지 말아야 하겠느냐?"

"가서 치십시오. 하나님이 그 성을 넘겨주실 것입니다."

여호사밧 왕이 아합 왕에게 물었다.

"우리가 물어볼 다른 예언자는 없습니까?"

"이믈라의 아들 미가야가 있습니다만, 나에게 좋은 일은 예언하지 않고 언제나 나쁜 일만 예언하여 내가 좋아하지 않습니다."

"그런 말씀은 하지 마십시오."

아합 왕이 신하를 불러 즉시 미가야를 데려오라고 명령하였다. 이스라엘 왕과 유다 왕이 왕복을 입고, 사마리아 성문 앞 타작마당에 마련된 왕좌에 앉자 예언자들이 그 앞에 늘어섰다. 그나아나의 아들 시드기야는 철 뿔을 들고 말하였다.

"왕이 이것으로 시리아군을 쳐서 전멸시킬 것이라고 하나님이 말씀하셨습니다."

다른 예언자들도 같은 말로 예언하였다.

"올라가 길르앗 라못을 치십시오. 하나님이 그 성을 왕에게 넘겨주실 것입니다."

미가야를 부르러 간 신하가 그에게 말하였다.

"모든 예언자가 왕에게 좋은 일만 예언하니, 당신도 제발 그렇게 해 주십시오."

"내가 살아계신 하나님의 이름으로 맹세하지만, 나는 하나님이 말씀하시는 대로 말할 것이오."

미가야가 도착하자 왕이 물었다.

"미가야야, 우리가 길르앗 라못을 치러 가야 하겠느냐, 가지 말아야 하겠느냐?"

"치러 가십시오. 물론 승리하실 것입니다. 하나님이 그 성을 왕에게 넘겨주실 테니까요."

"네가 하나님의 이름으로 말하려거든 나에게 진실을 말하라. 내가 몇 번이나 너에게 말해야 하겠느냐?"

"내가 보니 모든 이스라엘 백성이 목자 없는 양처럼 산에 뿔뿔이 흩어졌고, 하나님이 그들에게 지도자가 없으니 평안히 집으로 돌아가라고 하셨습니다."

아합이 여호사밧에게 말하였다.

"저 사람이 나에게 좋은 일은 예언하지 않고 언제나 나쁜 일만 예언한다고 말하지 않았습니까?"

미가야가 다시 말하였다.

"이제 왕은 하나님의 말씀을 들으십시오. 하나님이 하늘의 보좌에 앉으셨고, 그 주변에 수많은 천사들이 서 있었습니다. 하나님이 물었습니다.

'누가 아합을 꾀어 길르앗 라못에 가서 죽게 하겠느냐?'

천사들이 이러쿵저러쿵 서로 자기 의견을 내세우다가 한 영이 하나님 앞에 나와 말했습니다.

'제가 그를 꾀어내겠습니다.'

'어떤 방법으로 하겠느냐?'

'제가 가서 아합의 모든 예언자를 거짓말하도록 하겠습니다.'

'좋다, 가서 그들을 꾀어라. 너는 성공할 것이다.'

그래서 예언자들은 거짓말을 하였고, 하나님은 왕에게 재앙을 선포하신 것입니다."

그나아나의 아들 시드기야가 다가가 미가야의 뺨을 치며 물었다.

"언제 하나님의 영이 나를 떠나 너에게 말씀하셨느냐?"

"네가 골방에 들어가 숨을 때 알게 될 것이다."

아합 왕이 신하에게 명령하였다.

"미가야를 성주 아몬과 왕자 요아스에게 끌고 가서 감옥에 가두고, 내가 전쟁에서 무사히 돌아올 때까지 죽지 않을 정도의 빵과 물만 먹이라고 하라."

미가야가 말하였다.

"왕이 무사히 돌아오실 것 같으면 하나님이 그 말씀을 하시지 않았을 것입니다. 그리고 여러분, 내가 한 말을 귀담아두시오."

이스라엘의 아합 왕과 유다의 여호사밧 왕이 길르앗 라못을 치러 올라갔다. 아합이 여호사밧에게 말하였다.

"나는 변장을 하고 싸울 테니 당신은 왕복을 입으시오."

아합이 사병의 군복을 입고 전쟁터로 나갔다. 시리아 왕은 32명의 전차 부대장들에게 졸병들과 싸우지 말고, 이스라엘 왕에게만 집중 공격을 하라고 명령하였다.

그들이 여호사밧 왕을 이스라엘의 왕으로 알고 치려고 하였다. 그가 아니라고 소리를 지르며 도망쳤다. 그 사실을 알고 그들이 추격을 중단하였다. 그때 우연히 쏜 적병의 화살이 아합 왕의 갑옷 솔기에 꽂혔다. 왕이 전차병에게 말하였다.

"내가 부상을 입었다. 전차를 돌려 여기서 빠져나가자!"

그날 온종일 전투가 치열하여 아합 왕은 전차에 버티고 서서 싸우다가 저녁때 죽었다. 상처에서 흘러내린 피가 전차 바닥에 흥건하였다. 해 질 무렵 이스라엘 진영에서 외치는 소리가 들렸다.

"이제 끝장이다! 모두 집으로 돌아가자. 왕이 죽었다!"

사람들이 그의 시체를 사마리아로 옮겨 장사하고, 전차를 창녀들이 목욕하는 연못에서 씻었던바, 하나님이 말씀하신 대로 개들이 와서 그 피를 핥아 먹었다.

✳178✳
아하시야
너희는 우상을 숭배하지 마라

아합 왕이 죽은 후 모압이 독립하려고 반기를 들었다. 이스라엘의 아하시야 왕이 다락 난간에서 떨어져 심한 부상을 입고, 블레셋 땅에 사람을 보내 에그론의 신 바알세붑에게 자신이 회복할지 물어보라고 하였다. 하나님의 천사가 엘리야에게 아하시야 왕이 보낸 그들을 만나라고 하였다.

"이스라엘에 하나님이 없어 너희가 에그론 신 바알세붑에게 물으러 가느냐? 왕이 침대에서 일어나지 못하고 반드시 죽을 것이라고 하라."

엘리야가 가서 그대로 전하자 그들이 왕에게 돌아갔다. 왕이 물었다.

"너희가 어찌하여 벌써 돌아왔느냐?"

그들이 그대로 보고하자 왕이 물었다.

"그놈이 어떻게 생겼더냐?"

"그는 털옷을 입고, 허리에 가죽 띠를 두르고 있었습니다."

"디셉 사람 엘리야가 틀림없다!"

그리고 왕이 50명의 병사와 소대장을 보내 엘리야를 데려오라고 하였다. 소대장이 산언덕에 앉은 엘리야에게 가서 말하였다.

"하나님의 사람이여, 왕이 당신을 데려오라고 하셨습니다."

"내가 하나님의 사람이라면, 불이 하늘에서 내려와 너와 50명의 부하들을 태워 죽이기를 바란다."

하늘에서 불이 내려와 그들을 모두 태워 버렸다. 왕이 다른 소대장과 50명을 보냈으나 그들도 그렇게 죽었다. 왕이 3번째 소대장과 50명을 보냈다. 그가 올라가 엘리야 앞에 무릎을 꿇고 엎드려 간청하였다.

"하나님의 사람이여, 저와 제 부하들의 목숨을 구해주십시오. 앞서 온 두 소대장과 그 부하들을 하늘의 불로 태워 죽이셨습니다. 제발 저희만은 불쌍히 여겨주십시오."

하나님의 천사가 엘리야에게 말씀하셨다.

"두려워하지 말고 그와 함께 내려가거라."

엘리야가 그 소대장과 함께 왕에게 가서 하나님의 말씀을 전하였다.

"어찌하여 너는 에그론 신 바알세붑에게 사람을 보내 물어보려고 하였느냐? 이스라엘에 그것을 물어볼 하나님이 없기 때문이냐? 너는 이 일로 네가 누운 침대에서 일어나지 못하고 반드시 죽을 것이다!"

하나님이 엘리야를 통해 말씀하신 대로 왕이 죽고 말았다. 그에게 아들이 없었던바, 그의 동생 요람이 뒤를 이어 왕이 되었다.

✳ 179 ✳

엘리사(1)

제자가 스승만큼 되면 그걸로 충분하다

엘리야와 엘리사가 길갈에서 나와 길을 가고 있었다. 엘리야가 말하였다.

"너는 여기 있어라. 하나님이 나에게 벧엘로 가라고 하셨다."

"제가 하나님의 이름으로 맹세하지만, 선생님이 살아계시는 한 선생님을 떠나지 않겠습니다."

그들이 벧엘로 함께 내려갔다. 그곳 예언자의 생도들이 엘리사에게 와서 물었다.

"당신은 하나님이 오늘 선생님을 데려가실 줄 아십니까?"

"나도 알고 있으니 조용히 하게."

엘리야가 엘리사에게 말하였다.

"너는 여기 있어라. 하나님이 나에게 여리고로 가라고 하셨다."

"제가 하나님의 이름으로 맹세하지만, 선생님이 살아계시는 한 선생님을 떠나지 않겠습니다."

그들이 여리고로 함께 내려갔다. 그곳 예언자의 생도들도 엘리사에게 와서 물었다.

"당신은 하나님이 오늘 선생님을 데려가실 줄 아십니까?"

"나도 알고 있으니 조용히 하게."

엘리야가 엘리사에게 말하였다.

"너는 여기 있어라. 하나님이 나에게 요단강으로 가라고 하셨다."

"제가 하나님의 이름으로 맹세하지만, 선생님이 살아계시는 한 선생님을 떠나지 않겠습니다."

그들이 요단강으로 함께 갔다. 예언자의 생도 50명이 멀리서 지켜보는 가운데 그들이 요단강가에 멈춰 섰다. 엘리야가 겉옷을 벗더니 둘둘 말아 물을 치자 좌우로 갈라졌다. 두 사람이 마른 땅을 밟고 건너갔다. 그들이 강 건너편에 이르렀을 때 엘리야가 엘리사에게 물었다.

"내가 떠나기 전에 무엇을 해주면 좋을지 말해 보아라."

"선생님의 영적 능력을 2배로 받게 해주십시오."

"네가 정말 어려운 것을 요구하는구나. 내가 떠나는 것을 네가 본다면 소원대로 되겠지만, 그렇지 않으면 그 소원이 이루어지지 않을 것이다."

그들이 말을 주고받으며 걸어가고 있을 때, 갑자기 불 말들이 끄는 불 수레 하나가 나타나 그들 사이를 지나가며 두 사람을 갈라놓았다. 순식간에 엘리야가 회오리바람을 타고 하늘로 올라가 버렸다. 엘리사가 그 광경을 보고 소리쳤다.

"나의 아버지여! 나의 아버지여! 이스라엘의 전차와 마병이여!"

엘리야가 떠나고 다시 보이지 않자 엘리사는 슬퍼서 자기 옷을 잡아 둘로 찢고, 엘리야의 몸에서 떨어진 겉옷을 주워 요단강으로 돌아왔다. 그가 강둑에 서서 그 겉옷으로 강물을 내리치며 외쳤다.

"엘리야의 하나님은 어디 계십니까?"

강물이 좌우로 갈라져 엘리사가 강을 건넜다. 여리고에서 온 예언자의 생도들이 엘리사가 행한 일을 보고 외쳤다.

"엘리야의 영이 엘리사에게 내렸다!"

그들이 엘리사에게 다가가 영접하며 그 앞에 엎드려 말하였다.

"여기 건장한 사람 50명이 있습니다. 말씀만 하십시오. 우리가 가서 당신의 선생님을 찾아보도록 하겠습니다. 하나님의 영이 그를 들어다 어느 산이나 계곡에 던지셨을지 모릅니다."

"아니다. 그럴 필요 없다."

그들이 끝까지 고집하여 보내주었다. 50명의 예언자 생도들이 3일 동안 돌아다녔으나 엘리야를 찾지 못하고, 여리고에 있는 엘리사에게 돌아왔다. 엘리사가 그들을 꾸짖었다.

"내가 가지 말라고 하지 않았느냐?"

그때 몇몇 여리고 사람들이 엘리사에게 와서 말하였다.

"선생님도 봐서 아시겠지만, 이 성은 아름다우나 물이 안 좋아 농산물이 제대로 결실하지 못합니다."

엘리사가 새 그릇에 소금을 가득 담아오게 한 후, 샘으로 가서 물에 뿌리며 외쳤다.

"이는 하나님의 말씀이다. 내가 이 물을 고쳤다. 다시는 사람이 죽거나 농산물이 열매 맺지 못 하는 일이 없을 것이다."

엘리사의 말대로 되어 물이 맑고 깨끗하였다. 엘리사가 여리고를 떠나 벧엘로 올라갔다. 아이들이 나와 조롱하며 소리를 질러댔다.

"대머리야, 꺼져라! 대머리야, 꺼져라!"

엘리사가 돌아서 하나님의 이름으로 저주하자 숲속에서 암곰 두 마리가 나와 아이 42명을 찢어 죽였다. 엘리사는 갈멜산으로 갔다가 사마리아로 돌아갔다.

✳180✳
과부

사랑의 빚 외에는 아무 빚도 지지 마라

한 과부가 엘리사에게 와서 호소하였다.

"저의 남편은 죽었습니다. 선생님도 아시겠지만, 그는 하나님을 잘 섬기는 예언자의 생도였습니다. 그가 죽기 전에 돈을 좀 빌려 쓴 것이 있었습니다. 그 돈을 갚지 않는다고 빚쟁이가 와서 제 아들 둘을 데리고 가서 종으로 삼겠다고 합니다."

"내가 어떻게 하면 좋겠소? 집에 무엇이 있는지 말해 보시오."

"저의 집에 작은 기름 한 병 외에는 아무것도 없습니다."

"이웃집에 가서 빈 그릇을 빌려오시오. 되도록 많은 그릇을 빌려와 두 아들과 함께 집 안으로 들어가 문을 닫고, 그 모든 그릇에 기름을 부어 차는 대로 옮겨놓으시오."

과부가 두 아들과 함께 집으로 가서 문을 닫고, 아들들이 갖다 대는 그릇마다 기름을 따라 붓기 시작하였다. 순식간에 모든 그릇에 기름이 가득 찼다. 그릇을 더 가져오라고 하자 그들이 대답하였다.

"이제 남은 그릇이 하나도 없습니다."

그때 흐르던 기름이 곧 멈추었다. 과부가 엘리사에게 돌아가 그 모든 일을 보고하자 그가 말하였다.

"그 기름을 팔아 모든 빚을 갚고 남는 돈으로 생활하시오."

✳181✳
수넴 여인(1)
강하고 담대해라

엘리사가 수넴에 이르자 어떤 귀부인이 식사에 초대하였다. 이후 엘리사는 수넴에 갈 때마다 그 집에 가서 식사하였다. 어느 날 그녀가 남편에게 말하였다.

"저는 우리 집에 와서 가끔씩 식사하시는 분이 거룩한 하나님의 사람이라고 봅니다. 옥상에 작은 방 하나를 만들어 침대와 탁자와 의자와 등을 들여놓고, 그분이 올 때마다 쉬어가게 합시다."

하루는 엘리사가 수넴에 와서 그 방에 들어가 쉬다가, 사환 게하시에게 그 부인을 불러오라고 하였다. 그녀가 밖에 도착하자 게하시에게 말하였다.

"너는 이처럼 우리를 정성껏 대접하는 부인에게 무엇을 해주면 좋겠는지 물어보아라. 왕이나 군사령관에게 부탁할 일이 있으면 내가 잘 말해주겠다고 하라."

부인이 대답하였다.

"저는 제 백성 가운데서 어려움 없이 잘살고 있습니다."

엘리사가 게하시에게 물었다.

"그러면 내가 부인을 위해 무엇을 해주면 좋겠느냐?"

"부인은 아들이 없고 남편은 늙었습니다."

"부인을 불러들여라."

부인이 들어와 문 앞에 서자 엘리사가 말하였다.

"내년 이맘때 당신은 아들을 품에 안을 것입니다."

"선생님, 저를 놀리지 마십시오."

엘리사의 말대로 이듬해 부인이 아들을 낳았다. 아이가 무럭무럭 자라났다. 그가 일꾼들과 함께 추수하는 아버지에게 갔다가 밭에서 갑자기 소리를 질러댔다.

"아이고 머리야! 아이고 머리야!"

아버지가 아이를 집에 데려다주라고 하였다. 종이 아이를 어머니에게 데려다주었으나 정오까지 어머니의 무릎 위에 누워 있다가 죽고 말았다. 어머니가 아들을 엘리사의 방으로 안고 가서 침대 위에 눕힌 후, 방문을 닫고 나와 남편을 불러 말하였다.

"하인 한 명과 나귀 한 마리를 준비해주세요. 제가 급히 하나님의 사람에게 갔다 오겠습니다."

"어찌하여 가려고 하시오? 오늘은 초하루도, 안식일도 아니잖소?"

"별일 아니지만 다녀와야 하겠습니다."

그리고 나귀를 타고 종에게 말하였다.

"될 수 있는 대로 급히 몰아라. 속도를 늦춰서는 안 된다."

부인이 갈멜산에 이르자 엘리사가 멀리서 보고 사환 게하시에게 말하였다.

"보라, 저기 수넴 여인이 오고 있다. 너는 달려가 무슨 일인지 알아보고, 남편과 아이가 잘 있는지 물어보아라."

부인은 모두 잘 있다고 한 후, 산 위에 있는 엘리사 앞에 가서 엎드려 발을 끌어안았다. 게하시가 부인을 밀어내려고 하자 엘리사가 말하였다.

"가만두어라. 무슨 괴로운 일이 있는 것 같으나 하나님이 아직 나에게 말씀하시지 않았다."

부인이 엘리사에게 말하였다.

"제가 선생님에게 아들을 달라고 부탁하였습니까? 오히려 저를 놀리지 말라고 말씀드리지 않았습니까?"

엘리사가 게하시를 보고 말하였다.

"너는 서둘러 내 지팡이를 가지고 가라. 아무에게도 인사하지 말고 다른 사람이 인사해도 받지 말며, 급히 가서 지팡이를 그 아이 얼굴에 놓아라."

부인이 엘리사에게 말하였다.

"제가 하나님의 이름으로 맹세하지만, 선생님이 살아계시는 한 선생님을 떠나지 않을 것입니다."

엘리사가 부인을 따라갔다. 게하시가 앞서가서 지팡이를 그 아이 얼굴에 놓았으나 살아날 기색을 보이지 않았다. 그가 엘리사에게 돌아와 말하였다.

"아이가 깨어나지 않았습니다."

엘리사가 방에 들어가 보니 아이가 침대 위에 죽어 있었다. 그가 문을 닫고 하나님께 기도한 후, 자기 입과 눈과 손을 그 아이 입과 눈과 손에 맞대고 엎드렸다. 아이의 몸이 점점 따뜻해지기 시작하였다. 침대에서 내려와 방안을 이리저리 걷다가 다시 올라가 그 아이 위에 엎드렸다. 아이가 재채기를 7번하고 눈을 떴다.

엘리사가 게하시를 불러 아이 어머니를 데려오라고 하였다. 부인이 들어오자 엘리사가 말하였다.

"당신 아들을 데려가시오."

부인이 엘리사의 발 앞에 엎드려 절한 후, 아들을 안고 밖으로 나갔다.

182
엘리사(2)

너희가 먹을 것을 주어라

온 땅에 기근이 들었다. 엘리사는 길갈로 돌아가 예언자 생도들을 가르치고 있었다. 사환에게 큰 솥을 걸고 국을 끓이라고 하였다. 생도 하나가 나물을 캐려고 들로 나갔다가, 무심코 야생 덩굴을 뜯어 국솥에 썰어 넣었다. 생도들이 먹다가 소리쳤다.

"국에 독이 들었습니다!"

엘리사가 곡식 가루를 조금 가져오라고 하여 솥에 넣고, 다시 퍼서 먹게 했더니 아무 해가 없었다.

그리고 어떤 사람이 맏물 보리로 만든 빵 20개와 햇곡식 이삭을 자루에 담아 엘리사에게 주었다. 엘리사가 예언자 생도들에게 갖다 주라고 하였다. 사환이 물었다.

"이걸로 어떻게 100명을 먹일 수 있겠습니까?"

"가지고 가거라. 하나님은 충분히 먹고 남을 것이라 하셨다."

그가 생도들에게 나눠주었더니 다 먹고도 남았다.

＊183＊
나아만
순종하는 종이 의롭게 된다

시리아의 총사령관 나아만이 왕의 총애를 한 몸에 받고 있었다. 그가 하나님의 도움으로 시리아군에게 승리를 안겨주었기 때문이다. 그는 훌륭한 장군이었으나 나환자였다. 시리아군이 이스라엘 소녀를 잡아간 적이 있었다. 나아만의 부인을 시중드는 하녀가 되었다. 그녀가 주인에게 말하였다.

"주인어른께서 사마리아의 예언자를 한번 찾아봤으면 좋겠습니다. 아마 그가 주인어른의 병을 고쳐주실 것입니다."

나아만이 왕에게 그 소녀 이야기를 하였다. 왕이 말하였다.

"다녀오너라. 내가 이스라엘 왕에게 편지를 써주겠다."

나아만이 은 340kg과 금 68kg, 의복 10벌을 가지고 이스라엘로 갔다. 그가 이스라엘 왕에게 편지를 전하였다.

"내가 이 편지와 함께 내 신하 나아만을 당신에게 보냅니다. 아무쪼록 이 사람의 문둥병을 고쳐주시기 바랍니다."

이스라엘 왕이 편지를 읽고 옷을 찢으며 외쳤다.

"내가 사람을 죽이고 살리는 하나님이란 말인가? 어찌하여 나환자를 고치라고 보냈는가! 시리아 왕이 나에게 시빗거리를 찾는 것이 틀림없다!"

엘리사가 이스라엘 왕이 옷을 찢었다는 말을 듣고 전갈을 보냈다.

"왕은 어찌하여 그처럼 걱정하십니까? 그를 저에게 보내십시오. 이스라엘에 예언자가 있다는 것을 보여주겠습니다."

나아만이 말과 전차들을 이끌고 엘리사의 집 앞에 멈춰 섰다. 엘리사가 사환을 보내 전하였다.

"요단강에 가서 몸을 7번 씻으면 깨끗이 나을 것입니다."

나아만이 화가 잔뜩 나서 그곳을 떠나며 말하였다.

"나는 그가 직접 나와 내 상처를 어루만지며, 하나님께 기도하여 내 병을 고쳐줄 것으로 생각하였다. 다마스쿠스에 이스라엘의 그 어느 강보다도 좋은 아바나와 바르발 강이 있잖은가? 나는 거기서 몸을 씻어도 깨끗이 나을 수 있다."

그리고 돌아가려고 하였으나 부하들이 다가와 말하였다.

"그가 이보다 더 어려운 일을 하라고 시켰어도 장군은 해야 하지 않겠습니까? 몸을 씻고 깨끗이 되라고 하셨는데 어찌하여 장군은 그것도 못하십니까?"

나아만이 요단강에 가서 몸을 7번 담갔더니 문둥병이 깨끗이 나아 어린아이 살결처럼 되었다. 그가 엘리사에게 가서 말하였다.

"이스라엘 외에는 온 천하에 하나님이 없는 줄 이제 알았습니다. 별 것은 아닙니다만 저의 이 선물을 받아주십시오."

"내가 섬기는 살아계신 하나님의 이름으로 맹세하지만, 나는 그 선물을 받지 않겠습니다."

나아만이 받아달라고 억지로 권하여도 거절하자 그가 말하였다.

"당신이 내 선물을 받지 않으시겠다면 노새 2마리에 실을 흙을 나에게 주십시오. 이제부터 내가 하나님 외에 다른 신에게는 번제나 제사를 드리지 않겠습니다. 다만 한 가지만 양해해주시기 바랍니다. 왕이 림몬의 신전에 들어갈 때, 내 부축을 받고 들어가 절하면 나도 함께할 수밖에 없습니다. 하나님이 이 일에 대하여 용서해주시기를 바랍니다."

"좋습니다. 평안히 가십시오."

나아만이 얼마쯤 갔을 때, 엘리사의 사환 게하시가 혼잣말로 중얼거렸다.

"내 주인은 나아만의 선물을 하나도 받지 않고 그냥 돌려보냈으나, 나는 가서 무엇이든지 좀 얻어와야겠다."

그리고 나아만을 뒤쫓아 갔다. 그가 누가 오는 것을 보고 수레에서 내려 맞으며 물었다.

"무슨 일입니까?"

"내 주인이 나를 보내며, 에브라임 산간 지대에서 두 예언자의 생도가 왔으니, 그들에게 줄 은 34kg과 옷 두 벌을 달라고 하셨습니다."

"은 68kg을 받으시오."

그리고 억지로 그 은을 두 자루에 넣어 옷 두 벌과 함께, 그의 부하 두 명에게 맡겨 게하시 앞에서 메고 가게 하였다. 그들이 엘리사의 집 앞에 있는 언덕에 이르렀을 때, 게하시가 그 물건을 받아놓고 그들을 돌려보낸 후 자기 집에 감추었다. 엘리사가 물었다.

"게하시야, 네가 어디 갔다 왔느냐?"

"아무데도 가지 않았습니다. 스승님."

"그가 수레에서 내려 너를 맞을 때, 내가 영으로 거기 있었다는 사실을 너는 깨닫지 못했느냐? 지금이 돈이나 의복이나 감람원이나 포도원이나 양이나 소나 종을 받을 때냐? 이제 나아만의 문둥병이 너와 네 자손에게 옮겨붙어 대대로 떠나지 않을 것이다."

게하시가 문둥병에 걸려 그의 피부가 눈처럼 희어졌다.

✳184✳

엘리사(3)

사람은 못 해도 하나님은 하실 수 있다

예언자의 생도들이 엘리사에게 말하였다.

"숙소가 너무 좁습니다. 요단강가의 나무를 베어다가 우리의 숙소를 다시 지을 수 있도록 허락해 주십시오."

"좋다. 가거라."

생도 중 하나가 같이 가자고 권하여 엘리사도 함께 갔다. 그들이 요단 강가에서 나무를 베기 시작하였다. 한 생도가 나무를 찍다가 도끼가 자루에서 빠져 강물에 떨어졌다. 그가 외쳤다.

"선생님, 어쩌면 좋습니까? 이것은 빌려온 도끼입니다."

"어디 떨어졌느냐?"

그가 떨어진 곳을 가리켰다. 엘리사가 나뭇가지를 꺾어 물에 던지자 도끼가 물 위로 떠 올랐다. 엘리사가 명하였다.

"도끼를 건져라!"

그가 손을 내밀어 도끼를 건져 올렸다.

✳185✳
시리아 왕
나는 못 보는 사람을 보게 하려고 왔다

시리아 왕이 이스라엘과 전쟁을 하면서 부하들과 의논하여 진칠 곳을 정해 놓았다. 엘리사는 이스라엘 왕에게 통지하여 시리아군이 진칠 곳을 일러주면서 그곳으로 지나가지 말라고 하였다. 이스라엘 왕은 엘리사가 말한 곳을 확인하고 철저히 경계하였다.

그 후에도 이런 일이 여러 번 있었다. 시리아 왕이 몹시 당황하여 지휘관들을 불러 노발대발하였다.

"간첩이 누구냐? 이스라엘 왕에게 우리의 작전 계획을 알려주는 자가 누군지 찾아라."

지휘관 중 한 사람이 대답하였다.

"왕이여, 우리가 그런 것이 아닙니다. 엘리사라는 예언자가 왕이 침실에서 은밀하게 말하는 것까지 이스라엘 왕에게 모두 일러바치고 있습니다."

"너희는 엘리사가 어디 있는지 알아보라. 내가 사람을 보내 그를 잡아오도록 하겠다."

"엘리사가 도단에 있습니다."

왕이 말과 전차와 많은 병력을 보냈다. 그들이 밤에 도착하여 그 성

토크 지저스

을 포위하였다. 다음날 엘리사의 사환이 일찍 일어나 밖에 나가 보니, 말과 전차를 갖춘 군대가 성을 포위하고 있었다. 그가 엘리사에게 외쳤다.

"이제 우리는 어찌해야 좋습니까?"

"두려워하지 마라. 우리의 군대가 더 많다. 하나님이시여, 이 사환의 눈을 열어 보게 하소서."

하나님이 그의 눈을 열어주시자 불 말과 불 수레가 온 산에 가득하였다. 시리아군이 공격할 때 엘리사가 기도하였다.

"하나님이시여, 저들의 눈을 어둡게 하소서."

그리고 그들에게 말하였다.

"너희는 길을 잘못 들었다. 이곳은 너희가 찾는 성이 아니다. 나를 따라오너라. 내가 너희를 안내하여 그에게 데려다주겠다."

그리고 그들을 사마리아로 데려갔다. 그들이 사마리아 성에 들어가자 엘리사가 기도하였다.

"하나님이시여, 이들의 눈을 열어 보게 하소서."

하나님이 그들의 눈을 열어주시자 사마리아 성안에 있는 것을 알게 되었다. 이스라엘 왕이 엘리사에게 물었다.

"내가 이들을 죽일까요?"

"그건 안 됩니다. 칼과 활로 생포한 전쟁 포로도 아닌데 어찌 죽일 수 있겠습니까? 음식을 줘서 먹고 마시게 한 후 그들의 왕에게 돌려보내십시오."

왕이 큰 잔치를 베풀었다. 그들은 실컷 먹고 마신 후 자기 왕에게 돌아갔다. 얼마 동안 시리아군은 이스라엘을 침략하지 않았다.

✳ 186 ✳
벤하닷(2)
하나님을 믿고 또 나를 믿어라

시리아의 벤하닷 왕이 전 군대를 이끌고 와서 사마리아 성을 포위하였다. 성에 식량이 부족하여 당나귀 머리 값이 은 912g, 비둘기 똥 1홉이 은 34g이었다. 이스라엘 왕이 성벽 위로 걸어가자 한 여자가 외쳤다.

"임금님, 좀 도와주세요."

"하나님이 돕지 않으시면 내가 어떻게 도울 수 있겠소? 내게는 곡식이나 포도주가 없소. 무슨 일이오?"

"일전에 이 여자가, 하루는 내 아들을 잡아먹고 다음 날은 자기 아들을 잡아먹자고 제안하여 우리는 먼저 내 아들을 삶아 먹었습니다. 그리고 다음 날 내가 이 여자의 애를 잡아먹자고 하였더니 아이를 숨겨버리고 말았습니다."

왕이 비통하여 옷을 찢었다. 백성이 보니 속에 삼베옷을 입고 있었다. 왕이 외쳤다.

"내가 오늘 사밧의 아들 엘리사의 목을 치지 않으면 하나님이 나를 쳐서 죽이기를 원한다."

그리고 사람을 보내 엘리사를 데려오라고 명령하였다. 엘리사는 자기 집에서 이스라엘의 장로들과 앉아 이야기를 나누고 있었다. 왕의 전령이 도착하기 전에 엘리사가 말하였다.

"이 살인자가 나를 죽이려고 사람을 보냈소. 그가 도착하면 당신들은 문을 닫아걸고 안으로 들어오지 못하게 하시오. 왕이 곧 뒤따라올 것이오."

엘리사의 말이 끝나기 전에 그들이 도착하였고, 왕도 뒤따라와 말하였다.

"이 재앙은 하나님이 내리신 것이다. 내가 어떻게 하나님의 도움을 기대할 수 있겠는가!"

"왕은 하나님의 말씀을 들으십시오. 내일 이맘때 사마리아 성문에서 가장 좋은 밀가루 7ℓ와 보리 15ℓ가 은 11g에 매매되는 것을 보게 될 것입니다."

왕의 보좌관이 엘리사에게 말하였다.

"하나님이 하늘의 창을 내고 곡식을 쏟아붓는다 해도 그런 일은 있을 수 없소!"

"당신은 그것을 목격하겠지만 하나도 먹지 못할 것이오."

사마리아 성문 입구에 나환자 4명이 앉아 서로 말하였다.

"무엇 때문에 우리가 여기 앉아 죽을 때까지 기다려야 하겠느냐? 우리가 성에 들어가도 굶어 죽고, 여기 앉아있어도 죽을 바에야 차라리 시리아군에게 가서 항복하자. 그들이 우리를 살려주면 다행한 일이고, 그렇지 않으면 죽기밖에 더하겠느냐?"

그리고 해 질 무렵에 일어나 시리아군의 진지로 갔더니 한 사람도 없었다. 하나님이 요란한 전차 소리와 말발굽 소리와 수많은 군대가 진격하는 소리를 듣게 하신바, 그들은 이스라엘 왕이 헷 사람과 이집트 사람을 고용한 것으로 생각하였으며, 천막과 말과 나귀를 진지에 버려둔 채 목숨만이라도 건지겠다고, 그날 저녁 모두 달아났기 때문이다.

나환자들이 한 천막에 들어가 먹고 마신 후 거기 있는 금은과 의복을 가지고 나와 숨겨두고, 또 다른 천막에도 들어가 그렇게 하였다. 그리고 서로 말하였다.

"우리가 내일 아침까지 이 좋은 소식을 성에 전하지 않으면 천벌을
받을 것이야! 자, 어서 가서 이 사실을 왕궁에 알리자."

그들이 성으로 돌아가 문지기들을 불러 말하였다.

"우리가 시리아군의 진지에 가보니 아무도 없었습니다. 말과 나귀들
만 매여 있고, 천막들은 고스란히 그대로 있었습니다."

문지기들이 그 소식을 왕궁에 전하자 왕이 밤중에 일어나 신하들에
게 말하였다.

"내가 그들의 전략을 말하겠다. 우리가 굶주리고 있다는 사실을 알
고 진지를 떠나 들에 숨었을 것이며, 우리가 성 밖으로 나가면 공격하
여 생포하고 성안으로 쳐들어올 것이다."

한 신하가 대답하였다.

"성안에 있는 말 5마리와 함께 사람들을 보내 시리아군의 진지를 살
펴보게 하십시오. 여기 있어도 이미 죽은 사람의 처지와 다를 바가 없
습니다."

신하들이 전차 2대를 준비하고 정찰병을 대기시켰다. 왕이 그들을
보내며 시리아군의 동태를 살피고 와서 보고하라고 하였다. 그들이 시
리아군을 추적하여 요단강까지 갔다. 길에는 그들이 급히 도망하면서
버리고 간 의복과 장비가 여기저기 흩어져 있었다.

그들이 돌아와 왕에게 사실대로 보고하자 사마리아 사람들이 달려
가 시리아 진지를 약탈하였다. 그래서 가장 좋은 밀가루 7ℓ와 보리
15ℓ가 하나님의 말씀대로 은 11g에 매매되었다.

왕이 보좌관을 성문에 배치하여 질서를 유지하도록 하였으나, 그는
밀어닥치는 군중들에게 짓밟혀 죽고 말았다. 엘리사가 예언한 그대로
되었다.

수넴 여인(2)
모든 것이 합력하여 선을 이룬다

엘리사가 수넴 여인에게 말하였다.

"당신은 가족과 함께 이곳을 떠나 다른 나라에 가서 살도록 하시오. 하나님이 이스라엘 땅에 7년 동안 기근을 내리겠다고 하셨소."

그녀가 가족을 데리고 블레셋 땅에 가서 7년 동안 살았다. 기근이 끝난 후 이스라엘로 돌아와 자기 집과 땅을 되찾기 위해 왕에게 호소하러 갔다.

그때 왕이 엘리사의 사환과 얘기하고 있었다. 엘리사의 기적에 대해 알고 싶었기 때문이다. 그가 죽은 아이를 살린 이야기를 할 때, 그녀가 들어와 자기 집과 땅을 되찾게 해달라고 왕에게 호소하였다. 그가 외쳤다.

"왕이여, 바로 이 여인입니다. 이 아이는 엘리사가 살려준 아들입니다."

왕이 그녀에게 물어보고 사실임을 확인한 후, 관리를 불러 그녀의 모든 소유를 돌려주라고 하였으며, 7년 동안 생산된 농산물까지 계산해 주라고 지시하였다.

✳188✳
하사엘

그는 차라리 태어나지 않았다면 좋았을 것이다

엘리사가 다마스쿠스에 갔다. 시리아 왕 벤하닷이 병들어 있었다. 왕은 엘리사가 왔다는 말을 듣고 신하 하사엘에게 말하였다.

"너는 선물을 가지고 가서 내 병이 나을지 하나님께 여쭤봐 달라고 하라."

하사엘이 나귀 6마리에 가장 좋은 특산물을 싣고 엘리사에게 가서 말하였다.

"당신의 종 벤하닷이 나를 보내 병이 나을지를 물어보라고 했습니다."

"당신은 왕에게 가서 그 병이 나을 것이라 말하시오. 그러나 하나님이 그가 죽게 될 것을 나에게 보여주셨소."

그리고 하사엘의 얼굴을 뚫어지게 바라보다가 울기 시작하였다. 그가 물었다.

"선생님, 무슨 일로 우십니까?"

"나는 당신이 이스라엘 백성에게 행할 끔찍한 일을 알고 있소. 당신은 그들의 요새에 불을 지르고, 젊은이들을 칼로 치며, 어린아이들을 메어쳐 죽이고, 임신한 여자들의 배를 가를 것이오."

"개처럼 보잘것없는 내가 어떻게 그런 큰일을 저지를 수 있겠습니까?"

"당신이 시리아의 왕이 될 것이오."

하사엘이 돌아가자 왕이 물었다.

"엘리사가 뭐라고 하더냐?"

"왕이 나을 것이라고 하였습니다."

다음날 하사엘이 물에 적신 이불로 왕의 얼굴을 덮어 질식시키고 자신이 왕이 되었다.

✳ 189 ✳

예후

하나님의 말씀은 어김없이 다 이루어진다

엘리사가 예언자 생도 한 사람을 불러 말하였다.

"너는 옷을 단단히 동여맨 후, 이 기름을 들고 길르앗 라못으로 가라. 여호사밧의 아들 예후를 찾아 그 머리에 기름을 붓고, 하나님이 이스라엘의 왕으로 삼으셨다고 말한 후, 즉시 문을 열고 도망하라. 거기서 우물쭈물해서는 안 된다."

그가 라못으로 갔다. 예후가 군 지휘관들과 함께 있었다. 그가 말하였다.

"장군님, 제가 긴히 드릴 말씀이 있습니다."

"누구 말인가?"

"장군님께 할 말이 있습니다."

예후가 일어나 집 안으로 들어가자 그의 머리에 기름을 부으며 말하였다.

"이스라엘의 하나님이 '내가 너에게 기름을 부어 내 백성을 다스릴 이스라엘의 왕으로 삼는다. 너는 아합의 사람들을 죽여라. 내가 이세벨에게 내 예언자들과 종들을 죽인 죄의 대가를 반드시 치르게 할 것이다. 내가 아합의 집에 속한 남자는 종이든 자유인이든 모조리 죽여, 느밧의 아들 여로보암과 이히야의 아들 바아사의 집처럼 되게 하겠다. 개들이 이스르엘에서 이세벨의 시체를 먹어도 묻어줄 사람이 없을 것이다.'라고 말씀하셨습니다."

그리고 즉시 문을 열고 도망하였다. 예후가 나오자 그의 동료들이 물었다.

"별일 없었는가? 그 녀석이 자네에게 온 용건이 무엇인가?"

"자네들도 잘 알고 있으면서 뭘 그러는가?"

"아니야, 우리는 모르고 있네. 무슨 일인지 말해 보게."

예후가 이스라엘의 왕으로 기름 부음을 받은 사실을 말해주었다. 그들이 즉시 겉옷을 벗어 예후의 발밑에 깔고 나팔을 불며 외쳤다.

"예후는 왕이다!"

이렇게 예후가 요람 왕을 반역하였다. 이때 요람은 길르앗 라못에서 시리아의 하사엘 왕과 싸우다가 부상을 입고 치료하기 위해 이스르엘에 있었다. 예후가 동료들에게 말하였다.

"내가 왕이 되는 것을 좋게 생각한다면, 아무도 이스르엘에 가서 우리가 한 일을 보고하지 못하도록 해주게."

그리고 마차를 타고 이스르엘로 갔다. 요람은 병상에 누워 있었고, 유다의 아하시야 왕은 문병하러 와서 그 옆에 있었다. 이스르엘 망대에 있던 파수꾼이 예후가 달려오는 것을 보고 소리쳤다.

"누가 오고 있습니다."

요람 왕이 명령하였다.

"한 사람을 보내 친구인지 적인지 알아보라."

그가 말을 타고 가서 예후를 만나 말하였다.

"왕은 당신이 친구로 온 사람인지 알고 싶어 합니다."

"그게 너와 무슨 상관이 있느냐? 너는 나를 따르라."

파수꾼이 말을 타고 간 사람이 돌아오지 않는다고 보고하자 왕이 다른 사람을 보냈다. 그도 예후에게 같은 질문을 하여 예후가 말하였다.

"그게 너와 무슨 상관이 있느냐? 너는 나를 따르라."

파수꾼이 그도 가서 돌아오지 않는다고 보고하며 덧붙였다.

"저들의 두목이 예후처럼 말을 난폭하게 몰고 있습니다."

요람 왕이 말하였다.

"내 마차를 준비하라."

그리고 아하시야 왕과 함께 각자 마차를 타고 예후를 맞으러 나갔다. 그들이 만난 곳이 나봇의 밭이었다. 요람이 예후를 보고 물었다.

"예후야, 네가 친구로 왔느냐?"

"당신의 어머니 이세벨의 우상 숭배와 마법이 판치는 마당에 어찌 우정이 있을 수 있겠소?"

요람이 소리쳤다.

"아하시야 왕이여, 반역입니다."

그리고 마차를 돌려 달아났다. 예후가 힘을 다해 활을 당겨 요람을 쏘았다. 화살이 그의 어깻죽지 사이의 심장을 꿰뚫고 들어가 자기 마차에 쓰러져 죽고 말았다. 예후가 부관 빗갈에게 말하였다.

"이 시체를 나봇의 밭에 던져라. 너도 기억하겠지만, 우리가 마차를 타고 아합 왕을 따라갈 때, 하나님이 '나는 어제 나봇과 그의 아들들이 살해당하는 것을 분명히 보았다'라고 하셨으며, '나는 네가 이 밭에서 그 대가를 반드시 치르도록 하겠다.'라고 말씀하셨다. 그러니 너는 하나님의 말씀대로 저 시체를 이 밭에 던져라."

유다의 아하시야 왕이 도망치자 예후가 추격하며 소리쳤다.

"저자도 죽여라!"

그의 부하들이 그를 치자 부상을 입고 므깃도까지 도망하여 거기서 죽었다. 아하시야 왕의 신하들이 그 시체를 마차에 싣고 돌아가서 다 윗성의 묘에 장사하였다.

✳ 190 ✳
이세벨(2)
악인은 악에 걸려 넘어지기 마련이다

예후가 이스르엘로 갔다. 이세벨이 눈 화장을 하고 머리를 손질한 후, 창에서 내려다보고 있었다. 예후가 궁전 문으로 다가가자 소리쳤다.

"자기 왕을 죽인 시므리 같은 놈아! 여기 무슨 일로 왔느냐?"

예후가 창을 쳐다보고 외쳤다.

"내 편이 될 자가 누구냐?"

그때 두세 명의 내시가 밖을 내다보았다. 예후가 그들에게 명령하였다.

"이세벨을 던져라!"

그들이 이세벨을 창밖으로 던지자 그 피가 벽과 말에 튀어 올랐다. 예후가 말과 전차를 몰아 그 시체를 짓밟고, 궁전으로 들어가 먹고 마시며 말하였다.

"저 저주받은 여자를 묻어주어라. 어쨌든 왕의 딸이다."

사람들이 그 시체를 묻으려고 갔을 때, 두골과 손발 외에는 아무것도 없었다. 그들이 돌아와 보고하자 예후가 말하였다.

"이는 하나님의 말씀이 이루어진 것이다. 하나님이 그의 종 엘리야에게 이르기를, 이스르엘 개들이 이세벨의 시체를 뜯어먹을 것이며, 그 뼈는 밭의 거름처럼 흩어져 아무도 알아보지 못할 것이라고 하셨다."

사마리아 성에 아합의 자손 70명이 살고 있었다. 예후가 그 성의 지도자들과 아합의 자손 후견인들에게 편지를 보냈다.

"왕의 자손들이 너희와 함께 있고, 전차와 말과 요새화된 성과 무기도 있다. 이 편지를 받는 즉시 왕의 자손들 가운데 가장 유능한 자를 뽑아 왕으로 세우고, 그를 위해 싸울 준비를 하라."

그들이 두려워하며 말하였다.

"두 왕도 예후를 당해 내지 못했는데 우리가 어찌 그를 대적하겠는가?"

궁중 대신과 그 성의 지도자들과 아합의 자손 후견인들이 예후에게 전갈을 보냈다.

"우리는 당신의 종입니다. 왕을 세우지 않을 테니 당신이 좋을 대로 하십시오."

예후가 다시 편지를 보냈다.

"너희가 내 편이 되어 복종한다면, 아합 자손들의 머리를 잘라 내일 이맘때까지 이스르엘로 와서 나에게 바쳐라."

그때 70명의 아합 자손들이 그 성 지도자들의 보호를 받고 있었다. 예후의 편지가 도착하자 그들을 모조리 죽이고, 그 머리를 바구니에 담아 이스르엘에 있는 예후에게 보냈다.

예후는 그들이 머리를 가져왔다는 말을 듣고, 성문 입구에 두 무더기로 쌓아 다음 날 아침까지 그대로 두라고 명령하였다. 그리고 다음

날 아침 그가 성문으로 나가 군중들에게 말하였다.

"여러분에게는 아무 잘못이 없습니다. 요람 왕을 반역하여 죽인 자는 바로 나입니다. 그의 자손들을 누가 죽였습니까? 여러분은 하나님이 아합의 집에 대하여 하신 말씀이 하나도 빠짐없이 이루어진다는 사실을 알아야 합니다. 이제 하나님이 그의 종 엘리야를 통해서 하신 말씀을 다 이루셨습니다."

그리고 예후는 아합의 집안 가운데 이스르엘에 남은 자들을 모조리 죽이고, 그의 신하들과 가까운 친구들, 그의 제사장들까지 하나도 남기지 않고 몰살시켰다.

* 191 *

여호나답

나를 섬길 자손이 영원히 이어질 것이다

예후가 사마리아로 가려고 이스르엘을 떠났다. 도중에 '목자들의 집'이라는 곳에서 유다 왕 아하시야의 친척들을 만나 물었다.

"너희는 누구냐?"

"우리는 아하시야 왕의 친척으로 이스라엘 왕족들에게 문안하러 가는 중입니다."

예후가 체포하라고 명령하자 부하들이 그들 42명을 웅덩이 곁으로 끌고 가서 모조리 죽였다. 그리고 레갑의 아들 여호나답을 만났다. 예

216

후가 물었다.

"그대는 나와 마음이 같으니 나를 도와줄 수 있겠소?"

여호나답이 그러겠다고 대답하자 예후가 말하였다.

"그렇다면 손을 주시오."

예후가 그의 손을 잡아 자기 전차에 끌어 올리며 말하였다.

"내가 하나님을 위해 얼마나 열성적인지 두고 보시오."

그들이 함께 전차를 타고 사마리아로 가서, 아합의 친척들을 한 사람도 남기지 않고 모조리 죽였다. 하나님이 엘리야에게 말씀하신 대로 되었다. 예후가 사마리아 사람들을 한자리에 모아놓고 말하였다.

"아합은 바알을 조금밖에 섬기지 않았으나 나는 더욱 많이 섬길 것입니다. 이제 바알의 모든 예언자와 그를 섬기는 자들과 그의 모든 제사장을 불러 모으십시오. 한 사람도 빠져서는 안 됩니다. 내가 바알에게 성대한 제사를 드리려고 합니다. 누구든지 빠지는 사람이 있으면 죽임을 당할 것입니다."

이는 바알을 섬기는 자들을 몰살시키려는 예후의 계책이었다. 예후가 바알을 위한 대회를 열라고 명령하고, 그 날짜를 선포한 후 이스라엘 전역에 사람을 보내 알렸다. 바알을 섬기는 자들이 하나도 빠지지 않고 모두 모여들어 바알의 신전을 이 끝에서 저 끝까지 가득 메웠다.

예후가 담당 제사장에게 바알을 섬기는 자들에게 예복을 주라고 지시하였다. 그리고 레갑의 아들 여호나답과 함께 그 신전 안으로 들어가 거기 모인 사람들에게 말하였다.

"여러분은 바알을 섬기는 사람만 여기 남게 하고, 하나님을 섬기는 사람은 하나도 들어오지 못하게 하시오."

그들이 바알에게 제사를 드리러 다 들어왔을 때, 예후가 신전 밖에 80명의 병력을 배치하고 지시하였다.

"너희는 이들을 모조리 죽여라. 도망치는 자가 있으면 그가 대신 죽게 될 것이다!"

예후가 바알에게 제사를 드리고 나서 즉시 밖으로 나와 부하들에게 명령하였다.

"너희는 들어가 모조리 죽이고 한 사람도 도망치지 못하게 하라!"

그의 부하들이 들어가 칼로 그들을 죽여 그 시체를 밖으로 끌어내고, 바알의 신전 내실로 가서 바알 숭배에 사용된 기둥 우상을 끌어내 불사르고, 그 신상을 파괴하며 바알 신전을 헐어 공중변소로 만들었다.

이렇게 해서 예후는 이스라엘에서 바알 숭배의 흔적을 완전히 없애 버렸다. 그 후 하나님이 예후에게 말씀하셨다.

"너는 내가 아합의 집에 행하고 싶었던 모든 일을 잘 수행하였다. 네 자손 4대가 이스라엘의 왕이 될 것이다."

예후가 이스라엘 왕으로 사마리아에서 28년간 통치하였다.

＊192＊
아달랴
여자는 일체 순종함으로 조용히 배우라

유다 왕 아하시야의 어머니 아달랴가, 아들이 죽었다는 말을 듣고 왕족을 몰살시키라 하였다. 아하시야의 아들 요아스만 간신히 죽음을 면하였다. 그는 여호람 왕의 딸이자 아하시야의 누이인 그의 고모 여호세바에 의해 죽음 직전에 구출되었다. 그녀는 조카와 그의 유모를 성전 골방에 숨겨 아달랴의 손에 죽지 않게 하였다. 그들이 하나님의 성전에 6년을 숨어있는 동안 아달랴가 나라를 다스렸다.

아달랴의 7년째, 제사장 여호야다가 경호대와 경비대 지휘관을 성전으로 불러 비밀을 지키겠다는 다짐을 받고 맹세시킨 후, 왕자 요아스를 보이며 말하였다.

"당신들은 안식일에 근무하는 사람 중에서 1/3은 왕궁을 경계하고, 1/3은 수르문을 지키고, 1/3은 경비실 뒷문을 경계하게 하시오. 그리고 안식일 근무를 마치는 두 조는 성전을 지켜 왕을 보호하게 하시오. 또 당신들도 단단히 무장한 후 왕이 가는 곳마다 따라다니며 경호하고, 접근하는 자는 무조건 죽이시오."

그들은 제사장 여호야다의 지시대로 각자 통솔하는 부하들을 데리고 왔다. 제사장이 성전에 보관된 다윗왕의 창과 방패를 그들에게 주었다. 여호야다가 무장한 호위병들이 성전 주변을 삼엄하게 경비하는 가운데 왕자를 인도하여, 그에게 왕관을 씌우고 율법을 주면서 기름을 부어 왕으로 선포하였다. 군중들이 박수를 치며 왕의 만세를 외쳤다.

아달랴가 성전에서 떠들썩한 소리를 듣고 달려와 보니, 새 왕이 관례대로 성전 입구의 기둥 곁에 서 있고, 궁중 경호병과 경비병과 나팔수가 왕의 주변에 둘러 서 있었다. 그때 백성은 기뻐하며 소리를 지르고 나팔수는 나팔을 불었다. 그녀가 옷을 찢으며 외쳤다.

"반역이다! 반역이다!"

제사장 여호야다가 경호 및 경비 담당관들에게 지시하였다.

"저 여자를 성전 구내에서 죽이지 말고 밖으로 끌어내시오! 반항하는 자는 누구든지 죽이시오!"

그들이 그녀를 잡아 말들의 출입구에서 죽였다. 여호야다는 왕과 백성이 하나님과 계약을 맺게 하고, 왕과 백성 사이에도 계약을 맺게 하였다. 백성이 바알의 신전을 허물고 그 단과 우상을 부수며, 단 앞에서 바알의 제사장 맛단을 죽였다.

여호야다는 성전에 경비병을 배치하고 궁중 경호병과 경비병의 호위를 받으며, 백성을 거느리고 왕을 성전에서 궁전으로 모셨다. 왕이 경비실 문으로 궁전에 도착하여 왕좌에 앉자 모든 백성이 기뻐하였고, 성은 평화를 되찾았다.

✳193✳
요아스
네가 쌓아둔 것이 뉘 차지가 되겠느냐?

이스라엘의 예후 왕 7년, 요아스가 7세에 유다의 왕이 되어 예루살렘에서 40년을 통치하였다. 그는 제사장 여호야다의 교훈을 받는 동안 하나님이 보시기에 옳은 일을 하였다. 그러나 산당을 허물지 않았던바, 백성은 계속 거기서 제사를 지내며 분향하였다. 요아스 왕이 제사장들을 모아놓고 말하였다.

"여러분은 하나님의 성전에 바치는 예물, 곧 정기적으로 거둬들이는 인두세와, 서약으로 바치는 헌금과, 백성이 자진하여 바치는 돈을 모아 성전을 수리하는 데 사용하십시오."

그러나 요아스 왕의 23년까지 그들은 성전을 수리하지 않았다. 왕이 여호야다와 다른 제사장들을 불러 물었다.

"어찌하여 성전을 수리하지 않았소? 당신들은 이제부터 돈을 보관하지 말고, 다른 사람에게 맡겨 성전을 수리하게 하시오."

그들이 합의하고, 여호야다가 상자 하나를 가져다 뚜껑에 구멍을 뚫어 성전 정면의 우측 단 곁에 두었다. 성전 문을 지키는 제사장들이 백성의 돈을 받아 그 헌금함 속에 넣었다. 함에 돈이 모이면 궁중 서기관과 대제사장이 올라가 그 돈을 계산하여 성전을 수리하는 담당자에게 넘겨주었다. 그들은 목수와 채석공의 임금을 주고, 성전을 수리하는 데 필요한 목재와 돌도 사고 필요한 곳에 사용하였다.

하나님의 성전에 바친 돈은 은 대접이나 불집게나 주발이나 나팔이나 그릇을 만드는 데 쓰지 않고, 오직 성전을 수리하는 데만 사용하였다. 성전 수리 담당자들이 아주 정직하게 처리하여 회계 보고를 받을 필요도 없었다. 죄와 잘못을 씻는 속건제와 속죄제의 예물은 그 헌금함에 넣지 않고, 제사장들에게 주어 쓰게 하였다.

시리아의 하사엘 왕이 가드를 공격하여 점령한 후, 예루살렘을 치려고 올라왔다. 요아스는 선왕 여호사밧과 여호람과 아하시야가 하나님께 바친 예물과 자신이 바친 예물까지 포함하여 성전과 왕궁에 있는 모든 금을 하사엘 왕에게 선물로 보냈으며, 하사엘은 자기 군대를 이끌고 예루살렘에서 물러갔다.

✳194✳
히스기야(1)
하나님은 조롱을 받지 않으신다

요아스 다음으로 아마샤, 웃시야, 요담, 아하스, 히스기야로 유다 왕이 이어졌다. 히스기야가 옷을 찢고 삼베옷을 입은 후, 기도하러 하나님의 성전에 들어갔다. 궁중 대신 엘리야김과 서기관 셉나와 나이 많은 제사장들에게 삼베옷을 입혀 아모스의 아들, 예언자 이사야에게 보냈다. 그들이 이사야에게 히스기야의 말을 전했다.

"오늘은 고통과 책망과 치욕의 날입니다. 아이가 태어날 때가 되었으나 해산할 힘이 없는 여자와 같습니다. 아시리아 왕이 보낸 군대 지휘관이 살아계신 하나님을 모욕하였습니다. 당신의 하나님도 그가 모욕하는 말을 들으셨을 것입니다. 하나님이 그를 책망하시겠지만, 당신은 살아남은 우리 백성을 위해서 기도해 주십시오."

이사야가 회답을 보냈다.

"하나님은 그 지휘관의 말로 두려워하지 말라고 하셨습니다. 아시리아 왕이 본국의 안 좋은 소문을 듣고 돌아가 살해될 것이라 말씀하셨습니다."

그 지휘관은 왕이 라기스에서 떠났다는 말을 듣고 립나로 가서 왕을 만났다. 아시리아 왕은 에티오피아 왕이 자기를 치러 온다는 말을 듣고 히스기야에게 편지를 보냈다.

"너는 너의 신이 예루살렘은 아시리아 왕의 손에 넘어가지 않을 것이라고 하는 소리에 속지 마라. 아시리아 왕이 수많은 나라를 닥치는 대로 쳐서 멸망시킨 일을 너도 들었을 것이다. 그런데 어찌하여 너만

토크 지저스

살아남으려고 하느냐? 내 조상들은 고산과 하란과 레셉 성을 멸망시키고 들라살에 사는 에덴 사람을 죽였으나, 그의 신들은 그들을 구하지 못했다. 그 왕들이 다 어디 있느냐?"

히스기야가 그 편지를 받고, 하나님의 성전으로 가서 편지를 야훼 앞에 펴놓고 기도하였다.

"그룹 위의 보좌에 앉으신 이스라엘의 하나님이시여, 주님만 온 세상 나라를 다스리는 하나님이십니다. 주님은 하늘과 땅을 창조하셨습니다. 하나님이시여, 귀를 기울여 들어주소서. 하나님이시여, 눈을 뜨고 보소서. 산헤립이 살아계신 하나님을 모독하려고 보낸 이 말을 들어주소서.

아시리아 왕이 수많은 나라를 멸망시키고, 그 땅을 황폐하게 하며 그 신들의 우상을 불태운 것이 사실입니다. 하지만 그것은 신이 아니라 사람의 손으로 만든 나무나 돌에 불과하여 그들이 멸할 수 있었습니다.

우리 하나님이시여, 이제 우리를 아시리아 왕의 손에서 구해주소서. 그러면 온 세상 나라들이 주 야훼만 하나님이신 것을 알게 될 것입니다."

그때 아모스의 아들 이사야가 히스기야에게 전갈을 보냈다.

"이스라엘의 하나님이 왕의 기도를 들으시고, 아시리아 왕에 대하여 말씀하셨습니다.

'처녀 딸 시온은 너를 두려워하지 않는다. 예루살렘이 너를 비웃고 조롱하고 있다. 네가 누구를 꾸짖고 모독하였느냐? 너는 이스라엘의 거룩한 자를 향하여 큰소리치고 잘난 척하였다.

너는 많은 전차를 거느리고 가서 레바논 산들의 가장 높은 정상을 정복하였고, 거기서 제일 높은 백향목과 잣나무를 자르고 레바논의 가장 깊은 숲속까지 정복하였으며, 네가 정복한 외국 땅에서 물을 마시고 이집트 땅을 모조리 짓밟아버렸다고 자랑하였다.

너는 네가 오래전부터 이 모든 일을 계획했다는 말도 듣지 못했느냐? 너를 통해 요새화된 성들을 쳐서 돌무더기가 되게 한 것이 바로 나다. 그래서 네가 정복한 그 나라들은 너를 대항할 힘이 없어 두려워하였고, 들의 풀이나 나물 같고 지붕 위의 잡초 같으며, 자라기도 전에 말라버리는 곡식 같았다.

나는 너에 관한 모든 일과 네가 무엇을 하고 어디에 가는지 다 알고 있으며, 네가 나에 대해 얼마나 악한 말을 했다는 것도 잘 알고 있다. 또 나에 대한 너의 분노와 그 오만한 태도에 대해서도 나는 다 들었다. 그러므로 내가 네 코에 갈고리를 꿰고, 네 입에 재갈을 물려 네가 오던 길로 끌고 갈 것이다.'

이번에는 하나님이 히스기야 왕에게 말씀하셨습니다.

'앞으로 일어날 일의 징조는 이렇다. 금년과 내년에는 너희가 저절로 자라난 야생 곡식을 먹고, 3년째는 농사지어 추수한 곡식과 포도를 먹을 것이다. 살아남은 유대인들은 땅에 뿌리를 깊이 내리고 열매 맺는 식물같이 다시 번성할 것이며, 살아남은 자들이 예루살렘과 시온산에서 나올 것이다. 나는 반드시 이 일을 이룰 것이다.'

그러므로 하나님이 아시리아 왕에 대하여 '그는 이 성으로 들어오지 못하고 화살 하나 쏘지 못할 것이다. 방패를 가진 군인들도 접근하지 못할 것이며, 성 주변에 토성을 쌓지 못하고 오던 길로 되돌아갈 것이다. 이는 나 하나님의 말이다. 내가 나의 명예와 내 종 다윗을 위해 이 성을 지키고 보호할 것이다.'라고 말씀하셨습니다."

바로 그날 밤, 하나님의 천사가 아시리아군의 진영으로 가서 185,000명을 쳐 죽였다. 사람들이 아침에 일어나 보니 모두 죽어 시체만 즐비하게 널려 있었다. 아시리아의 산헤립 왕이 철수하여 니느웨로 돌아갔다.

그 후 산헤립이 니스록 신전에서 경배하고 있을 때, 자기 아들들이 그를 칼로 쳐서 죽이고 아라랏 땅으로 도망하였다. 그 아들 에살핫돈 이 왕위를 계승하였다.

히스기야(2)

하나님은 사람의 생사를 주관하신다

히스기야가 병들어 죽게 되었다. 이사야가 가서 말하였다.

"하나님은 왕이 회복되지 못할 것이며, 모든 것을 정리하고 죽을 준비를 하라고 말씀하셨습니다."

히스기야가 얼굴을 벽 쪽으로 돌리고 기도하며 크게 통곡하였다.

"하나님이시여! 제가 마음을 다해 주님을 성실히 섬기고, 주님 앞에서 선하게 살고자 애쓴 것을 기억하소서."

이사야가 왕 앞에서 물러나 궁전 뜰을 나오기 전에 하나님이 말씀하셨다.

"너는 내 백성의 지도자 히스기야에게 돌아가 '내가 네 기도를 들었고, 네 눈물을 보았다. 내가 너를 고치리니 3일 만에 성전으로 올라갈 것이다. 내가 네 수명을 15년 더 연장할 것이며, 너와 이 성을 아시리아 왕의 손에서 구하고, 나의 명예와 내 종 다윗을 위해 내가 이 성을 지키고 보호할 것이다.'라고 일러주어라."

이사야가 그대로 전하고, 무화과를 가져오라고 하였다. 왕의 시종들이 무화과를 으깨 왕의 종기에 붙이자 그 상처가 나았다. 히스기야 왕이 이사야에게 물었다.

"하나님이 나를 고치시면 내가 3일 만에 성전으로 올라갈 것이라고 하셨습니다. 그것을 입증할 무슨 표적이 있습니까?"

"하나님이 그 약속을 지키시겠다는 표적이 있습니다. 왕은 해그림자가 10도 앞으로 나아가길 원하십니까, 10도 뒤로 물러가길 원하십니까?"

"그림자가 10도 앞으로 나아가기는 쉬운 일이니 10도 뒤로 물러가게 하십시오."

이사야가 기도하자 하나님이 아하스 왕이 만든 일영표의 해그림자가 10도 뒤로 물러가게 하셨다.

그때 발라단의 아들인 바빌론의 왕이 히스기야가 병들었다는 말을 듣고, 문병 편지와 선물을 보냈다. 히스기야가 문병 온 사절들을 환영하고, 그들에게 자기 창고에 있는 금은과 향과 값진 기름과 무기고에 있는 모든 것을 다 보여주었다. 그가 궁전과 나라 안의 소중한 것을 보여주지 않은 것이 하나도 없었다. 이사야가 히스기야 왕에게 가서 물었다.

"이들이 어디서 왔으며 왕에게 무슨 말을 하였습니까?"

"그들은 먼 나라 바빌론에서 왔습니다."

"그들이 궁전에서 무엇을 보았습니까?"

"그들은 모든 것을 다 보았으며, 내가 궁전 창고에서 보여주지 않은 것이 하나도 없습니다."

"왕은 하나님의 말씀을 들으십시오. 왕의 조상들이 오늘날까지 궁전 창고에 쌓아둔 그 모든 것이 바빌론으로 옮겨지고 하나도 남지 않을 것이며, 왕의 아들 중 몇 사람이 끌려가 바빌론 왕의 궁전에서 내시가 될 것이라고 말씀하셨습니다."

히스기야가 자기 시대에는 평화와 안전이 있다는 것을 알고 대답하였다.

"당신이 말한 하나님의 말씀은 다 지당하십니다."

그가 죽어 장사 되고, 아들 므낫세가 왕위를 계승하였다.

＊196＊

므낫세

주님을 배반한 그는 참으로 불행하다

므낫세가 12세에 왕이 되어 예루살렘에서 55년간 통치하였다. 그는 하나님이 이스라엘 백성 앞에서 쫓아내신 이방 민족의 더러운 행위를 본받아 악을 행하고, 그의 아버지 히스기야가 헐어버린 산당을 다시 세웠으며, 이스라엘의 아합 왕을 본받아 바알의 단을 쌓고, 아세라 여신상을 세우며, 하늘의 별들을 숭배하였다.

하나님이 경배를 받으시겠다고 말씀하신 성전에 이방신의 단들을 쌓고, 여전히 두 뜰에 하늘의 별들을 숭배하는 단들을 쌓았으며, 자기 아들을 산 채로 불에 태워 이방신에게 제물로 바쳤다.

마술을 행하고 점쟁이와 무당과 영매를 찾아다녔으며, 하나님이 보시기에 많은 악을 행하여 노하게 하였다. 게다가 아세라 여신상을 만들어 성전 안에 세웠다. 하나님이 이 성전에 대하여 전에 다윗과 그 아들 솔로몬에게 말씀하셨다.

"예루살렘의 성전은 이스라엘 모든 지파의 땅 중에서 내가 경배받을 곳으로 택한 장소다. 이스라엘 백성이 내 명령에 순종하고 내 종 모세를 통하여 준 율법을 지키면, 내가 다시는 이 땅에서 쫓아내지 않을 것이다."

백성은 하나님의 말씀을 듣지 않고 므낫세의 꼬임에 빠졌던바, 하나님이 이스라엘 백성 앞에서 멸망시킨 이방 민족들보다 더 많은 악을 행하였다. 하나님이 예언자들을 통하여 말씀하셨다.

"유다 왕 므낫세가 이 땅에 살던 아모리 사람들보다 더 많은 악을 행하고, 우상으로 유다 백성을 죄의 길로 인도하였다. 이스라엘의 하나님이 듣는 사람마다 깜짝 놀랄 무서운 재앙을 예루살렘과 유다에 내릴 것이다.

내가 사마리아와 아합의 집을 벌한 것처럼 예루살렘을 벌하고, 그릇을 깨끗이 씻어 엎어버리듯 예루살렘을 깨끗이 쓸어버릴 것이다. 나는 살아남은 자들을 저버리고 그들을 원수들에게 넘겨 약탈을 당하게 할 것이다. 그들이 이집트에서 나온 그들 조상의 시대부터 오늘까지 내 앞에서 악을 행하여 나를 노하게 하였기 때문이다."

므낫세는 유다 백성에게 우상을 섬기게 하였으며, 하나님 앞에서 범한 죄 외에도 무죄한 사람을 수없이 죽였던바, 예루살렘의 거리를 온통 피로 물들게 했다.

요시야

우상을 만들어 의지하는 자는 우상 꼴이 된다

___

요시야는 8세에 유다의 왕위에 올라 예루살렘에서 31년을 통치하였다. 그는 하나님이 보시기에 올바로 살았으며, 조상 다윗을 본받아 한결같은 마음으로 하나님을 섬겼다. 그의 18년에 서기관 사반을 성전으로 보내 지시하였다.

"너는 가서 성전 출입 담당자가 거둔 돈을 계산하여 성전 수리 담당자에게 주고, 목수와 석수의 임금을 지급하며, 목재와 석재를 사서 성전을 수리하라고 대제사장 힐기야에게 일러주어라."

성전 수리 담당자가 일을 정직하게 하여 비용을 회계할 필요도 없었다. 제사장 힐기야가 서기관 사반에게 가서 말하였다.

"내가 성전에서 하나님의 율법을 발견하였습니다!"

그리고 그 책을 사반에게 주자 사반이 읽어 보고 왕에게 가서 보고하였다.

"왕의 신하들이 성전에 있던 돈을 성전 수리 담당자에게 넘겨주었으며, 제사장 힐기야가 이 책을 주었습니다."

그리고 왕 앞에서 큰 소리로 읽었다. 왕은 그 책의 말씀을 듣고 두려워 자기 옷을 찢었으며, 제사장 힐기야와 사반의 아들 아히감과 미가야의 아들 악볼과 서기관 사반과 왕의 보좌관 아사야에게 명령하였다.

"당신들은 가서 나와 유다 백성을 위해 이 책의 말씀에 대하여 하나님께 물어보시오. 우리 조상들이 말씀에 순종하지 않고 그대로 살지 않아 하나님이 몹시 노하고 있소."

그들이 여성 예언자 훌다를 찾아갔다. 살룸의 아내로 예루살렘의 둘째 구역에 살고 있었다. 그들이 찾아온 사연을 말하자 훌다는 왕에게 돌아가 하나님의 말씀을 전하라고 일러주었다.

"나는 네가 읽은 그대로 예루살렘과 주민을 벌하겠다. 그들은 나를 저버리고 다른 신을 섬겼으며, 그들이 행한 일로 나를 노하게 하였다. 예루살렘에 대한 나의 분노가 그치지 않을 것이다.

너는 그 책에 기록된 말씀을 들었을 때, 내가 예루살렘과 주민을 벌할 것과 이 땅이 저주를 받아 황폐하게 될 것을 알았으며, 회개하는 마음으로 옷을 찢고 통곡하며 내 앞에서 자신을 낮추었는바, 내가 네 기도를 들었다. 내가 너를 네 조상들에게 돌아가 묘실에 평안히 잠들게 하겠다. 너는 내가 예루살렘에 내릴 재앙을 눈으로 보지 않을 것이다."

그들이 그대로 전하자 왕이 유다와 예루살렘의 모든 지도자를 불러 모았으며, 제사장과 예언자와 유다와 예루살렘의 모든 백성과 함께 성전으로 올라갔다.

왕이 성전 기둥 곁에 서서 그 책을 모든 백성에게 읽어주고, 마음을 다하고 정성을 다해 하나님께 순종하며, 모든 법과 명령을 지키겠다고 엄숙히 선언하였다. 백성도 그렇게 하겠다고 맹세하였다.

왕이 대제사장 힐기야와 그 밑에 있는 제사장들과 성전 문지기들에게, 바알과 아세라 여신과 해와 달과 별들을 숭배하는 데 사용된 모든 기구를 성전에서 끄집어내라고 명령하였다. 그리고 그 모든 것을 예루살렘 성 밖에 있는 기드론 골짜기에서 불태우고, 그 재를 벧엘로 가져가게 하였다.

유다 왕들이 유다와 예루살렘 일대에 지어놓은 산당에서 분향하는 제사장들을 제거하고, 바알과 해와 달과 별들에게 분향하는 사람들을 모조리 죽였다. 아세라 여신상을 끌어내 기드론 골짜기에서 불태우고 그 재를 공동묘지에 뿌렸다. 성전 안에 있는 남창들의 숙소도 헐어 버렸다.

유다의 여러 성에 사는 제사장들을 예루살렘으로 불러들이고, 그들이 분향하던 산당을 게바에서 브엘세바까지 더럽혔으며, 예루살렘의 성주 여호수아가 성문 왼편에 지어놓은 산당들도 헐어버렸다. 산당의 제사장들은 예루살렘 성전에서 섬기는 일을 할 수 없었고, 동료 제사장들과 함께 누룩 넣지 않은 빵을 먹을 뿐이었다.

또 힌놈의 아들 골짜기에 있는 도벳을 더럽혀 아무도 자녀를 불에 태워 몰렉의 제물로 바치지 못하게 하였으며, 유다 왕들이 태양 숭배를 위해 바친 말들을 제거하고, 거기 사용된 전차들을 불태워버렸다. 또 아하스 왕의 숙소 옥상에 지어놓은 단들과 므낫세 왕이 성전의 두 뜰에 세운 단들을 헐고, 그것을 빻은 가루를 기드론 골짜기에 뿌렸다.

솔로몬 왕이 시돈의 여신 아스다롯과 모압의 신 그모스와 암몬의 신 밀곰을 숭배하기 위해 예루살렘 동쪽 감람산에 세운 산당을 더럽히고, 돌기둥의 우상을 깨뜨리며 아세라 여신상을 찍고, 그 우상들이 있던 곳에 사람의 해골을 채웠다. 이스라엘 백성을 죄를 범하게 한 느밧의 아들 여로보암이 벧엘에 세운 단과 산당도 헐고 빻아 가루로 만들었으며, 아세라 여신상을 불태워 버렸다.

그리고 사방을 둘러보다가 산당에 있는 무덤들을 보고, 그 해골을 끄집어내어 불살라 그 단을 더럽혔다. 이는 하나님이 오래전에 예언자를 통해 말씀하신 예언이 그대로 이루어진 것이다. 그리고 왕이 물었다.

"저기 보이는 저 무덤이 누구의 것이냐?"

벧엘 사람들이 대답하였다.

"유다에서 온 예언자의 무덤입니다. 그는 조금 전에 왕이 이 단에 행하신 바로 그 일을 예언한 사람입니다."

"저 무덤은 그대로 두고 그 뼈를 옮기지 마라."

그 예언자의 뼈와 사마리아에서 온 예언자의 뼈는 옮기지 않고 그대로 두었다. 이스라엘 왕들이 모든 성에 세워 하나님을 노하게 한 산당을 헐고, 그 단들도 벧엘에서 했던 것처럼 빻아 가루로 만들어 버렸다. 그리고 산당 제사장들을 그들의 단에서 모두 죽이고, 그 뼈를 단 위에서 불태운 후 예루살렘으로 돌아왔다.

요시야 왕이 하나님을 위해 백성에게 유월절을 지키라고 명령하였다. 사사 시대부터 이스라엘과 유다 왕들이 그런 유월절을 지킨 일이 없었으나, 요시야 왕 18년에 예루살렘에서 그 유월절을 지켰다.

대제사장 힐기야가 성전에서 발견한 그 책에 기록된 말씀을 모두 실천하려고, 예루살렘과 그 밖의 유다 모든 지역에서 영매와 점쟁이와 가정 수호신 드라빔과 우상과 우상 숭배에 사용된 모든 기구를 다 없애버렸다.

이처럼 요시야 왕과 같이 마음과 정성과 힘을 다해 하나님을 섬기고, 모세의 모든 율법을 철저하게 지킨 왕은 이전에도 없었고, 이후에도 없었다. 그러나 하나님은 므낫세가 행한 모든 악 때문에 유다에 대한 분노를 돌이키지 않고 말씀하셨다.

"내가 이스라엘을 없앤 것처럼 유다도 내 앞에서 없앨 것이며, 내가 택한 예루살렘 성과 내가 경배받을 곳이라고 말한 이 성전도 버릴 것이다."

198
느부갓네살(1)
사신을 보내 화친을 청할 것이다

바빌론군이 유다를 침략하여 예루살렘 성을 포위하였다. 여호야긴 왕이 어머니와 신하들을 데리고 느부갓네살 왕에게 나아가 항복하였다. 그가 여호야긴을 포로로 잡고 성전과 궁전에 있는 모든 보물을 바빌론으로 가져갔다. 하나님이 예언하신 대로 솔로몬 왕이 만든 성전의 모든 금 그릇을 깨뜨려 버렸다.

그리고 신하들과 용감한 군인들과 여러 분야의 기능공들을 포함하여 예루살렘에서 1만 명을 포로로 잡아갔다. 그 땅에는 가난하고 보잘것없는 사람들만 남게 되었다.

이처럼 여호야긴 왕과 그 어머니와 아내들, 신하들과 유다의 모든 지도급 인사들을 바빌론으로 잡아가고, 가장 용감한 군인 7천 명과 기능공 1천 명을 잡아갔던바, 그들은 다 건장하여 전쟁터에서 잘 싸울 수 있는 사람들이었다.

그리고 여호야긴 대신 그의 삼촌 맛다냐를 왕으로 세우고 이름을 시드기야로 고쳤다. 시드기야가 자기 형 여호야김 왕의 모든 행위를 본받아 하나님이 보시기에 악을 행하였다. 하나님이 예루살렘과 유다 백성에게 노하여 결국은 그들을 추방하였다.

시드기야가 바빌론 왕에게 반기를 들었다. 시드기야 왕 9년에 바빌론 느부갓네살 왕이 군대를 이끌고 다시 왔다. 그가 예루살렘 주변에 토성을 쌓고 시드기야 왕 11년까지 포위하였다.

성안에 기근이 심하여 식량이 다 떨어지고 성벽이 뚫렸다. 유다군이 바빌론군이 포위하고 있음에도, 밤중에 왕의 동산 곁에 있는 두 담 사이의 문을 빠져나가 요단 계곡으로 도망하였다. 바빌론군이 시드기야 왕을 추격하여 여리고 평야에서 생포하자, 모든 군대가 뿔뿔이 흩어져 버렸다.

시드기야 왕은 리블라로 끌려가 느부갓네살 왕 앞에서 심문을 받았으며, 그의 아들들은 그가 보는 앞에서 죽임을 당했다. 시드기야는 두 눈이 뽑히고 사슬에 묶여 바빌론으로 끌려갔다.

✳ 199 ✳
느부사라단

우리가 다 망하게 되었습니다

느부갓네살 왕의 경호대장 느부사라단이 예루살렘에 와서 신전과 궁전에 불을 지르고, 예루살렘의 모든 집과 중요한 건물들을 다 태우며 성벽을 모조리 헐어버렸다. 그리고 성안에 남은 사람들과 바빌론 왕에게 항복한 사람들을 포로로 잡아가고, 가난한 사람들만 남겨 포도원을 가꾸고 농사를 짓게 하였다.

성전의 두 놋 기둥과 놋 받침과 놋으로 만든 거대한 물탱크를 깨뜨려 그 놋을 바빌론으로 가져가고, 모든 솥과 부삽과 불집게와 숟가락과 성전에서 사용하는 모든 놋그릇과 불 옮기는 그릇들과 주발들을 포함하여 금과 은으로 만든 성전의 기구를 모조리 가져갔다.

토크 지저스

대제사장과 성안에 남은 사람 60명을 생포하여 리블라에 있는 바빌론 왕에게 끌고 가 모조리 처형시켰다. 느부갓네살 왕이 아히감의 아들 그달랴를 유다 총독으로 임명하여 바빌론으로 끌려가지 않고 남은 사람들을 다스리게 하였다.

그때 항복하지 않은 유다 지휘관들과 그 부하들이 소식을 듣고 미스바에 있는 그달랴를 찾아갔다. 그가 말하였다.

"당신들은 바빌론 신하들을 두려워하지 말고, 이 땅에 살면서 바빌론 왕을 섬기시오. 그러면 무사할 것이오."

그해 7월, 왕족 이스마엘이 부하 10명을 거느리고 미스바로 가서 그달랴를 죽이고, 그와 함께 있는 유대인들과 바빌론 사람들을 죽였다.

유다의 여호야긴 왕이 포로로 잡혀간 지 37년째, 에윌므로닥이 바빌론 왕으로 즉위하면서 여호야긴 왕을 감옥에서 풀어주었다. 그는 여호야긴 왕에게 친절히 말하고, 그의 지위를 바빌론에서 포로 생활을 하는 다른 왕들보다 더 높여주었다.

여호야긴이 죄수복을 벗고 죽는 날까지 왕의 식탁에서 식사하며 매일 일정한 양의 물품을 지급받았다.

✳ 200 ✳
다니엘

지혜롭고 총명한 사람이 누구인가?

유다의 여호야김 왕 3년째, 바빌론의 느부갓네살 왕이 예루살렘에 쳐들어와 성을 포위하였다. 주께서 여호야김 왕과 하나님의 성전 기물 가운데서 일부를 느부갓네살의 손에 넘겨주셨다. 그는 그것을 자기 신전으로 가지고 가서 창고에 넣어 두었다.

그때 왕은 아스부나스 환관장에게 명하여, 이스라엘 자손 중에서 능력 있는 소년들을 데려와 바빌론 학문을 3년 동안 가르쳐 왕을 섬기게 하였다. 그들 가운데 다니엘과 하나냐와 미사엘과 아사랴가 있었다. 환관장이 그들에게 새 이름을 지어주었던바, 다니엘은 벨드사살, 하나냐는 사드락, 미사엘은 메삭, 아사랴는 아벳느고라 하였다.

다니엘은 왕이 내린 음식과 포도주로 자신을 더럽히지 않겠다고 다짐하며 환관장에게 간청하였다. 그가 말하였다.

"너희 음식을 정하신 분은 왕이시다. 너희 얼굴이 다른 젊은이들보다 상한 것을 보시면 내 목숨이 위태로울 것이다."

다니엘이 감독관에게 가서 요청하였다.

"우리에게 10일 동안 채소와 물만 먹게 하신 후, 우리의 얼굴빛을 다른 젊은이들과 비교하여 보시기 바랍니다."

그리고 10일 후에 보니, 그들의 얼굴빛이 왕의 음식을 먹은 젊은이들보다 더 윤택하였다. 그래서 왕이 지정한 음식과 포도주를 주지 않고 채소를 계속 먹게 하였다. 하나님은 그들에게 지식을 주시고 문학과 학문에 능통하게 하셨다. 다니엘에게는 환상과 꿈을 해석하는 능력까지 주셨다.

3년의 기간이 끝나자 환관장이 교육받은 젊은이들을 왕 앞으로 데리고 갔다. 그들 가운데 다니엘과 하나냐와 미사엘과 아사랴가 가장 뛰어나 왕을 모시게 되었다. 다니엘은 키루스 왕 원년까지 궁에 있었다.

✳201✳
느부갓네살(2)

하나님은 꿈과 환상으로 말씀하신다

느부갓네살이 꿈을 꾸고 번민하여 잠을 이루지 못했다. 왕이 주술사를 모두 불러 말하였다.

"내가 꾼 꿈을 알지 못해 너무 답답하구나."

"왕의 만수무강을 빕니다. 그 꿈을 말씀하시면 해몽하여 드리겠습니다."

"내 명령은 확고하다. 너희가 그 꿈의 내용과 해몽을 하지 못하면 너희 몸은 토막이 날 것이며, 너희 집은 쓰레기더미가 될 것이다. 그러나 그 꿈의 내용과 해몽을 하면 너희에게 선물과 상과 큰 명예를 주겠다."

"그 일을 왕께 알려드릴 수 있는 사람은 세상에 아무도 없습니다. 일찍이 그 어떤 위대한 왕이나 통치자도 이 같은 일을 물어본 적이 없습니다. 신들이라면 몰라도 아무도 알 수 없습니다."

왕이 크게 화를 내며 바빌론의 지혜로운 자들을 모두 죽이라고 하였다. 다니엘과 그의 친구들도 죽이려고 찾았다. 다니엘이 왕의 시위대 장관 아리옥에게 가서 슬기로운 말로 조심스럽게 물어보았다.

"왕의 명령이 어찌 그리 가혹합니까?"

아리옥이 설명하자 다니엘이 왕에게 가서 아뢰었다.

"왕의 꿈을 알려드릴 시간을 저에게 주십시오."

그리고 다니엘이 하나냐와 미사엘과 아사랴에게 그 사실을 알리며 말하였다.

"우리가 바빌론의 다른 지혜로운 자와 함께 죽지 않도록 하나님께 간구하자."

그날 밤 다니엘이 환상을 보고 그 비밀을 알게 되었다. 하나님을 찬송하고 아리옥에게 가서 말하였다.

"바빌론의 지혜로운 자들을 죽이지 마시고 저를 왕께 데려다 주십시오. 그 꿈을 해몽하겠습니다."

아리옥이 다니엘을 왕 앞으로 급히 데리고 가서 아뢰었다.

"유다 포로 가운데 왕의 꿈을 해몽할 사람을 찾았습니다."

왕이 다니엘에게 물었다.

"너는 내가 꾼 꿈을 말하고 해몽까지 할 수 있느냐?"

"그 비밀은 어떤 지혜로운 자도 왕께 알려드릴 수 없습니다. 오직 하늘에 계시는 하나님뿐이십니다. 왕께서 잠자리에 들어 앞날의 일을 생각하고 계실 때, 하나님께서 앞으로 일어날 일을 알려주신 것입니다. 제가 다른 사람보다 지혜가 더 있어서가 아니라, 왕의 마음속에 있는 생각을 드러내시게 하려는 것입니다.

왕은 거대한 신상을 보셨습니다. 그 신상이 왕 앞에 서 있었는바 크고 빛이 찬란하며 무시무시하였습니다. 신상의 머리는 순금이고, 가슴과 팔은 은이고, 배와 넓적다리는 놋쇠이고, 그 무릎 아래는 쇠이고,

토크 지저스

발의 일부는 쇠이자 진흙이었습니다.

왕이 보시는 동안 아무도 돌을 떠내지 않았으나, 난데없이 돌 하나가 날아와 쇠와 진흙으로 된 그 신상의 발을 쳐서 부서뜨렸습니다. 그때 쇠와 진흙과 놋쇠와 은과 금이 다 부서졌으며, 여름 타작마당의 겨와 같이 바람에 날려 흔적도 찾아볼 수 없게 되었습니다. 그 신상을 친 돌은 큰 산이 되어 온 땅에 가득 찼습니다.

이제 그 꿈을 풀어드리겠습니다. 왕은 왕들 가운데 으뜸가는 왕이십니다. 하늘의 하나님이 왕에게 나라와 권세와 힘과 영광을 주셨습니다. 사람과 들의 짐승과 공중의 새를, 그들이 어디에 있든지 왕의 손에 넘겨주시고, 그 모두를 다스리는 통치자로 세우셨습니다. 왕은 바로 그 금으로 된 머리이십니다.

왕 뒤에는 왕의 나라보다 못한 다른 나라가 일어날 것입니다. 그 뒤에 놋쇠로 된 셋째 나라가 온 땅을 다스릴 것입니다. 넷째 나라는 쇠처럼 강할 것입니다. 쇠는 모든 것을 으깨고 박살 냅니다. 쇠가 모든 것을 부서뜨리는 것처럼, 그 나라는 뭇 나라를 으깨고 부서뜨릴 것입니다.

왕이 보신 발과 발가락의 일부는 토기장이의 진흙이고, 일부는 쇠였던 것처럼 그 나라는 나누어질 것입니다. 그러나 왕이 진흙과 쇠가 함께 있는 것을 보신 것처럼, 그 나라는 쇠처럼 강한 면도 있을 것입니다. 그 발가락의 일부가 쇠이고 일부가 진흙인 것처럼, 그 나라의 일부는 강하고 일부는 쉽게 부서질 것입니다. 왕께서 진흙과 쇠가 함께 있는 것을 보신 것처럼, 그들이 다른 인종과 함께 살 것이지만, 쇠와 진흙이 서로 결합되지 못하는 것처럼, 그들이 결합하지 못할 것입니다.

이 왕들의 시대에 하늘의 하나님이 한 나라를 세우실 것이고, 그 나라는 영원히 망하지 않을 것이며, 다른 백성에게 넘어가지 않을 것입니다. 그 나라가 도리어 다른 모든 나라를 쳐서 멸망시키고 영원히 설 것입니다.

아무도 돌을 떠내지 않았지만, 돌 하나가 난데없이 날아와 쇠와 놋쇠와 진흙과 은과 금을 으깨는 것을 왕이 보신 것은, 위대하신 하나님이 앞으로 일어날 일을 왕께 알려주신 것입니다. 이 꿈은 그대로 이루어질 것이고, 이 해몽도 틀림없습니다."

느부갓네살 왕이 엎드려 절한 후, 많은 예물과 향품을 다니엘에게 주라고 명령하였다. 그리고 말하였다.

"그대의 하나님은 참으로 모든 신 가운데 으뜸가는 신이시요, 모든 왕 가운데 으뜸가는 군주시다. 그대가 이 비밀을 드러낼 수 있었으니, 과연 그대의 하나님은 비밀을 드러내는 분이시다."

왕이 다니엘의 지위를 높이고 바빌론 지역의 통치자와 지혜자의 어른으로 삼았다. 또 다니엘의 요구를 받아들여 사드락과 메삭과 아벳느고를 바빌론 지방의 일을 맡아 다스리게 하였다. 다니엘은 왕의 궁전에 계속 머물렀다.

＊202＊
사드락과 메삭과 아벳느고
하나님이 우리와 함께하신다

느부갓네살 왕이 금으로 신상을 만들어 바빌론 지방의 두라 평지에 세웠다. 높이 27m, 너비 2.7m나 되었다. 전령이 크게 외쳤다.

"모든 백성은 들으시오. 나팔과 피리와 거문고와 사현금과 칠현금과 풍수 등 악기 소리가 들리면 왕이 세운 금 신상 앞에 엎드려 절하시오. 누구든지 거역하는 자는 즉시 불타는 화덕에 던져 넣을 것이오."

어떤 점성가들이 유대인들을 고발하였다.

"왕이여, 왕이 지방 관리로 세우신 사드락과 메삭과 아벳느고가 그 신상에게 절하지 않습니다."

왕이 그들을 불러 물었다.

"사드락과 메삭과 아벳느고는 들어라. 너희가 참으로 내가 세운 신상에게 절하지 않았느냐? 지금이라도 마음을 돌이키면 괜찮다. 그렇지 않으면 즉시 불타는 용광로 속에 던져 넣을 것이다. 어느 신이 너희를 구할 수 있겠느냐?"

"이 일에 대해서는 왕께 드릴 말씀이 없습니다. 비록 불속에 던져져도 우리를 지키시는 하나님이 구해주시고, 왕의 손에서도 구해주실 것입니다. 그리 아니하실지라도, 우리는 왕의 신들을 섬기지도 않고 신상에 절하지도 않을 것입니다."

왕이 얼굴빛을 달리하여 화덕을 보통 때보다 7배나 더 뜨겁게 하라고 명령하였다. 힘센 군인들이 바지와 속옷과 관을 씌운 채 그들을 묶어 화덕 속에 던졌다. 그들을 붙든 사람들이 불꽃에 타서 죽었다. 그때 느부갓네살 왕이 급히 일어나 모사들에게 물었다.

"우리가 묶어 화덕 속에 던진 사람은 셋이 아닌가?"

"그렇습니다. 왕이여."

"그런데 보라! 네 사람이 아니냐? 모두 결박이 풀린 채 화덕 안에서 걸으며 아무 상처도 없다. 더욱이 넷째 사람은 신의 아들과 같다."

왕이 화덕 어귀로 가까이 가서 소리쳤다.

"가장 높으신 하나님의 종, 사드락과 메삭과 아벳느고는 이리 나오라!"

그들이 불 가운데서 나왔다. 지방장관들과 대신들과 총독들과 왕의 측근들이 모여 그들을 보니, 그 몸이 불에 상하지 않고, 머리털도 그을리지 않고, 바지 색깔도 변하지 않고, 불에 탄 냄새도 나지 않았다. 왕이 말하였다.

"사드락과 메삭과 아벳느고를 돌보신 하나님을 찬송하라. 그가 천사를 보내 그의 종들을 구하셨다. 이들은 하나님을 의지하여 자기 몸을 바치면서까지 왕의 명령을 거역하고, 하나님 외에는 그 어떤 신도 섬기지 않았다.

이제 내가 조서를 내린다. 민족과 언어가 다른 뭇 백성은, 사드락과 메삭과 아벳느고의 하나님을 두고 경솔히 말하는 일이 없도록 하라. 이 명령을 어기면 그 몸이 조각날 것이며, 집이 쓰레기더미가 될 것이다."

왕이 그들을 바빌론 지방에서 번영을 누리며 살게 하였다.

✳203✳
벨드사살

정직한 자의 성실은 자기를 인도한다

느부갓네살 왕이 꿈을 꾸고 말하였다.

"벨드사살아, 네 안에 거룩한 신들의 영이 있으니 어떤 비밀도 네게는 어렵지 않을 줄 안다. 내가 꾼 꿈을 해몽하라. 내가 침대에 누웠을 때, 내 머릿속에 나타난 환상은 이러하다.

땅의 중앙에 아주 높고 큰 나무가 있었다. 그 나무가 점점 자라 튼튼하게 되고 그 높이가 하늘에 닿으니, 땅끝에서도 그 나무를 볼 수 있었다. 나무는 잎이 무성하여 아름답고, 열매는 온 세상이 먹고도 남을 만큼 풍성하였다. 들짐승이 그 그늘 아래에서 쉬고, 나뭇가지에는 하늘의 새들이 깃들고, 모든 생물이 그 나무에서 먹이를 얻었다.

내가 침대 위에서 내 머릿속에 나타난 환상을 또 보니, 거룩한 감시자가 하늘에서 내려와 큰소리로 외치며 명령하였다.

'이 나무를 베고 가지를 꺾고, 잎사귀를 떨고 열매를 헤쳐라. 나무 밑에 있는 짐승들을 쫓아버리고, 가지에 깃든 새들을 쫓아내어라. 다만 뿌리의 그루터기만 땅에 남겨두고, 쇠줄과 놋줄로 동이고 들풀 속에 버려두라. 하늘의 이슬에 젖게 하고, 땅의 풀 가운데서 들짐승과 함께 어울리게 하라. 그의 마음이 변하여 사람의 마음과 같지 않고, 짐승의 마음을 가지고 일곱 때를 지낼 것이다.

이는 감시자들이 명령한 것이며, 거룩한 이들이 말한 것이다. 가장 높으신 분이 인간의 나라를 지배하신다는 것과, 뜻이 맞는 사람에게 나라를 주신다는 것과, 가장 낮은 사람을 그 위에 세우신다는 것을 사람들이 알도록 하려는 것이다.'

나 느부갓네살 왕이 이런 꿈을 꾸었으니, 너 벨드사살은 이 꿈을 해몽하라. 내 나라의 모든 지혜로운 자가 그 꿈을 해몽하여 나에게 알려주지 못했으나, 너는 네 안에 거룩한 신들의 영이 있으니 할 수 있을 것이다."

왕의 말이 끝나자 벨드사살이라는 다니엘이 한동안 놀라서 몹시 당황하였다. 왕이 말하였다.

"벨드사살아, 이 꿈과 그 해몽이 어떠하든지 번민하지 마라."

"왕이여, 그 나무는 바로 왕이십니다. 왕의 강대함이 하늘에 닿았고, 왕의 통치가 땅끝까지 이르렀습니다. 왕이 사람에게서 쫓겨나 들짐승과 함께 사시며, 소처럼 풀을 뜯고, 하늘에서 내리는 이슬에 젖을 것입니다.

이렇게 일곱 때가 지난 후, 왕은 비로소 가장 높으신 분이 인간의 나라를 다스리신다는 것과, 누구든지 그의 뜻에 맞는 사람에게 나라를 주신다는 것을 깨달을 것입니다. 또 나무뿌리의 그루터기를 남겨두라고 명령하신 것은, 하나님이 세상을 다스리신다는 것을 왕이 깨달은 후에야 왕의 나라가 굳게 선다는 뜻입니다.

그러므로 왕은 제 조언을 받아주시기 바랍니다. 공의를 행하여 왕의 죄를 속하시고, 가난한 백성에게 자비를 베풀어 죄를 속하시기 바랍니다. 그렇게 하시면 왕의 영화가 지속될 수 있을지도 모릅니다."

이 일이 느부갓네살 왕에게 그대로 일어났다. 그가 사람 사는 세상에서 쫓겨나 소처럼 풀을 뜯어 먹었으며, 몸은 하늘에서 내리는 이슬에 젖었고, 머리카락은 독수리의 깃털처럼 자랐으며, 손톱은 새의 발톱같이 자랐다.

그가 정신을 찾았을 때 명예와 위엄과 나라의 영화가 회복되었고, 고문관들과 대신들이 찾아왔으며, 이전보다 더 큰 영예를 받으며 왕위를 회복하였다.

✶204✶

벨사살

교만하면 패망하고 거만하면 넘어진다

벨사살 왕이 손님 1,000명을 불러 큰 잔치를 베풀고, 그의 아버지 느부갓네살 왕이 예루살렘 성전에서 가져온 금 그릇과 은 그릇으로 왕과 손님들과 왕비들과 후궁들이 술을 마셨다. 그리고 금과 은과 동과 철과 나무와 돌로 만든 신들을 찬양하였다.

그때 갑자기 사람의 손이 나타나 촛대 앞에 있는 왕궁 석고벽에 글을 쓰기 시작하였다. 왕이 글 쓰는 손가락을 보고 있었다. 왕의 얼굴빛이 창백하더니 공포에 사로잡혀 무릎을 서로 부딪치며 떨었다. 왕이 큰 소리로 주술사와 점성술사와 점성가를 불러오게 하였다.

"누구든지 이 글을 읽고 그 뜻을 알려주는 사람은 자색옷을 입히고, 금목걸이를 목에 걸어주며, 이 나라에서 셋째 가는 통치자로 삼겠다."

왕궁의 지혜로운 자들이 모두 나왔으나 아무도 그 글을 읽는 사람이 없었고, 그 뜻을 알려주는 사람도 없었다. 왕이 크게 낙심하여 얼굴빛이 변하였고 손님들도 당황하였다. 그때 왕의 어머니가 듣고 연회장으로 들어와 말하였다.

"왕의 만수무강을 빕니다. 왕은 너무 번민하지 마시고 얼굴에서 근심을 떨쳐버리시기 바랍니다. 왕의 나라에 거룩한 신들의 영을 받은 사람이 있습니다. 그는 왕의 아버지 때 명철과 총명과 신들의 지혜와 같은 지혜를 가진 것으로 알려진 인물입니다.

왕의 아버지 느부갓네살 왕은 그를 마술사와 주술사, 점성술사, 점성가의 우두머리로 세우셨습니다. 그의 이름은 다니엘입니다. 그에게는 탁월한 정신과 지식과 꿈을 해몽하는 총명이 있어 수수께끼도 풀었고, 어려운 문제도 다 해결하였습니다.

느부갓네살 왕은 그의 이름을 벨드사살이라고 부르셨습니다. 이제 다니엘을 불러보십시오. 그가 그 글을 풀어 왕께 알려드릴 것입니다."

다니엘이 오자 왕이 물었다.

"그대가 바로 나의 부왕께서 유다에서 데려온 포로 가운데 다니엘이란 사람이오? 나는 그대의 이야기를 들었소. 그대에게는 신들의 영이 있고, 명철과 총명과 탁월한 지혜가 있다고 들었소.

내가 지혜로운 자들과 주술사들을 불러 이 글을 읽고, 내 앞에서 뜻을 알아내라고 하였으나 풀지 못하였소. 나는 그대가 이 글을 해석할 수 있고, 어려운 문제도 풀 수 있다고 들었소.

지금 이 글을 읽고 뜻을 풀어주면, 그대에게 자색옷을 입히고, 금목걸이를 걸어주고, 이 나라에서 셋째 가는 통치자로 삼겠소."

"왕이 주시겠다는 선물은 거두시고, 왕이 내리실 상급은 다른 사람에게 주시기 바랍니다. 그러나 저는 이 글과 뜻을 왕께 풀어드리겠습니다.

왕이여, 가장 높으신 하나님이 왕의 아버지 느부갓네살 왕께 나라와 권세와 영광과 위엄을 주셨습니다. 부친은 사람을 죽이기도 하고 살리기도 하였으며, 사람을 높이기도 하고 낮추기도 하셨습니다. 그러나 마음이 높아지고 생각이 거만하여 교만하게 행동하시다가, 왕위에서 쫓겨나 명예를 잃으신 일이 있었습니다.

사람 사는 세상에서 쫓겨나 들짐승처럼 되었던바, 들나귀와 함께 살았으며, 소처럼 풀을 뜯었고, 몸은 하늘에서 내리는 이슬로 젖었습니다. 그때 비로소 가장 높으신 하나님이 인간의 나라를 다스리시고, 하나님의 뜻에 맞는 사람을 그 자리에 세우시는 줄 깨닫게 되었습니다.

이제 그 아드님이신 벨사살 왕은 이 모든 일을 아시면서도 마음을 겸손하게 낮추지 않으시고, 하늘의 왕이시자 주이신 분을 거역하시고, 스스로를 높이시며, 하나님의 성전에 있던 그릇들을 가져오게 하여, 왕과 손님들과 왕비들과 후궁들이 그것으로 술을 마시게 하셨습니다.

그리고 왕은 보거나 듣거나 알지도 못하는, 금과 은과 동과 철과 나무와 돌로 만든 신들은 찬양하시면서도, 왕의 호흡과 모든 길을 주장하시는 하나님께 영광을 돌리지 않으셨습니다.

그러므로 하나님이 손을 보내 이 글을 쓰게 하신 것입니다. 기록된 글은 바로 '메네 메네 데겔'과 '바르신'입니다. 그 글을 해석하면 이러합니다.

'메네'는 하나님이 이미 왕의 시대를 계산하여 끝나게 하셨다는 것이고, '데겔'은 왕이 저울에 달려 부족함이 드러났다는 것이며, '바르신'은 왕의 나라가 둘로 나뉘어 메디아와 페르시아 사람에게 넘어갔다는 뜻입니다."

벨사살이 명령을 내려 다니엘에게 자색옷을 입히고 금목걸이를 걸어주었으며, 그 나라에서 셋째 가는 통치자로 삼았다.

그날 밤 바빌론의 벨사살 왕은 살해되었고, 메디아의 다리우스가 나라를 차지하였다.

다리우스(1)

하나님을 아는 것이 지식의 근본이다

다리우스가 지방 장관 120명을 두고, 그 위에 총리 3명을 두었다. 그 가운데 다니엘이 가장 우수하여 왕이 통치자로 세우려고 하였다. 그들이 다니엘의 실책이나 허물을 찾으려고 애썼으나, 워낙 임무에 충실하여 아무런 약점이 없었다.

"다니엘이 믿는 신의 법을 문제 삼지 않고는 고발할 구실을 찾을 수 없다."

총리들과 방백들이 왕에게 나아가 아뢰었다.

"왕이여, 만수무강하시길 빕니다. 이 나라 총리들과 대신들과 지방 장관들과 고문관들과 총독들이 모두 의논한 바가 있습니다. 왕이 한 법을 만들어 금령을 내려주시길 바랍니다.

그 법은 다름이 아니라, 앞으로 30일간 왕 외에 다른 신이나 사람에게 무엇을 구하는 자는 누구든지 사자 굴에 집어넣는 것입니다. 이제 금령을 세우시고 그 문서에 왕의 도장을 찍어, 메디아와 페르시아의 법에 따라 다시 고치지 못하게 하십시오."

다리우스 왕이 금령의 문서에 도장을 찍었다. 다니엘은 그 사실을 알고도 자기 집에 돌아가 다락방으로 올라갔다. 그 방은 예루살렘으로 창문이 나 있었다.

그는 늘 하듯이 하루에 3번씩 하나님께 무릎을 꿇고 기도하였다. 다니엘을 모함하는 사람들이 들이닥쳐 그 모습을 목격하였다. 그들이 왕에게 나아가 금령을 상기시키며 고발하였다.

"왕이여, 왕이 금령에 도장을 찍으시고, 앞으로 30일간 왕 외에 다른 신에게 무엇을 구하는 사람은 누구든지 사자 굴에 던지기로 하셨지 않습니까?"

"그렇다! 그 일은 고칠 수 없다. 메디아와 페르시아의 법에 따라 확정된 것이다."

"왕이여, 유다에서 잡혀 온 다니엘이 왕을 무시하고, 또 왕의 도장이 찍힌 금령도 무시하며, 하루에 3번씩 기도하고 있습니다."

왕이 몹시 번민하며 다니엘을 구하려고 해질 때까지 온갖 노력을 기울였다. 그들이 다가와 말하였다.

"왕이여, 메디아와 페르시아의 금령은 바뀔 수 없음을 기억하시기 바랍니다."

왕이 명령을 내리자 그들이 다니엘을 끌어다 사자 굴에 던져 넣었다. 왕이 다니엘에게 말하였다.

"그대가 늘 섬기는 하나님이 그대를 구하여 주시길 바라오."

사람들이 돌을 굴려다가 어귀를 막고, 왕이 그 위에 자기의 도장과 귀인들의 도장을 찍어 봉하였다. 왕이 궁전에 돌아가 뜬눈으로 밤을 지새우며 먹지도 않고 마시지도 않았다. 즐거운 일은 아무것도 하지 못하게 하였다.

다음날 동이 틀 때 왕이 일어나 사자 굴로 갔다. 왕이 슬픈 목소리로 외치며 다니엘에게 말하였다.

"살아계신 하나님의 종 다니엘은 들으시오, 그대가 늘 섬기는 하나님이 그대를 사자들로부터 구해주셨소?"

"왕의 만수무강을 빕니다. 하나님이 천사를 보내 사자들의 입을 봉한바 저를 해치지 못했습니다. 이는 하나님 앞에서 저에게 죄가 없음이 입증된 것입니다. 왕이여, 저는 왕께도 죄를 짓지 않았습니다."

왕이 매우 기뻐하며 다니엘을 굴에서 끌어 올리라고 명령하였다. 그리고 다니엘을 모함한 사람들과 그 자식들과 아내들을 사자 굴에 던져 넣었다. 그들이 바닥에 닿기도 전에 사자들이 달려들어 그 뼈까지 부서뜨렸다. 왕이 전국에 사는 민족과 언어가 다른 뭇 백성에게 조서를 내렸다.

"내 백성에게 평화가 넘치기를 바란다. 내가 새 법령을 공포한다. 내 나라에서 나의 통치를 받는 모든 백성은 반드시 다니엘이 섬기는 하나님을 공경해야 한다. 살아계신 하나님이 영원히 다스리신다. 그의 나라는 멸망치 않고 권세는 무궁하시다. 그는 구원하기도 하시고 건져내기도 하시며, 하늘과 땅에서 표적과 기적을 행하시는 분으로 다니엘을 사자의 입에서 구해주셨다."

다니엘은 메디아 다리우스 왕의 시대와 페르시아 키루스 왕의 시대까지 살면서 여러 가지 환상을 보고 해석하였다.

＊206＊
와스디

주님께 순종하듯 남편에게 순종하라

인도에서부터 에티오피아까지 127개의 도를 다스린 페르시아 제국의 아하수에로(크세르크세스) 황제가, 즉위한 지 3년 만에 수산 궁에서 성대한 잔치를 베풀었다.

토크 지저스

모든 신하와 고위 관리, 메디아와 페르시아의 군 지휘관과 각 도의 총독과 귀족들을 초대하였다. 꼬박 6개월 동안 계속된 잔치에서 황제는 부강한 자기 제국의 화려함과 위엄을 과시하였다.

잔치가 끝나자 황제는 수산 성에 사는 모든 일반 백성을 위해 궁전 뜰에서 7일 동안 또 잔치를 베풀었다. 뜰에는 흰 휘장과 푸른 휘장이 쳐져 있었고, 자색 베 줄로 대리석 기둥의 은 고리에 매여 있었다. 금과 은으로 만든 긴 의자들이 검고 붉고 희고 노란 대리석이 깔린 뜰에 놓여 있었다.

황제는 황실의 술을 한없이 내놓아 모든 사람에게 모양이 각기 다른 금 술잔으로 마시게 하였으며, 황실 관리에게 명령하여 손님들에게 술을 억지로 권하지 말고 자유롭게 마실 수 있도록 하였다.

황후 와스디도 황실에 있는 여자들을 위해 잔치를 베풀었다. 잔치 마지막 날에 황제가 얼큰하게 취하자 기분이 좋았다. 시중드는 일곱 내시를 불러 황후 와스디에게 면류관을 씌워 데려오라고 하였다. 황후가 아름다워 잔치에 모인 사람들에게 그 미모를 자랑하고 싶었기 때문이다.

황후가 내시들의 말을 듣고 거절하자 황제는 화가 나서 견딜 수 없었다. 당시 황제는 법적 문제에 대하여 전문가들에게 물어보는 것이 상례였다. 법률 담당 자문관 7명을 불렀다. 그들은 페르시아 제국에서 가장 높은 지위를 가진 사람들이었다.

"황후 와스디는 내시들을 통해 전한 이 아하수에로 황제의 명령에 복종하지 않았다. 이럴 경우 어떻게 하면 좋겠느냐? 법에서는 무엇이라 규정하고 있느냐?"

그들 가운데 므무간이 대답하였다.

"황후는 황제에게만 잘못한 것이 아니라 황제께서 다스리시는 각 도의 모든 귀족들과 백성에게도 잘못하였습니다. 황후가 행한 일이 제국 안의 모든 부인들에게 알려지면, 그들이 남편을 무시하며 대꾸할 것입니다.

'아하수에로 황제가 와스디 황후에게 오라고 명령해도 황후는 가지 않았어요.'

오늘이라도 페르시아와 메디아의 귀부인들이 황후가 행한 일을 들으면, 그 남편에게 이런 식으로 대하며 멸시할 것이고, 남편들은 분노를 느낄 것입니다.

그러므로 황제 폐하께서 좋게 여기신다면, 칙령을 내려 와스디를 다시는 황제 앞에 나타나지 못하게 하고, 그것을 페르시아와 메디아의 국법으로 정하여 변경할 수 없게 하며, 황후의 위를 그보다 나은 사람에게 주십시오. 황제의 칙령이 이 광대한 제국 곳곳에 발표되면, 빈부귀천을 막론하고 모든 부인들이 자기 남편을 존경할 것입니다."

황제와 자문관들이 이를 선히 여겼으며, 황제는 므무간의 조언에 따라 각 민족의 언어로 모든 도에 칙령을 내렸다.

"남편은 가장의 권위를 가지고 자기 집안을 다스리라."

그 후 황제는 분노가 가라앉자, 와스디가 행한 일과 자기가 내린 칙령을 곰곰이 생각하였다. 자문관들이 말하였다.

"아름다운 처녀를 찾아보는 것이 어떻겠습니까? 황제 폐하께서 전국 각 도의 관리들에게 명하여 아름다운 처녀들을 수산 궁으로 불러오게 하고, 그들을 궁녀 담당 내시 헤개에 맡겨 그 몸을 아름답게 가꾼 후, 황제께서 제일 마음에 드는 여자를 와스디 대신 황후로 삼으십시오."

황제가 이 제안을 기쁘게 받아들여 즉시 실행하게 하였다.

＊207＊
에스더

한 사람의 순종으로 많은 사람이 의롭게 된다

수산 성에 모르드개라는 유대인이 있었다. 그는 베냐민 지파 사람으로 야일의 아들이었다. 바빌론의 느부갓네살 왕이 유다의 여호야긴 왕과 백성을 예루살렘에서 포로로 잡아갈 때, 모르드개도 함께 잡혀갔다. 그에게 하닷사라는 사촌누이 에스더가 있었다. 그녀는 얼굴이 곱고 몸매가 날씬하며 아름다운 처녀였다. 그 부모가 죽자 모르드개가 자기 딸처럼 키웠다.

황제의 칙령이 반포되자 많은 처녀들이 수산 성에 모여들었다. 이때 에스더도 황궁으로 가서 궁녀 담당 내시 헤개의 지시를 받았다. 헤개는 에스더를 좋게 보고 호의를 베풀어 즉시 화장품과 좋은 음식을 주었으며, 황궁에서 뽑은 7궁녀를 주어 시중들게 하고 가장 좋은 별궁으로 옮겼다.

에스더는 자신이 유대인이라는 사실을 아무에게도 말하지 않았다. 모르드개가 단단히 일러두었기 때문이다. 모르드개는 날마다 후궁 뜰 앞을 오가며 에스더가 어떻게 지내는지, 또 무슨 일이 일어나는지 알아보려고 하였다.

처녀들이 아하수에로 황제 앞에 나갈 때는 먼저 1년 동안 몸치장을 하였다. 6개월 동안 몰약 기름을 몸에 바르고, 나머지 6개월은 향료와 화장품으로 몸을 아름답게 가꾸었다. 그리고 차례대로 한 사람씩 황제 앞으로 나아갔다.

처녀가 황궁으로 갈 때는 원하는 의복과 장식물을 얼마든지 주었다. 저녁에 황제에게 갔다가 다음 날 아침에 후궁으로 돌아와 담당 내시 사아스가스의 통제를 받았다. 황제가 그녀를 다시 부르지 않으면 평생 거기서 살았다.

마침내 아비하일의 딸이자 모르드개의 사촌 에스더가 황제 앞에 나갈 차례가 되었다. 에스더는 궁녀 담당 내시 헤개가 지시한 것 외에 다른 것으로 치장하지 않았으나, 모든 사람에게 호감을 주었다.

아하수에로 황제 7년 10월, 에스더가 황궁으로 들어가 황제 앞에 나아갔다. 황제는 다른 여자들보다 에스더를 더욱 좋아하고 사랑한 바, 면류관을 씌우고 와스디 대신 황후로 삼았다. 그리고 에스더를 위해 큰 잔치를 베풀어 모든 대신들과 신하들을 초대하였고, 그날을 임시 공휴일로 지정하여 각 도에 하사품을 보냈다.

황제가 2번째 처녀들을 불러 모았을 때, 모르드개는 정부 관리가 되어 궁궐 문 앞에 앉아있었다. 에스더는 모르드개의 지시대로 자기가 유대인이라는 사실을 아무에게도 말하지 않았다. 어릴 때부터 모르드개의 말에 순종하였다.

어느 날 모르드개가 궁궐 문 앞에 앉았을 때, 문을 지키는 내시 빅단과 데레스가 황제에게 원한을 품고, 그를 살해하려고 모의하는 것을 듣게 되었다. 모르드개가 황후 에스더에게 그 사실을 알려주었으며, 에스더는 황제에게 보고하였다. 황제가 진상을 조사하여 사실임을 확인하고 두 사람을 나무에 매달아 처형시켰으며, 이 일은 궁중 일기에 기록되었다.

하만(1)

원수된 것을 십자가로 소멸하셨다

아하수에로 황제가 아각 사람 함므다다의 아들 하만의 지위를 높여 국무총리로 임명하였다. 궁전 안에 있는 황제의 모든 신하들이 하만이 지나갈 때마다 정중하게 무릎을 꿇고 절하였다. 그러나 모르드개는 하만에게 무릎도 꿇지 않고 절도 하지 않았다. 다른 신하들이 모르드개에게 물었다.

"너는 어찌하여 황제의 명령에 복종하지 않느냐?"

그들이 날마다 순종하라고 권했으나, 그는 유대인임을 밝히고 끝까지 거절하였다. 그 일이 하만에게 보고되었다. 하만은 모르드개가 자기에게 무릎을 꿇지 않고, 절하지 않는 것을 보고 화가 머리끝까지 치밀어 올랐다. 더욱이 모르드개가 유대인이라는 말을 듣고, 그는 모르드개만 죽일 것이 아니라, 페르시아 제국 안에 있는 모든 유대인을 몰살시키기로 결심하였다.

아하수에로 황제 12년 1월, 하만은 명령을 내려 자기 계획을 수행할 가장 좋은 때를 제비뽑기로 정하도록 하였다. 그 날짜는 그해 12월 13일로 결정되었다. 하만이 황제에게 말하였다.

"황제의 제국 안에 한 민족이 여러 도에 흩어져 살고 있습니다. 그들의 법은 다른 민족의 법과 달라서 황제의 법령을 지키지 않고 있습니다. 그들을 내버려둔다면 황제 폐하께 유익하지 못할 것입니다. 폐하께서 좋게 여기신다면 조서를 내려 그들을 모조리 죽여 버리십시오. 제가 그 일을 수행하는 사람들을 위해 은 340톤을 국고에 들여놓겠습니다."

황제가 인장 반지를 뽑아 하만에게 주며 명하였다.

"그 은은 그대가 갖고, 이 민족도 네가 좋을 대로 처리하라."

1월 13일, 하만이 서기관들을 소집하여 대신들과 각도의 총독과 모든 관리들에게 보낼 조서를 쓰게 하고, 각 지방과 민족의 말로 번역하여 황제의 인장 반지로 인을 쳤으며, 전국 각처에 사람을 보내 그 조서를 공포하였다. 그 내용은 12월 13일 하루 동안 유대인을 모조리 죽이고, 그 재산을 약탈하라는 것이었다.

아울러 조서 초본의 내용을 전국 각 도의 법령으로 공포하여, 모든 민족에게 그날을 준비하라고 하였다. 수산 성에도 그 조서가 공포되어 혼란과 불안 속에 휩싸여 있었다. 황제와 하만은 함께 앉아 술을 마시고 있었다.

209

모르드개(1)

죽음이 그들을 피하여 달아날 것이다

모르드개가 하만의 음모를 알고, 자기 옷을 찢은 후 삼베옷으로 갈아입었다. 티끌을 머리에 뒤집어쓰고 대성통곡하며, 성 가운데를 지나 궁전 문 앞까지 가서 멈춰 섰다. 삼베옷을 입은 사람이 궁전으로 들어갈 수 없었기 때문이다. 전국 각 도에 황제의 조서가 공포되자, 유대인들이 크게 통곡하고 금식하며 울부짖었다. 수많은 사람들이 삼베옷을 입고 재에 뒹굴었다.

에스더의 시녀들과 내시들이 모르드개에 관한 일을 전하였다. 에스더가 크게 근심하며 갈아입을 옷을 보냈으나 그는 거절하였다. 에스더가 황제의 내시 하닥을 불러 그 일을 자세히 알아보라고 지시하였다. 모르드개는 자기에게 일어난 일과, 하만이 유대인들을 몰살시키기 위해 국고에 들여놓겠다고 약속한 돈의 정확한 액수까지 하닥에게 말해주었다.

그리고 유대인을 몰살하라고 수산 성에 내린 조서 사본을 하닥에게 주었다. 이 모든 상황을 황후에게 설명하고, 에스더가 황제에게 가서 자기 민족을 구해달라는 간청을 하라고 부탁하였다. 하닥이 모르드개가 한 말을 에스더에게 전하였다. 에스더는 다시 가서 말하라고 일러주었다.

"황제의 신하들과 백성이 다 아는 일이지만, 황제의 부름 없이 안뜰에 나가면 누구든지 죽임을 당하게 됩니다. 황제가 금 홀을 내밀어야 살 수 있습니다. 황제가 저를 부르지 않은 지 30일이나 되었습니다."

그가 에스더의 말을 전하자 모르드개가 회답을 보냈다.

"네가 황궁에 있다고 해서 유대인들 가운데 혼자만 살아남을 줄로 생각하지 마라. 이런 때에 네가 말없이 가만히 있으면 우리 유대인은 다른 방법으로 구원을 받겠지만, 너와 네 집은 망하게 될 것이다. 네가 황후가 된 것이 이때를 위한 것인지 누가 아느냐?"

에스더가 모르드개에게 다시 회답을 보냈다.

"수산 성의 모든 유대인을 모아 먹지도 말고 마시지도 말며, 저를 위해 밤낮 3일을 금식하고 기도해주세요. 저도 시녀들과 함께 금식하겠습니다. 금식 기간이 끝나면 제가 법을 어기는 한이 있더라도 황제에게 나아가겠습니다. 그 일로 죽어야 한다면, 제가 기꺼이 죽겠습니다."

모르드개가 에스더의 말을 다 수행하였다.

✳ 210 ✳
하만(2)
너의 교만이 너를 속이고 있다

3일을 금식한 후, 에스더가 황후의 예복을 입고 황궁 안뜰에 나아가 섰다. 황제는 옥좌에 앉아 황궁 문 쪽을 바라보다가 뜰에 에스더가 서 있는 것을 보고, 사랑스럽게 여겨 손에 들고 있던 금 홀을 쭉 내밀었다. 에스더가 가까이 가서 그 홀의 끝을 만지자 황제가 말하였다.

"에스더 황후, 무슨 일이오? 당신의 소원이 무엇인지 말해 보시오. 내가 나라의 절반이라도 당신에게 주겠소!"

"제가 황제를 위해 오늘 잔치를 마련하였습니다. 폐하께서 좋게 여기신다면 하만과 함께 참석해 주십시오."

황제가 에스더의 잔치에 참석할 수 있도록 하만을 급히 부르라고 명령하였다. 그리고 하만과 함께 에스더의 잔치에 참석하였다. 그들이 술을 마실 때, 황제가 다시 에스더에게 물었다.

"당신의 소원이 무엇인지 말해 보시오. 내가 다 들어주겠소. 나라의 절반을 요구해도 내가 허락하겠소."

"황제 폐하께서 저를 좋게 여겨 제 요구를 기쁘게 들어주고 싶으시다면, 하만과 함께 내일도 제가 베푸는 잔치에 나오십시오. 그때 제 소원을 말씀드리겠습니다."

하만이 잔치 자리를 떠날 때 무척 기분이 좋았지만, 모르드개가 궁궐 문 앞에서 일어나지도 않고, 조금도 두려운 기색 없이 그대로 앉은 것을 보고 화가 치밀어 올랐다. 그러나 분노를 참고 집으로 돌아가 자기 친구들과 아내 세레스를 불렀다. 그리고 자신의 부귀와 여러 자녀와 황제가 그 누구보다도 높은 지위를 준 일들을 자랑하며 말하였다.

"어디 이뿐이겠는가? 에스더 황후가 베푼 잔치에 황제와 함께 초대받은 사람은 나 하나밖에 없었으며, 황후가 내일도 황제와 함께 오라고 초대하였다. 그러나 유대인 모르드개가 궁궐 문 앞에 앉은 것을 보는 한, 이 모든 일에도 만족할 수가 없다."

그의 아내 세레스와 그의 친구들이 '23m 높이의 교수대를 세우고, 다음 날 아침 황제에게 부탁하여 모르드개를 처형시킨 후, 황제와 함께 기쁜 마음으로 잔치에 나가라.'고 조언하였다. 하만은 그것을 좋게 여겨 교수대를 만들었다.

✳ 211 ✳
모르드개(2)
마음이 겸손하면 영예를 얻을 것이다

황제가 잠이 오지 않아 신하들에게 궁중 일기를 가져와 읽으라고 하였다. 궁궐 문을 지키던 두 내시 빅다나와 헤레스가 자기를 살해하려고 모의하였으나, 모르드개가 알고 고발한 사실이 기록되어 있었다.
황제가 물었다.

"이 일에 대하여 모르드개에게 무슨 상을 주었느냐?"

"아무 상도 주지 않았습니다."

"뜰에 누가 있느냐?"

그때 하만이 자기가 만든 교수대에 모르드개를 처형시키려고, 황제의 허락을 받기 위해 궁궐 바깥뜰에 들어섰다. 하만이 황제를 알현하기 위해 뜰에 서 있다고 신하들이 대답하였다. 황제가 그를 들여보내라고 하였다. 하만이 들어가자 황제가 물었다.

"내가 영예를 주고 싶은 사람에게 어떻게 하면 좋겠느냐?"

하만은 황제가 영예를 주고 싶은 사람이 자기 외에는 없으리라 생각하고 대답하였다.

"황제의 예복과 말과 왕관을 가져오라고 하여, 황제께서 가장 귀히 여기시는 신하가 그에게 예복을 입히고, 그를 말에 태워 성안 거리로 다니게 하시며, 그 신하에게 '황제가 영예를 주고 싶은 사람에게는 이렇게 할 것이다!'라고 그 앞에서 외치게 하십시오."

황제가 하만에게 명령하였다.

"너는 급히 내 예복과 말을 가져다가, 궁궐 문 앞에 있는 유대인 모르드개에게 네가 한 말을 하나도 빠짐없이 시행하라."

하만이 황제의 예복을 모르드개에게 입히고, 그를 황제의 말에 태워 성안 거리로 다니며, 그 앞에서 '황제가 영예를 주고 싶은 사람에게는 이렇게 할 것이다!'라고 외쳤다.

그리고 모르드개는 다시 궁궐 문으로 돌아가고, 하만은 창피해서 얼굴을 들지 못한 채 머리를 싸매고, 급히 집으로 돌아갔다. 그가 자기 아내 세레스와 모든 친구들에게 자신이 당한 일을 말하였다.

토크 지저스

그의 아내와 친구들 가운데 지혜로운 자들이, 모르드개가 정말 유대인이라면 하만이 굴욕을 당하기 시작한 것이며, 그가 계속 모르드개를 대적하면 결국 파멸할 것이라고 일러주었다. 그들의 말이 채 끝나기도 전에 황제의 내시들이 와서 하만을 에스더 잔치에 급히 데리고 갔다.

✳ 212 ✳
하만(3)
악인의 욕망은 헛되이 꺾일 것이다

황제와 하만이 에스더의 잔치에 다시 참석하였다. 그들이 술을 마실 때 황제가 다시 물었다.

"에스더 황후, 당신의 소원이 무엇인지 말해 보시오. 내가 들어주겠소. 나라의 절반을 요구해도 내가 허락하겠소."

"제가 황제의 총애를 받았다면, 또 폐하께서 기쁘게 여기신다면, 저와 제 민족의 생명을 구해주소서. 이것이 제 소원이며 간청입니다. 저와 제 백성이 우리를 죽이려는 자들의 손에 팔려 전멸을 당하게 되었습니다. 우리가 노예로 팔렸다면 제가 황제 폐하를 성가시게 하지 않고 침묵하였을 것입니다."

"감히 그런 음모를 꾸민 자가 누구요? 그놈이 어디 있소?"

"우리를 죽이려는 악한 원수는 바로 이 하만입니다."

순간 새파랗게 질린 하만은 황제와 황후 앞에서 벌벌 떨기 시작하였다. 황제가 격분하여 자리에서 벌떡 일어나 궁전 정원으로 나갔다. 하만은 황제가 자기를 죽이기로 결심한 것을 알고, 황후 에스더에게 목숨을 살려달라고 애걸하였다. 황제가 정원에서 돌아와 보니, 하만이 에스더가 기대고 있는 긴 의자에 엎드려 있었다. 황제가 외쳤다.

"저놈이 궁중에서 나와 함께 있는 황후까지 강간하려 드는구나!"

황제의 말이 떨어지기가 무섭게 내시들이 달려와 하만의 얼굴을 보자기로 쌌다. 그때 내시 하르보나가 황제에게 말하였다.

"황제의 살해 음모를 고발한 모르드개를 처형하려고, 하만이 자기 집 뜰에 23m 높이의 교수대를 만들어 놓았습니다."

황제가 명령하였다.

"하만을 그 교수대에 매달아 처형하라!"

그들이 모르드개를 죽이려고 만든 그 교수대에 하만을 매달아 죽였다. 그제야 황제의 분노가 가라앉았다.

＊213＊
아하수에로
하나님께는 불가능한 일이 없다

아하수에로 황제가 유대인의 원수 하만의 재산을 몰수하여 황후 에스더에게 주었다. 에스더가 모르드개의 친척임을 황제에게 말하였던바, 그때부터 모르드개는 황제 앞에 나아갈 수 있게 되었다. 황제는 하만에게 주었던 인장 반지를 모르드개에게 주었으며, 에스더는 그에게 하만의 재산을 관리하도록 하였다.

에스더가 다시 황제의 발 앞에 엎드려 눈물을 흘리며, 아각 사람 하만이 유대인을 죽이려고 꾸민 악한 음모가 수포로 돌아가게 해달라고 애원하였다. 황제는 에스더에게 금 홀을 내밀었다. 에스더가 일어나 황제 앞에 서서 말하였다.

"황제 폐하께서 좋게 여기시고, 또 저를 사랑하신다면, 칙령을 내려 아각 사람 함므다다의 아들 하만이 황제의 제국 안에 있는 모든 유대인을 전멸시키려고 쓴 조서를 취소시켜 주십시오. 제가 어떻게 제 민족이 처참하게 죽임을 당하며 멸망하는 것을 볼 수 있겠습니까?"

아하수에로 황제가 황후 에스더와 유대인 모르드개에게 말하였다.

"유대인을 죽이려던 하만은 교수대에서 처형되었고, 나는 그 재산을 몰수하여 황후에게 주었소. 하지만 황제의 이름을 쓰고 황제의 반지로 인을 친 조서는 취소할 수 없도록 되어 있소. 그러므로 당신들은 황제의 이름으로 유대인들에게 마음대로 조서를 써서 황제의 반지로 인을 치시오."

그래서 3월 23일, 즉시 궁중 서기관들이 소집되었다. 그들은 인도에서 에티오피아까지 127도의 모든 유대인들과 총독들과 대신들과 관리들에게 보낼 조서를 모르드개가 불러주는 대로 받아썼다. 각 지방과 민족의 언어와 유대인의 말로 기록되었다. 그리고 조서에 아하수에로 황제의 이름을 쓰고 황제의 인장 반지로 인을 쳤으며, 황제를 위해 특별히 기른 준마 타는 자들을 시켜 전국 각처에 전하도록 하였다.

그 조서에는 황제가 각 성에 사는 유대인들에게 서로 단합하여 자기 생명과 재산을 보호하고, 또 자기를 해치려는 각 도의 대적들과 맞서 싸워 그들을 처자와 함께 모조리 죽이고, 그들의 재산을 약탈할 권한을 준다는 내용이 적혀 있었다.

그리고 조서는 유대인들을 죽이기로 되어 있는 12월 13일, 페르시아 제국 전역에서 효력을 발생하도록 하였으며, 또 조서 초본을 각 도의 법령으로 공포하여 제국 안의 모든 사람들이 알 수 있도록 하고, 유대인들이 그 날을 대비하여 자기 원수들에게 복수할 수 있게 하였다. 황제의 명령에 따라 궁중 준마를 타는 자들이 그 조서를 급히 전국 각처에 전하였고, 수산 성에도 공포되었다.

모르드개는 푸르고 흰 관복과 고운 자색 모시옷을 입고, 큰 금 면류관을 쓰고 황제 앞에서 나왔다. 수산 성 주민들이 크게 기뻐하며 환호를 보냈다. 유대인들에게 기쁘고 즐거운 영광의 날이었다. 황제의 조서가 전달된 각 도와 성의 유대인들이 기뻐서 어쩔 줄 몰랐으며, 그 날을 경축일로 정하고 잔치를 베풀어 즐거워하였다. 그 땅의 사람들이 두려워하여 유대인이 되었다.

✳ 214 ✳
모르드개(3)
눈을 뜨고 하나님께 영광을 돌리라

12월 13일, 황제의 칙령이 시행되었다. 원수들이 유대인들을 진멸하려고 하였으나 오히려 유대인들이 그들을 짓밟고 일어섰다. 유대인들이 각 도마다 성에 모여 자기를 해치려는 자들을 죽였다. 다른 민족들이 두려워 맞서는 자들이 없었다. 각 도의 총독과 모든 관리와 귀족들과 황제의 행정관들이 모르드개를 두려워하여 유대인들을 도왔다.

모르드개가 궁전에서 확고한 위치를 굳히고, 그의 세력이 점점 강해져 온 세상에 그의 명성이 자자하였다. 유대인들은 원수들에게 마음대로 할 수 있었으며, 칼로 그들을 치고 마구 죽였다. 그들은 수산 성에서 500명을 죽이고, 하만의 아들 10명을 다 죽였다. 그러나 그들의 재산에는 손대지 않았다. 그날 수산 성에서 죽임을 당한 사람의 수를 황제에게 보고하였다. 황제가 황후 에스더에게 말하였다.

"유대인들이 수산 성에서만 500명을 죽이고 하만의 아들까지 다 죽였소. 그들이 이곳 수도에서 이렇게 하였으니, 다른 도에서는 어떠했겠소! 이제 당신이 원하는 것이 무엇이오? 당신의 요구를 말해 보시오. 내가 들어주겠소."

"황제 폐하에서 좋게 여기신다면, 수산 성에 사는 유대인들이 내일도 오늘처럼 행하게 하시고, 하만의 아들들 시체를 나무에 매달게 하소서."

황제가 허락하고 수산 성에 조서를 내리자 하만의 아들들 시체를 나무에 달았다. 14일에도 수산 성에 있는 유대인들이 모여 300명을 더 죽였으나, 그들의 재산에는 손대지 않았다.

다른 도에 있는 유대인들도 함께 모여 자기의 생명을 지키고 원수 75,000명을 죽였다. 그들의 재산에도 손대지 않았다. 그들은 12월 13일 하루 동안 그 모든 사람을 죽였으며, 다음날 14일에 쉬면서 잔치를 베풀고 승리를 축하하였다.

그러나 수산 성의 유대인들은 13일부터 14일까지 사람을 죽였던바, 15일에 잔치를 베풀고 쉬며 즐거워하였다. 성이 없는 부락에 사는 사람들이 12월 14일을 경축일로 정하고, 잔치를 베풀어 즐기며 서로 선물을 주고받았다.

모르드개는 이 모든 사건을 기록하고, 페르시아 제국의 원근 각처에 있는 모든 유대인에게 편지를 보냈다. 그래서 해마다 12월 14일과 15일을 경축일로 지키고, 유대인이 원수들의 손에서 구출되고 그들의 슬픔과 눈물이 기쁨과 즐거움으로 바뀐 이 역사적인 날에 잔치를 베풀어 즐거워하며, 서로 선물을 주고 가난한 자를 구제하라고 지시하였다. 유대인들은 모르드개의 지시에 따라 그 경축일을 연례적으로 지켰다.

＊215＊
키루스
너희 몸을 정의의 도구로 하나님께 드리라

페르시아의 키루스 황제 원년, 하나님이 예레미야를 통해서 하신 말씀을 이루시려고, 그의 마음을 감동시켜 온 땅에 조서를 공포하게 하였다.

"페르시아의 키루스 황제가 말한다. 하늘의 신 하나님이 세상 모든 나라를 나에게 주셨고, 또 유다의 예루살렘에 성전을 건축하라고 나에게 지시하셨다.

이스라엘 백성은 누구든지 예루살렘으로 돌아가 하나님의 성전을 건축하라. 그는 예루살렘에 계시는 하나님이시다. 너희 하나님께서 너희와 함께하시길 원한다.

또 유대인이 어느 곳에 살든지 돌아갈 때 도와주고, 그에게 금은과 그밖에 필요한 물건과 짐승과 하나님의 성전에 바칠 예물도 주도록 하라."

유다와 베냐민 지파의 족장들과 제사장들과 레위인들, 그리고 하나님의 감동을 받은 모든 사람이 예루살렘으로 올라가 성전을 지을 준비를 하였다. 사람들이 금은, 생활필수품, 가축, 값진 선물, 그밖에 성전에 드릴 예물도 그들에게 주었다.

황제가 재무관에게 지시하였다.

"느부갓네살 왕이 예루살렘에서 가져와 신전에 둔 성전의 각종 기구들을 꺼내 계수한 후, 유다 총독 세스바살에게 주라."

금 접시 30개, 은 접시 1,000개, 향로 29개, 금 대접 30개, 은 대접 410개, 그밖에 다른 그릇 1,000개로 총 2,499개였다. 포로들이 예루살렘으로 돌아갈 때, 세스바살이 이 모든 것을 가지고 올라갔다.

그래서 느부갓네살 왕에게 포로가 되어 바빌론으로 끌려간 사람들이, 예루살렘과 유다와 각 성으로 돌아갔다. 그들은 스룹바벨, 예수아, 느헤미야, 스라야, 르엘라야, 모르드개, 빌산, 미스발. 비그왜, 르훔, 바아나 등이었다.

이들이 유다로 돌아와 자기 성에 정착한 후 예루살렘에 모였다. 요사닥의 아들 예수아와 그 동료 제사장들, 스알디엘의 아들 스룹바벨과 그 친척들이 협력하여, 하나님의 사람 모세의 율법에 기록된 대로 번제를 드릴 하나님의 제단을 다시 만들기 시작하였다.

그러나 그 주변의 이방 민족들이 두려워 원래 제단이 있던 곳에 다시 단을 쌓고, 아침저녁으로 하나님께 번제를 드렸다. 율법에 기록된 대로 매일 규정된 번제를 드려 초막절을 지켰다. 정규적으로 드리는 번제, 매월 초하루와 지정된 명절에 드리는 제사, 그리고 자진해서 기쁜 마음으로 예물을 하나님께 드렸다.

아직 성전 기초 공사도 시작하지 않았으나, 7월 1일부터 하나님께 제사를 드리기 시작하였다. 그 후 석수와 목수를 고용하고, 두로와 시돈 사람들에게 식량과 포도주와 감람기름을 주고, 백향목을 실어왔다. 그 목재는 키루스 황제의 허가를 받아 레바논 산에서 지중해 연안을 따라 욥바까지 운송하였다.

그들이 예루살렘에 돌아온 다음 해 2월, 스알디엘의 아들 스룹바벨, 요사닥의 아들 예수아와 그 동료 제사장들, 레위인들과 예루살렘으로 귀환한 거의 모든 사람들이 성전 건축 공사를 시작하였으며, 20세 이상의 레위인들은 그 작업을 감독하였다.

성전 기초를 놓자 다윗왕이 지시한 규정대로 예복을 입은 제사장들이 나팔을 들고 자기 위치에 섰으며, 아삽 집안의 레위인들은 제금을 들고 각자 위치에 서서, 하나님께 감사와 찬양을 드리며 노래하였다.

"하나님은 선하시며 이스라엘에 대한 그의 사랑은 영원하다!"

모든 백성이 기뻐하며 큰 소리로 하나님을 찬양하였다. 솔로몬의 옛 성전을 기억하고 있던 나이 많은 제사장들과 레위인들과 그 밖의 여러 지도자들이, 새 성전의 기초가 놓인 것을 보고 대성통곡하였다.

✳216✳
스룹바벨

주의 종들이 받은 모욕을 잊지 마소서

바빌론에서 돌아온 포로들이 하나님의 성전을 짓고 있다는 말을 원수들이 들었다. 그들이 스룹바벨과 지도자들을 찾아와 말하였다.

"우리도 당신들과 함께 성전을 짓도록 해주시오. 당신들이 섬기는 하나님을 우리도 섬기고 있소. 우리는 아시리아의 에살핫돈 왕이 이곳으로 이주시킨 때부터 제사를 드려왔소."

스룹바벨과 예수아와 다른 지도자들이 대답하였다.

"그럴 수 없소. 우리 하나님을 위해 성전을 짓는 일에 당신들은 상관하지 마시오. 하나님의 성전은 페르시아의 키루스 황제가 명령한 대로 우리가 건축하겠소."

그때부터 그들이 유대인들을 괴롭히고 성전 공사를 방해하며, 페르시아 관리들을 뇌물로 매수하여 그 계획을 좌절시켰다. 이런 일은 키루스 황제부터 다리우스 황제까지 계속되었다.

그들은 아하수에로가 즉위하자 황제에게 유다와 예루살렘 주민들을 고소하는 편지를 썼다. 아닥사스다 시대에도 아람어로 편지를 써서 황제에게 보냈다. 사령관 르훔과 서기관 심새가 예루살렘에 대한 고소장을 써서 아닥사스다 황제에게 보냈다.

여기에 서명한 사람은 그 동료와 재판관들, 다른 지방의 지도자들, 일부 페르시아 사람들과 바빌론 사람들, 에렉과 수사 사람들, 그 밖에 일부 다른 나라 사람들도 있었다. 이들은 오스납발 왕이 예루살렘과 사마리아와 유프라테스 강 서쪽 지방에 강제로 이주시킨 사람들이었다.

"아닥사스다 황제 폐하께 유프라테스 강 서쪽 지방에 사는 폐하의 종들이 문안드립니다. 황제 폐하께서 아실 일이 있습니다. 바빌론에서 이곳으로 돌아온 유대인들이 아한 반역의 성 예루살렘을 재건하고 있습니다. 그들이 성벽을 다시 쌓으며 그 토대를 수리하고 있습니다.

황제 폐하, 만일 이 성이 재건되고 성벽이 완성되면, 그들이 일체의 세금을 바치지 않을 것인바, 황제의 세입이 크게 줄어들 것입니다. 황제 폐하의 큰 은혜를 입고 있는 우리가 이런 불미스러운 일을 차마 볼 수 없어 황제 폐하께 알려드립니다.

폐하의 조상들이 간직한 역사적 기록을 살펴보십시오. 이 성이 옛날부터 항상 반역을 일삼고, 황제들과 지방 장관들에게 얼마나 말썽을 많이 일으켰는지 아실 것입니다. 이 성이 망하게 된 것도 바로 그런 이유 때문이었습니다.

우리가 황제 폐하께 미리 말씀드립니다만, 이 성이 재건되고 성벽이 완성되면, 폐하께서 유프라테스 강 서쪽 지방을 잃어버릴 것입니다."

황제가 답장을 보냈다.

"너희들이 평안하기를 바란다. 너희가 보낸 편지는 번역되어 잘 읽었다. 내가 명령을 내려 조사하였더니, 그 성이 옛날부터 왕들에게 거역하고 반란을 일으키며 폭동을 일삼은 것이 사실이었다.

나는 한때 예루살렘에 강력한 왕들이 나타나 유프라테스 강 서쪽의 전 지역을 장악하고, 그들에게 조공과 그 밖에 여러 가지 세금을 거둬들인 사실도 알아내었다.

너희는 내가 다시 명령할 때까지 이들에게 작업을 중단시키고, 그 성을 재건하지 못하게 하라. 너희는 즉시 이 일을 처리하여 더이상 나에게 피해가 없도록 하라."

아닥사스다 황제의 편지가 도착하자, 르훔과 심새와 그 동료들이 즉

시 예루살렘에 와서 성의 재건 공사를 중단시켰다. 다리우스 황제 2년
까지 계속되었다.

다리우스(2)

내 집은 만민이 기도하는 곳이다

학개와 스가랴가 하나님의 이름으로 유다와 예루살렘에 사는 유대
인들에게 예언하였다. 스룹바벨과 예수아가 하나님의 성전을 다시 건
축하기 시작하였다. 그 예언자들도 그들을 도왔다. 그때 유프라테스
강 서쪽 지방의 총독들이 예루살렘에 와서 물었다.

"너희는 누구의 허락으로 이 성전과 성곽을 짓고 있느냐?"

그리고 그 명단을 요구하였다. 하나님이 유다 지도자들을 지켜주신
바 그들은 공사를 중단시키지 못하고, 다리우스 황제에게 그 사실을
보고하여 회답이 올 때까지 기다렸다.

"다리우스 황제께 문안드립니다. 폐하께 알려드릴 말씀이 있습니다.
유다에서 짓고 있는 성전 공사의 현장에 가보니, 사람들이 큰 돌을 쌓
아 제단을 세우며 벽에 들보를 얹고, 부지런히 일하고 있었습니다. 우
리가 폐하께 보고하려고 물었습니다.

'누구의 허락으로 이 성전과 성곽을 짓고 있느냐? 그리고 당신들의
지도자가 누구냐?'

그들이 대답하였습니다.

'우리는 하늘과 땅의 주인이신 하나님의 종들로서, 오래전에 이스라엘의 한 위대한 왕이 건축한 성전을 재건하고 있습니다. 우리 조상들이 하늘의 하나님을 노하게 하였던바, 그가 우리 조상들을 갈대아 사람인 바빌론의 느부갓네살 왕에게 넘겨주셨습니다. 그래서 그가 이 성전을 헐고, 백성을 바빌론으로 잡아갔습니다.

그런데 키루스 황제 원년에 그가 성전을 재건하라는 조서를 내리고, 느부갓네살 왕이 예루살렘 성전에서 가져가 바빌론 신전에 두었던 모든 금은 그릇을 꺼내 유다 총독 세스바살에게 주며, 예루살렘으로 돌아가 성전을 재건하라고 하였습니다. 그래서 그가 예루살렘에 성전 기초를 놓았던바, 지금까지 공사가 진행 중이지만, 아직 완성하지 못하였습니다.'

황제 폐하께서 선히 여기신다면 바빌론의 궁중 문헌을 조사하여, 정말 키루스 황제가 예루살렘에 성전을 재건하라고 명령하였는지, 그 내막을 알아보신 후 폐하의 뜻을 알려주십시오."

다리우스 황제가 명령을 내려 바빌론의 문헌들을 샅샅이 찾아보니, 엑바타나 성에서 두루마리 하나가 발견되었다.

"키루스 원년에 예루살렘 성전에 대하여 황제는 '예루살렘에 제사를 드릴 성전을 지어라. 그 높이와 폭은 27m로 하고, 벽은 큰 돌로 3층을 쌓은 후, 그 위에 한 층의 나무를 얹어라. 모든 비용은 황실에서 지불하겠다. 그리고 느부갓네살 왕이 예루살렘 성전에서 가져와 바빌론에 갖다 둔 금은 그릇을 원래 있던 곳으로 돌려보내라.'라고 명령을 내렸다."

다리우스 황제가 유프라테스 강 서쪽 지방의 총독들에게 답장을 보냈다.

"너희는 이 성전 공사를 방해하지 말고, 유다 총독과 유대인 지도자들에게 하나님의 성전을 재건하게 하라. 이는 내 명령이다. 너희는 이 성전 공사를 돕고, 모든 비용을 너희 지방에서 거둔 세금으로 충당하여 공사가 지연되지 않게 하라.

또 날마다 수송아지와 수양과 어린양을 하나님께 드릴 번제물로 예루살렘 제사장들에게 주고, 그 밖에 그들이 필요로 하는 밀과 소금과 포도주와 감람기름도 주거라. 그들이 하나님을 기쁘게 하는 제사를 드려 나와 내 아들을 위해 복을 빌게 하라.

내가 다시 명령한다. 누구든지 이 명령을 어기는 자가 있으면, 그의 집 들보를 뽑아 그 위에 그를 박아 죽이고, 그 집은 거름더미가 되게 하라. 이 명령을 무시하는 왕이나 민족이 있으면 하나님이 그들을 벌하시기 원한다. 나 다리우스 황제가 명령하였다. 너희는 속히 이행하라."

유프라테스 강 서쪽 지방의 총독들이 다리우스 황제의 명령을 즉시 수행하였다. 유다 지도자들은 예언자 학개와 잇도의 손자 스가랴의 예언에 크게 격려를 받고, 성전 공사를 잘 진척시켰다. 하나님과 페르시아의 황제 키루스와 다리우스와 아닥사스다가 명령한 대로 성전 공사를 마치게 되었다. 다리우스 황제 6년 12월 3일이었다.

그리고 포로 생활을 하다가 돌아온 모든 백성, 곧 제사장들과 레위인들과 그 밖의 모든 사람들이 즐거운 마음으로 성전 봉헌식을 거행하였다. 수소 100마리, 수양 200마리, 어린양 400마리를 제물로 바치고, 이스라엘 12지파를 위해 속죄 제물로 숫염소 12마리를 드렸다.

그들은 모세의 책에 기록된 대로, 제사장들과 레위인들을 반별로 조직하여 예루살렘 성전에서 하나님을 섬기게 하였다. 포로 생활을 하다가 돌아온 사람들은 1월 14일에 유월절을 지켰으며, 제사장들과 레위인들은 자신을 정결하게 하여 의식상 깨끗한 자들이 되었다. 그리고 레위인들은 본국으로 돌아온 모든 사람들과 그들의 형제 제사장들과 자신들을 위해서 유월절 양을 잡았다.

　포로가 되었다가 돌아온 이스라엘 사람들은 더러운 관습을 버리고, 이스라엘의 하나님을 찾는 그 땅의 이방인들과 함께 유월절 제물을 먹고, 또 7일 동안 누룩 넣지 않고 빵을 만들어 먹는 무교절을 지켰다. 하나님이 페르시아 황제 다리우스의 마음을 돌이켜 이스라엘 하나님의 성전을 짓는 일에 돕도록 하신바, 그 땅에 큰 즐거움이 있었다.

✳ 218 ✳

에스라(1)

───────

하늘의 하나님께 감사하라

　페르시아의 아닥사스다 황제 시대에 에스라라는 사람이 있었다. 그의 조상은 스라야, 아사랴, 힐기야, 살룸, 사독, 아히둡, 아마랴, 아사랴, 므라욧, 스라히야, 웃시, 북기, 아비수아, 비느하스, 엘르아살 그리고 대제사장 아론이었다.

　에스라가 바빌론에서 예루살렘으로 올라왔다. 이스라엘의 하나님이 모세에게 주신 율법에 정통한 학자였다. 하나님이 그를 축복한바, 페르시아 황제는 그가 요구하는 것을 다 들어주었다.

　아닥사스다 황제 7년에 제사장, 레위인, 성가대원, 그리고 성전 문지기와 봉사자를 포함하여, 다른 이스라엘 사람들과 함께 그도 예루살렘으로 돌아왔다. 하나님의 도움으로 1월 1일 바빌론을 떠나 5월 1일 도착하였다.

그가 하나님의 율법을 연구하고 지키며, 모든 법과 규정을 이스라엘 백성에게 가르치기로 결심하였다. 아닥사스다 황제가 그에게 준 편지다.

"하나님의 율법에 정통한 학자이자 제사장인 에스라에게 나 아닥사스다 황제가 알린다. 내 제국 안에서 예루살렘으로 돌아가고 싶은 사람은, 제사장과 레위인을 포함하여 누구든지 너와 함께 가도 좋다. 내가 자문관 7명과 의논한 끝에, 예루살렘과 유다에서 하나님의 율법이 어떻게 지켜지고 있는지, 그 형편을 알아보려고 너를 보낸다.

너는 갈 때 나와 내 자문관들이 예루살렘의 성전에 계시는 이스라엘의 하나님께 드릴 금은을 가져가고, 또 네가 바빌론에서 얻을 수 있는 금은, 이스라엘 백성과 제사장들이 예루살렘에 있는 하나님의 성전에 바칠 예물도 가져가라.

너는 이 돈으로 즉시 수송아지와 수양과 어린양과 소제로 드릴 곡식과 전제로 드릴 포도주를 사서, 예루살렘의 성전에 제물로 드리고, 나머지 돈은 너와 네 동족들이 하나님의 뜻에 따라 좋을 대로 사용하라. 또 성전에서 쓰라고 너에게 준 그릇들을 가져가 예루살렘의 하나님께 드려라. 그 밖에 하나님의 성전에 필요한 것이 있으면 국고에서 지원하겠다.

나 아닥사스다 황제는 유프라테스 강 서쪽 지방의 모든 국고 관리자들에게 명령한다. 너희는 하늘에 계신 하나님의 율법학자이자 제사장인 에스라가 요구하는 것은 무엇이든지 즉시 공급하라. 은은 100달란트까지, 밀은 100섬까지, 술은 100통까지, 기름도 100통까지, 소금은 무제한이다.

너희는 하나님이 성전을 위해 요구하는 것을 다 제공하여, 나와 내 아들들이 그의 노여움을 사지 않도록 하라. 또 너희는 제사장, 레위인, 성가대원, 문지기, 성전 봉사자들, 그 밖에 하나님의 성전에서 일하는 자들에게는, 그 어떤 세금도 거둬들여서는 안 된다.

그리고 에스라는 하나님이 주신 지혜로 행정관들과 재판관들을 임명하여, 유프라테스 강 서쪽 지방에서 네 하나님의 율법대로 사는 모든 사람을 다스리게 하고, 또 율법을 알지 못하는 사람들에게 가르치라. 하나님의 율법이나 황제의 법에 불순종하는 자가 있으면 누구든지 즉시 처벌하여, 사형을 시키거나 귀양을 보내거나 재산을 몰수하거나 감옥에 가두어라."

에스라가 외쳤다.

"이처럼 예루살렘에 있는 하나님의 성전을 소중히 여기는 마음을 황제에게 주신 하나님을 찬양하라! 하나님은 내가 황제와 그의 자문관들과 권력 있는 모든 신하들에게 은혜를 입게 하셨다. 하나님이 나에게 용기를 주셨던바, 내가 이스라엘의 지도자들을 설득하여 그들과 함께 예루살렘으로 돌아올 수 있었다."

✳ 219 ✳
스가냐

소금을 쳐서 깨끗하고 거룩하게 하라

에스라가 성전 앞에 엎드려 죄를 고백하고 울면서 기도하였다. 이스라엘의 모든 백성이 주변에 모여들어 통곡하였다. 여히엘의 아들 스가냐가 에스라에게 말하였다.

"우리가 이방 여자들과 결혼하여 죄를 지었으나, 아직도 이스라엘에는 희망이 있습니다. 이제 우리가 하나님 앞에서 서약하고, 이방 여자와 그 자녀들을 쫓아내도록 합시다. 우리는 하나님의 명령을 두려워하는 사람들과 당신의 지시에 따르겠습니다. 자, 일어나십시오. 이는 당신이 해야 할 일입니다. 우리가 당신을 힘껏 지원할 테니, 용기를 얻어 이 일을 실행하십시오."

에스라가 제사장과 레위인의 지도자들과 모든 백성에게 스가냐의 제의에 따르겠다는 맹세를 시키고, 성전 앞에서 물러났다. 그리고 엘리아십의 아들 여호하난의 방으로 들어가 백성의 죄를 슬퍼하며, 아무것도 먹지 않고 마시지 않았다.

그 후 귀환자들은 모두 예루살렘에 모이라는 포고령이 선포되었다. 누구든지 3일 이내 예루살렘에 오지 않으면 지도자들의 결정에 따라 전 재산을 몰수하고, 귀환자 집단에서 추방하겠다는 것이었다. 유다와 베냐민의 사람들이 예루살렘에 모였다. 그들이 성전 앞 광장에 앉아 그 일의 심각성과 쏟아지는 비로 떨고 있을 때, 제사장 에스라가 일어나 말하였다.

"여러분이 이방 여자들과 결혼하고 죄를 범하여, 이스라엘의 죄가 한층 더 쌓였습니다. 이제 우리 조상의 하나님께 죄를 고백하고, 그를 기쁘시게 해야 합니다. 먼저 이 땅에 사는 이방 민족들과 관계를 끊고, 외국인 아내를 추방하십시오."

그들이 큰 소리로 대답하였다.

"우리가 당신의 말씀대로 하겠습니다. 그러나 이처럼 사람이 많고 비가 마구 쏟아지고 있으니, 우리가 이대로 계속 서 있을 수 없습니다. 더구나 이 죄에 관련된 사람들이 너무 많아 하루 이틀에 해결될 문제도 아닙니다.

우리를 대신해서 이 문제를 처리할 지도자들을 세워 예루살렘에 머물게 하고, 이방 여자에게 장가든 사람들은 자기 성의 지도자들과 재판관들과 함께 지정된 시간에 와서, 이 문제를 해결하여 하나님의 분노가 우리에게서 떠나게 합시다."

이에 반대하는 사람들도 더러 있었으나, 대부분이 그 제안을 받아들였다. 에스라는 각 집안에서 지도자를 한 사람씩 뽑아 그 일을 처리하도록 하였다. 그들이 이듬해 1월 1일까지 조사를 모두 마쳤다.

∗ 220 ∗
느헤미야(1)
진심으로 나를 찾으면 만날 것이다

아닥사스다 황제 20년 9월, 하나니가 다른 몇 사람과 함께 유다에서

토크 지저스

출발하여 바빌론에 도착하였다. 느헤미야가 포로로 잡혀 오지 않고 남은 사람들과 예루살렘의 형편에 대해 물어보았다. 그들이 큰 어려움과 수모를 당하고 있으며, 예루살렘 성벽은 무너진 채 그대로 있고, 성문은 불탄 이후 다시 세우지 못했다고 하였다. 느헤미야가 주저앉아 울면서 며칠 동안 슬퍼하고 금식하며 기도하였다.

"하늘의 하나님이시여! 크고 두려운 분이시여! 주를 사랑하고 주의 명령을 지키는 자에게 약속을 지키시며, 자비를 베풀어주시는 하나님이시여! 이스라엘 백성을 위해 밤낮으로 부르짖는 종의 기도에 귀를 기울여 들어주소서.

저와 제 백성이 주께 죄를 범한 것을 고백합니다. 주 앞에서 악을 행하고 주의 명령에 불순종하였으며, 주의 종 모세를 통해 주신 법과 규정을 지키지 않았습니다. 주께서 주의 종 모세에게 말씀하셨습니다.

'너희가 죄를 범하면 내가 세계 각처로 흩어버릴 것이다. 나에게 돌아와 내 명령에 순종하면, 너희가 비록 멀리 포로로 잡혀가 있을지라도, 내가 경배를 받으려고 택한 곳으로 다시 불러 모을 것이다.'

하나님이시여, 이제 주께서 하신 이 말씀을 기억하소서. 우리는 모두 주의 종들이며, 주께서 큰 능력으로 구원하신 주의 백성입니다. 하나님이시여, 이 종의 기도와 주의 이름을 높이려는 종들의 기도를 들어주소서. 주께서 이 종을 도와 황제의 은혜를 입게 하소서."

그는 황제에게 술 따르는 관리였다. 4개월 후 어느 날, 그가 황제에게 술을 가지고 가서 따라드렸다. 황제가 그의 얼굴빛을 보고 물었다.

"무슨 일이냐? 네 얼굴에 수심이 가득한 것을 보니 무슨 문제가 있구나!"

"폐하께서 만수무강하시기를 바랍니다. 제 조상들이 묻힌 성이 황폐하고 성문이 불탄 채 그대로 있습니다. 어찌 제 얼굴에 수심이 없겠습니까?"

"네가 원하는 것이 무엇이냐?"

"폐하께서 선히 여기시면 저를 유다 땅으로 보내주시고, 세 조상들이 묻힌 성을 재건할 수 있게 해주십시오."

"얼마나 오래 걸리느냐? 지금 가면 언제 돌아오느냐?"

그리고 그 요구를 쾌히 승낙하셨다. 느헤미야가 날짜를 정하고 황제에게 다시 부탁하였다.

"폐하께서 좋게 여기신다면, 유프라테스 강 서쪽 지방의 총독들에게 줄 공문을 써서, 제가 유다까지 무사히 갈 수 있게 해주십시오. 그리고 황제의 산림을 관리하는 아삽에게 줄 공문도 써서, 성전 곁에 있는 요새의 문과 성벽과 저의 집을 세울 목재도 주십시오."

하나님께서 함께하여 황제가 그 모든 요구를 들어주고, 몇몇 군 지휘관과 기병대도 보내주었다. 그가 그들과 함께 유프라테스 강 서쪽 지방으로 가서, 그곳 총독들에게 황제가 써준 공문을 주었다.

그러나 호론 사람 산발랏과 정부 관리가 된 암몬 사람 도비야가, 그들이 온다는 말을 듣고 대단히 격분하였다. 느헤미야가 예루살렘에 가서 3일 동안 머물며, 그 일을 아무에게도 말하지 않았다.

그 후 느헤미야가 몇 사람과 함께 밤중에 일어나 밖으로 나갔다. 그가 탄 나귀 외에는 다른 사람이 탈 짐승이 없었다. 그가 서쪽 골짜기의 문을 빠져나가 남쪽으로 갔다. '용의 우물'과 '똥의 문'을 지나며, 무너진 성벽과 불에 탄 성문들을 일일이 조사하였다.

그리고 동쪽의 '샘 문'과 '왕의 못'으로 갔으나, 나귀가 지나갈 길이 없었다. 기드론 골짜기를 따라 올라가며 성벽을 조사한 후, 골짜기 문을 통해 다시 성으로 돌아왔다.

그 성의 지도자들은 느헤미야가 어디 가서 무엇을 했는지 몰랐다.

그때까지 제사장들과 지도자들과 귀족들과 그밖에 거기서 일하는 사람에게 아무 말도 하지 않았기 때문이다. 그가 그들에게 말하였다.

"우리가 어떤 어려움에 처해있는지 여러분도 잘 알고 있습니다. 예루살렘이 폐허가 되고 성문은 다 불탔습니다. 자, 예루살렘 성벽을 재건하여 더이상 수치를 당하지 않도록 합시다."

그리고 하나님이 자신을 도와주신 일과 황제가 한 말을 들려주었다. 그들이 말하였다.

"재건 공사를 시작합시다."

그래서 그 일을 착수하기로 하였다. 호론 사람 산발랏과 정부 관리인 암몬 사람 도비야와 아라비아 사람 게셈이 그 말을 듣고 비웃으며 조롱하였다.

"무슨 일을 할 셈인가? 너희가 황제를 반역하려고 하느냐?"

느헤미야가 반박하였다.

"하늘의 하나님이 우리를 도와주실 것이오. 우리는 그의 종이니 이 성벽을 재건할 것이오. 당신들은 예루살렘에 대하여 주장할 권리나 명분이 없소."

＊221＊
산발랏

주를 훼방한 자들에게 7배로 갚으소서

───────────────

유대인들이 성벽을 재건하고 있다는 말을 듣고, 산발랏이 아주 격분하여 그들을 모욕하고 조롱하며, 친구들과 사마리아 군인들 앞에서 말하였다.

"이 연약한 자들이 지금 하는 일이 무엇인가? 성을 재건하려는가? 제사를 드릴 작정인가? 하루에 공사를 끝마칠 셈인가? 다 타버린 잿더미 속에서 돌을 끄집어내어 다시 사용하겠다는 말인가?"

암몬 사람 도비야가 맞장구를 쳤다.

"저들이 건축하는 것은 여우가 올라가도 무너질 것이다!"

느헤미야가 기도하였다.

"하나님이시여, 들어주소서. 우리가 모욕을 당하고 있습니다. 저들의 조롱이 자기에게 돌아가게 하시고, 저들은 외국 땅에 포로가 되게 하소서. 저들이 주의 성을 재건하는 우리를 모욕하였습니다. 저들의 악을 묵인하지 마시고, 그 죄를 용서하지 마소서."

그리고 최선을 다해 열심히 일하여 마침내 성벽을 절반쯤 쌓아올렸다. 산발랏과 도비야와 아라비아 사람들과 암몬 사람들과 아스돗 사람들이, 예루살렘 성벽이 재건되고 있다는 말을 듣고 매우 분노하였다. 그들이 예루살렘을 공격하여 혼란을 일으키려는 음모를 꾸몄던바, 백성이 하나님께 기도하며 보초를 세워 밤낮으로 경계하였다.

유대인들은 몹시 지친 데다 치울 흙무더기가 너무 많아 더이상 성벽을 쌓을 수 없다고 불평하였으며, 원수들은 아무도 모르게 느닷없이 밀어닥쳐 그들을 죽이고 공사를 중단시킬 계획까지 꾸몄다.

그러나 그들 주변의 유대인들이 그 계획을 10번이나 귀띔해 주었던 바, 백성은 칼과 창과 활로 무장하여 아직 완성되지 않은 성벽 뒤에 집 안별로 배치하였다. 느헤미야가 상황을 살핀 후, 백성이 두려워하는 것을 보고 지도자와 백성에게 말하였다.

"여러분은 적을 무서워하지 마십시오. 두렵고 위대하신 하나님을 생각하며, 여러분의 형제와 자녀와 아내와 가정을 위해 용감히 싸우십시오."

원수들은 하나님이 그 계획을 좌절시켰다는 말을 듣고 섣불리 공격하지 못했으며, 백성은 각자 일터로 돌아가 다시 성벽을 쌓기 시작하였다. 그때부터 절반은 일을 하고, 절반은 갑옷을 입고 무장하여 경계를 섰으며, 지도자들은 성벽 쌓는 백성을 뒤에서 지원하였다.

짐꾼들은 한 손으로 일하고 한 손에는 무기를 잡았으며, 성벽을 쌓는 사람도 각자 칼을 허리에 차고 일하였다. 나팔을 부는 사람이 느헤미야 곁에 있었다. 그가 지도자들과 백성에게 말하였다.

"공사가 너무 광범위하여 우리가 멀리 떨어져 있습니다. 여러분이 어디에 있든지 나팔 소리를 들으면 내가 있는 곳으로 달려오십시오. 하나님이 우리를 위해 싸우실 것입니다."

이렇게 매일 동이 틀 때부터 별이 뜰 때까지 절반은 계속 일을 하고, 절반은 창을 들고 경계를 섰다. 예루살렘 밖에 사는 모든 사람이 성안으로 들어와 밤에는 경비하고 낮에는 일하였다. 느헤미야와 함께 있는 형제들과 종들과 경비병들은, 밤에도 옷을 벗지 않고 항상 무기를 휴대하였다.

✳222✳
느헤미야(2)

오직 주님만 바라볼 뿐입니다

백성이 그 가족과 함께 나와서 지도자들을 불평하기 시작하였다.

"우리에게 자녀가 많다. 먹고 살기 위해 곡식을 구해야 한다."

"우리는 이 흉년에 밭과 포도원과 집을 저당하고 곡식을 얻어야 할 형편이 되었다."

"우리는 돈을 빌려 밭과 포도원의 세를 황제에게 바쳤다. 그들이나 우리는 다 같은 동족이며, 우리 자녀들과 그들의 자녀들도 마찬가지가 아닌가? 우리는 자녀들을 종으로 팔아야 할 처지가 되었고, 우리 딸 중에 몇은 이미 종으로 팔려갔다. 우리 밭과 포도원이 남의 소유가 되었으나 그 몸값을 지불하고 데려올 힘이 없다."

느헤미야가 듣고 대단히 화가 났으나 신중히 생각하여, 지도자들과 관리들을 꾸짖으며 책망하였다.

"당신들이 형제들을 착취하고 있소!"

그리고 큰 집회를 열고 지도자들과 관리들에게 말하였다.

"우리는 최선을 다해 이방인에게 팔린 유대인들을 포로 생활에서 돌아오게 하였으나, 지금 여러분은 형제들을 팔아넘기려고 합니다. 그것도 동족에게 말입니다."

그들은 할 말이 없어 침묵을 지켰다. 느헤미야가 다시 말하였다.

"여러분은 마땅히 하나님을 두려워하고 옳은 일을 해야 합니다. 그래야 우리 원수인 이방인들에게 우리를 비웃을 구실을 주지 않을 것입니다. 나와 내 형제들, 나와 함께 있는 사람들도 백성에게 돈과 곡식을 빌려주고 있습니다만, 이제 그 이자를 받지 않도록 합시다. 여러분은 오늘이라도 그들의 밭과 포도원과 감람원과 집을 되돌려 주고, 여러분이 착취한 돈과 곡식과 새 포도주와 감람기름의 1/100을 돌려주십시오."

"우리가 당신의 말씀대로 모든 것을 돌려주고 아무것도 요구하지 않겠습니다."

느헤미야가 제사장들을 불러 그 약속을 지키겠다는 맹세를 시키게 하였다. 그리고 옷자락을 털며 말하였다.

"이처럼 하나님께서 이 약속을 지키지 않는 사람들의 집과 재산을 탈탈 털어 빈털터리가 되게 하실 것입니다."

모든 백성이 하나님을 찬양하며 소리쳤다.

"아멘"

지도자들은 그 약속을 지켰다. 느헤미야가 아닥사스다 황제 20년부터 32년까지 12년 동안 유다 총독으로 있었으나, 그와 형제들은 총독에게 당연히 지급되는 양식을 먹지 않았다.

이전의 총독들은 백성에게 많은 부담을 주어 양식과 포도주 외에도 은을 받았으며, 심지어 그들의 종들도 백성을 괴롭혔다. 느헤미야는 하나님을 두려워하여 그렇게 하지 않고, 오히려 성을 재건하는 데 온갖 정력을 쏟았으며, 한 치의 땅도 사지 않았다.

그와 함께 있는 사람들도 성을 재건하는 데 힘쓰도록 하였으며, 그의 식탁에는 다른 나라에서 온 방문객 외에도, 유대인 150명의 고정 인원이 있었다. 매일 소 1마리와 살진 양 6마리와 많은 닭을 준비하고, 열흘에 한 번씩 각종 포도주를 제공하였다.

이렇게 하면서도 총독이 당연히 받아야 할 양식을 요구하지 않았던 것은, 백성의 부담이 너무 크다는 사실을 알았기 때문이다. 그가 기도

하였다.

"하나님이시여, 제가 이 백성을 위해 한 일을 기억하시고 은혜를 베풀어주소서."

✳ 223 ✳
도비야

거역하는 자를 온유함으로 훈계하라

산발랏과 도비야와 아라비아 사람 게셈과 그 밖의 원수들은, 아직 성의 문짝도 달지 못했으나, 성벽 공사를 마치고 수리하지 못한 곳이 없다는 말을 듣게 되었다. 그들이 총독에게 전갈을 보내 오노 평야의 한 마을에서 만나자고 하였다. 이는 총독을 해치기 위한 술책이었다. 총독이 그들에게 전갈을 보냈다.

"나는 중대한 일로 내려갈 수 없소. 내가 무엇 때문에 일을 중단하고 당신들에게 가야 하겠소?"

그들이 4번이나 같은 전갈을 보냈으나 총독도 같은 회답을 하였다. 산발랏이 종을 통해 5번째 봉하지 않은 편지를 보냈다.

"당신과 유대인들이 반란을 일으키려고, 성벽을 재건한다는 소문이 이웃 나라에 파다하게 퍼지고 있소. 셈도 사실이라고 하오. 소문에 의하면 몇몇 예언자들을 앞세워, 당신이 유다 왕이 되었다는 소문을 예루살렘에 퍼뜨리게 했다는 것이오. 황제 폐하께서 이 소문을 곧 듣게 되실 것이오. 나와 조용히 만나 이야기합시다."

총독은 그것이 사실이 아니며, 모두 지어낸 이야기라고 회답하였다. 그러나 그들이 계속 위협하면 지쳐서 더이상 공사를 진행하지 못하리라 생각하였다. 총독이 기도하였다.

"하나님이시여, 저를 강하게 하소서."

총독이 들라야의 아들 스마야를 찾아갔다. 그는 자기 집안에 갇혀 있었다. 그가 말하였다.

"우리가 성소로 들어가 문을 잠그고 숨어야겠습니다. 틀림없이 그들은 밤에 와서 당신을 죽일 것입니다."

"총독인 내가 어떻게 달아날 수 있으며, 나 같은 사람이 목숨을 구하겠다고 어떻게 성소에 들어가 숨겠소? 나는 그렇게 하지 않겠소."

총독은 스마야가 하나님의 말씀을 받은 것이 아니라, 도비야와 산발랏에게 뇌물을 받고 그 예언을 한 사실을 알았다. 그들이 스마야를 매수하여 위협한 것은, 그 일로 총독을 죄짓게 만들어 그 이름을 더럽히고 비방하기 위해서였다. 총독이 기도하였다.

"하나님이시여, 도비야와 산발랏의 행동과 여예언자 노아댜와 그 밖에 나를 미혹한 예언자들을 기억하소서."

이윽고 성벽 공사가 52일 만인 6월 25일에 끝났다. 모든 원수들과 주변의 이방인들이 두려워 기가 꺾였다. 이 일이 하나님의 도움으로 완성된 것임을 그들도 알고 있었기 때문이다.

이 기간에 유다 지도자들은 도비야와 많은 서신을 교환하였다. 아라의 아들 스가냐는 그의 장인이었고, 그의 아들 여호하난은 므술람의 딸과 결혼하였던바, 많은 유대인이 그에게 충성을 맹세하였다.

백성은 총독 앞에서 도비야의 선한 행위를 말하고, 또 총독이 한 말을 모두 그에게 보고하였다. 그래서 그가 계속 총독에게 편지를 보내 위협하였던 것이다.

✳ 224 ✳

하나냐

정의와 성실로 백성을 다스릴 것이다

성벽 공사를 마치고 성문을 단 후, 총독은 성전 문지기와 성가대원과 레위인들에게 업무를 할당하고, 그 동생 하나니와 요새의 지휘관 하나냐에게 예루살렘을 다스릴 책임을 맡겼다. 하나냐는 그 누구보다도 성실하고 하나님을 두려워하는 사람이었다.

그리고 해가 높이 떠오를 때까지 성문을 열지 말며, 문지기가 문을 지키고 있을 때 성문을 닫고 빗장을 지르도록 지시하였다. 또 예루살렘 주민들 가운데 경계병을 세워, 각자 자기 초소와 자기 집 앞을 경계하도록 지시하였다.

예루살렘은 크고 넓은 성이었으나 사람이 적어 아직 집을 많이 짓지 않았다. 하나님이 총독의 마음을 감동시켜 백성과 지도자들을 모아 각 집안별로 호적을 등록하게 하셨다. 그때 1차 귀환자들의 명단이 발견되었다.

'바빌론의 느부갓네살 왕에게 포로로 잡혀간 수많은 사람들이 예루살렘과 유다와 그들의 각 성으로 돌아왔다. 지도자들은 스룹바벨, 예수아, 느헤미야, 아사랴, 라아먀, 나하마니, 모르드개, 빌산, 미스베렛,

비그왜, 느훔, 바아나였다.'

그때 유다로 돌아온 사람들은 노예 7,337명과 남녀 성가대원 245명 외에 42,360명이었다. 그들은 말 736마리, 노새 245마리, 낙타 435마리, 당나귀 6,720마리를 끌고 왔다. 그리고 많은 사람이 성전을 재건하기 위해 예물을 바쳤다.

그 지도자들이 바친 것은 금 8.4kg과 대접 50개와 제사장 의복 530벌이었고, 족장들이 바친 것은 금 168kg과 은 1,256kg이었으며, 그 밖에 백성이 바친 것은 금 168kg과 은 1,142kg과 제사장 의복 67벌이었다. 이렇게 해서 제사장, 레위인, 성전 문지기, 성가대원, 그 외 모든 백성이 각자 자기 성에 정착하였다.

✳ 225 ✳

에스라(2)

그가 와서 모든 것을 회복시킬 것이다

이스라엘 백성이 일제히 수문 앞 광장에 모였다. 율법학자 에스라에게 하나님이 모세를 통해 주신 책을 가져와 읽어달라고 하였다. 에스라가 듣고 이해할 수 있는 남녀 모든 군중 앞으로 그 책을 가지고 가서, 수문 앞 광장에서 새벽부터 정오까지 읽었으며, 백성은 모두 귀를 기울이고 주의 깊게 들었다.

에스라는 나무로 만든 높은 강단 위에 서서 책을 읽었으며, 책을 펼

때 백성이 일제히 일어섰다. 그가 위대하신 하나님을 찬양하자 모든 백성이 손을 들고 "아멘! 아멘!"하며 응답하였다. 그리고 얼굴을 땅에 대고 엎드려 하나님께 경배하였다.

에스라가 책을 읽을 때 레위인 예수아, 바니, 세레뱌, 야민, 악굽, 사브대, 호디야, 마아세야, 그리다, 아사랴, 요사밧, 하난, 블라야는 백성 가운데 서서 그 뜻을 해석하여 풀어주었다. 백성이 말씀을 듣고 울기 시작하였다. 총독 느헤미야와 제사장 에스라와 백성을 가르치는 레위인들이 권하였다.

"오늘은 거룩한 날이니 슬퍼하거나 울지 마십시오."

느헤미야가 말하였다.

"여러분은 집으로 가서 잔치를 베풀고, 마음껏 먹고 마시며 가난한 사람들에게 나눠주십시오. 오늘은 하나님께 거룩한 날이니 슬퍼해서는 안 됩니다. 하나님이 주시는 기쁨이 여러분의 힘이 될 것입니다."

레위인들도 백성을 진정시키며 거룩한 날에 슬퍼하지 말라고 권하였다. 그들은 집으로 가서 음식을 만들어 가난한 사람들과 함께 먹고 마시며 즐거워하였다. 그들이 율법의 말씀을 듣고 깨달았기 때문이다.

다음날 족장들과 제사장들과 레위인들이 율법의 말씀을 더 자세히 알기 위해 에스라를 찾아갔다. 그들이 책을 보다가, 하나님이 모세를 통해 이스라엘 백성에게 7월의 초막절 기간에는 초막에서 지내라고 명령하신 것을 알게 되었다. 그들이 예루살렘과 다른 모든 성에 공고하였다.

"여러분은 산으로 가서 감람나무, 도금양, 종려나무, 그 밖에 잎이 무성한 나뭇가지를 꺾어, 율법에 기록된 대로 초막을 짓고 지내시오."

백성이 나뭇가지를 꺾어 옥상이나 마당, 성전 뜰, 수문 옆 광장 또는 에브라임 문 곁의 광장에 초막을 지었다. 이처럼 포로로 잡혀갔다가 돌아온 모든 사람이 초막을 짓고 그 안에서 지냈다. 눈의 아들 여호수아 이후 초막절을 이처럼 성대하게 지킨 적이 없었던바, 모든 백성이 크게 기뻐하고 즐거워하였다.

7일 동안 에스라는 매일 책을 낭독하였고, 8일째 모든 백성이 모여 엄숙히 예배를 드렸다.

＊226＊

에스라(3)

행함이 없는 믿음은 죽은 것이다

이스라엘 백성이 수문 앞 광장에 다시 모였다. 삼베옷을 입고, 머리에 티끌을 뒤집어쓰고, 이방인과의 관계를 끊고, 금식하며 자기 죄와 조상들의 죄를 고백하였다. 그들이 서서 3시간 동안 하나님의 율법을 듣고, 3시간 동안 죄를 고백하며 하나님께 경배하였다. 지도자들이 외쳤다.

"자, 일어나 영원히 사시는 하나님을 찬양합시다!"

에스라가 기도하였다.

"주의 영광스러운 이름을 찬양합니다. 주의 이름은 인간의 언어로 표현할 수 없을 만큼 위대합니다.

주는 유일하신 하나님으로, 하늘과 별과 땅과 바다와 그 가운데 있는 모든 것을 지으시고 생명을 주셨습니다. 수많은 하늘의 천사들이 경배를 드립니다.

주는 아브람을 택하시고, 갈대아 우르에서 인도하여 아브라함이란 새 이름을 주신 야훼 하나님이십니다.

주는 우리 조상들이 이집트에서 고통당하는 것을 보시고, 홍해에서 부르짖는 소리도 들었습니다.

주는 우리 조상들 앞에서 바다를 갈라 마른 땅을 밟고 지나가게 하셨으며, 그들을 추격하는 원수들을 깊은 물에 돌 던지듯 바다에 던지셨습니다. 낮에는 구름기둥으로 인도하시고 밤에는 불기둥으로 갈 길을 비춰주셨으며, 시내 산에 내려와 주의 백성과 말씀하시고 주의 법과 규정을 주셨습니다. 안식일을 거룩하게 지키라고 가르치시고, 주의 종 모세를 통해 그 모든 것을 지키라고 명령하셨습니다.

주는 성령으로 그들을 가르치시고, 끊임없이 만나를 주시며, 목마를 때 마실 물을 주었으며, 그들이 40년을 광야에서 지내는 동안 아무것도 부족한 것이 없게 하셨습니다. 그들은 떨어진 옷을 입지 않았고, 신발이 없어 발이 부르트지도 않았습니다.

주는 그들에게 주의 법에 순종하라고 경고하셨지만, 그들은 교만하여 사람이 지키기만 하면 생명을 얻는 주의 법을 거절하고, 주의 명령에 불순종하며 고집을 피우고 주의 말씀을 듣지 않았습니다. 주께서 여러 해 동안 참으시고, 주의 예언자들을 통해 성령으로 경고하셨으나, 그들이 듣지 않아 이방 민족의 손에 넘겨주셨습니다. 그러나 주는 자비로우신 하나님으로 그들을 완전히 멸망시키거나 버리지 않으신 바, 주의 크신 은혜와 사랑이었습니다.

우리 하나님이시여, 주는 위대하시고 능력이 많으시며, 두려운 분으로 사랑의 계약을 지키시는 신실하신 하나님이십니다. 우리는 이 모든 일을 생각하며 다시 주를 섬기기로 합의하고, 성명서를 작성하여 여기에 우리 지도자들과 레위인들과 제사장들이 서명을 합니다."

그리고 총독 느헤미야가 먼저 서명하였다. 이어서 제사장, 레위인, 백성의 지도자, 성전 문지기, 성가대원, 성전 봉사자, 그리고 하나님의 법에 순종하려고 그 땅에 사는 이방인들과의 관계를 끊은 모든 사람이 자기 아내와 또 알아들을 만한 그 자녀들과 함께 이 성명서에 따를 것을 결의하고, 하나님이 그의 종 모세를 통해 주신 율법에 순종하며, 우리 하나님의 모든 명령과 규정을 철저하게 지키기로 맹세하고, 만일 지키지 않는 자는 저주를 받을 것이라고 하였다.

또 우리 딸을 이방인들에게 시집보내지 않고, 우리 아들을 위해 그들의 딸을 데려오지 않기로 했으며, 이방인들이 안식일에 곡식이나 상품을 팔기 위해 가져와도 우리는 안식일과 그 밖의 거룩한 날에는 사지 않기로 합의하였고, 또 7년마다 땅을 쉬게 하고 일체의 빚을 받지 않기로 하였다.

하나님의 성전을 위해 자진해서 해마다 은 4g의 성전 세를 내기로 하였던바, 항상 차림 상에 거룩한 빵을 차려놓고, 매일 곡식으로 드리는 소제와 불로 태워 바치는 번제를 드리며, 안식일과 초하루와 정기적인 명절에 쓸 거룩한 물건과, 이스라엘 백성의 죄를 씻는 속죄제와, 그 밖의 성전에 필요한 비용으로 쓰게 하였다.

또 백성과 제사장들과 레위인들이 제비를 뽑아, 집안별로 해마다 정한 때에 성전으로 나무를 가져와, 율법에 기록된 대로 하나님의 제단에 불을 피우게 하였고, 해마다 수확한 첫 농작물과 모든 과일나무에서 딴 첫 열매를 성전에 바치기로 하였으며, 율법에 기록된 대로 맏아들을 성전에서 섬기는 제사장들에게 데려다주어 자신을 하나님께 바치게 하였고, 양과 소와 그 밖에 가축의 첫 새끼도 제사장들에게 주기로 하였다.

매년 처음 생산된 밀가루와 과일과 새 포도주와 감람기름과 그 밖의 예물을 제사장들에게 가져가 성전 창고에 넣고, 농산물의 십일조를 레위인들에게 주기로 하였다. 이것은 그들이 모든 성에서 그것을 받을 권리가 있었기 때문이다. 그리고 레위인들이 십일조를 거둘 때는 아론 자손의 제사장 하나가 입회하게 하였으며, 레위인들은 그 십일조 가운데 십일조를 성전 창고에 두도록 하였다.

또 레위인들을 포함한 이스라엘 백성이 예물로 바친 곡식과 새 포도주와 감람기름을 성전 기구가 보관된 골방과, 제사장과 문지기와 성가대원이 머무는 골방에 갖다 두도록 하였다. 이렇게 해서 하나님의 성전을 소홀히 하지 않기로 다짐하였다.

백성의 지도자들은 예루살렘에 머물고, 백성 가운데 제비를 뽑아 1/10은 예루살렘에서 살게 하며, 그 나머지 백성은 각자 자기 성에 머물게 하였다. 자진해서 예루살렘에 살겠다고 나서는 사람들을 칭찬하였다. 또 일부 이스라엘 사람과 제사장, 레위인, 성전 봉사자들, 그리고 솔로몬을 섬기던 신하들의 자손은 자기 성에 정착하였고, 유다와 베냐민의 일부 사람들도 예루살렘에서 살았다.

느헤미야(3)

깨끗한 양심에 믿음의 비밀을 가지라

느헤미야가 페르시아 황제의 허락을 받고 다시 예루살렘으로 돌아왔다. 엘리아십이 하나님의 성전에 있는 방을 도비야에게 제공하였던 바, 그의 물건을 모두 밖으로 집어 던지고 그 방을 정결하게 하였다. 그리고 성전 기구와 제물로 바칠 곡식과 향을 다시 들여놓았다.

백성이 레위인들에게 돌아갈 몫을 주지 않았던바, 직무를 수행하는 레위인들과 성가대원들이 모두 예루살렘을 떠나 자기 고향으로 돌아간 것을 알고, 지도자들을 불러 하나님의 성전을 무관심하게 내버려 두었다고 책망하였으며, 그들을 성전으로 불러들여 직무를 다시 수행하게 하였다. 그러자 백성도 곡식과 새 포도주와 기름의 십일조를 가져와 성전 창고에 들여놓았다.

총독이 제사장 셀레먀와 서기관 사독과 레위인 브다야를 세워 성전 창고를 관리하게 하고, 삭굴의 아들 하난을 세워 그들을 돕도록 하였다. 그들은 성실하고 정직한 자들로 인정을 받았던바, 동료들에게 예물을 분배하는 책임을 맡았다. 그리고 그가 기도하였다.

"나의 하나님이시여, 내가 주의 성전을 위해 성실하게 행한 일을 기억하시고 잊지 마소서."

총독은 사람들이 안식일에 포도즙을 짜고 나귀로 곡식을 운반하며, 포도주와 포도와 무화과와 그밖에 다른 짐을 싣고 예루살렘으로 들어오는 것을 보고, 안식일에 아무것도 팔지 말라 경고하였다.

또 예루살렘에서 사는 두로 사람들이, 물고기와 그 밖의 다른 상품을 가져와 안식일에 예루살렘 사람들에게 파는 것을 보고, 유다 지도자들을 불러 책망하였다.

"여러분은 어찌하여 이런 일로 안식일을 더럽히고 있소? 여러분의 조상들이 이런 짓을 하여 하나님이 재앙을 내렸잖소? 여러분은 지금 안식일을 범하여 하나님의 더 많은 분노를 사고 있소."

안식일 전날 저녁부터 안식일이 끝날 때까지 성문을 열지 말라 명령하고, 성문마다 종들을 배치하여 안식일에는 아무것도 가지고 들어오지 못하게 하였다.

그러나 각종 물건을 파는 상인들이 한두 번 예루살렘 성벽 밖에서 밤을 보내는바, 그들에게 다시 그런 일이 있으면 가만두지 않겠다고 경고하였다. 그때부터 그들은 안식일에 오지 않았다. 그리고 레위인들에게 정결한 몸으로 성문을 지켜 안식일을 거룩하게 하라고 명령하였다. 그리고 그가 기도하였다.

"나의 하나님이시여, 이 일에도 저를 기억하시고 주의 크신 사랑으로 자비를 베풀어주소서."

유대인들이 아스돗과 암몬과 모압의 여자들과 결혼하였던바, 그 자녀들의 태반이 아스돗 말과 그 밖의 다른 말은 하면서도 유다 말을 모르고 있었다. 그 부모들을 책망하고 저주하며 몇 사람의 머리털을 뽑고, 다시는 자녀들을 이방인과 결혼시키지 않겠다고 하나님의 이름으로 맹세시켰다.

"옛날 솔로몬 왕도 이런 일로 죄를 범하지 않았느냐? 세상 그 어느 나라에도 그와 비길 만한 왕이 없었다. 하나님은 그를 사랑하여 온 이스라엘을 다스릴 왕으로 삼으셨으나, 이방 여자들로 결국은 죄를 범하고 말았다. 그런데 너희가 이방 여자들과 결혼하여 악을 행하고, 하나님께 죄를 범하는 것을 우리가 어떻게 보고만 있을 수 있겠느냐?"

토크 지저스

대제사장 엘리아십의 손자이자 요야다의 아들 중 하나가, 호론 사람 산발랏의 딸과 결혼하여 그를 예루살렘에서 떠나게 하였다. 총독이 기도하였다.

"나의 하나님이시여, 저들이 제사장의 직분을 더럽히고 레위인과 제사장에 대한 규정을 어겼으니, 그 소행을 기억하소서. 저는 제사장과 레위인을 이방인의 모든 더러운 것에서 깨끗하게 하여 그 직무를 수행하게 하고, 정한 때에 제물을 태울 나무와 첫 열매를 가져오게 하였습니다.

하나님이시여, 이 모든 것을 기억하시고 은혜를 베풀어주소서."

228

학개

사람의 말이 아니라 하나님의 말씀이다

BC 536년, 스룹바벨의 인도로 5만 명의 유대인이 예루살렘으로 귀환하여 제단을 세우고 성전의 기초를 놓았다. 사마리아인들이 와서 성전을 재건하는 일에 동참하겠다고 하였으나, 귀환한 유대인들이 거절함으로써 그들의 극렬한 반대에 부딪히게 되었으며, 결국은 1년 만에 공사가 중단되었다.

BC 520년, 하나님의 말씀이 학개에게 임하였다. 성전 기초를 놓고 공사가 중단된 지 16년이 지났다. 그의 메시지가 총독 스룹바벨과 대제사장 여호수아에게 전달되었다.

"내 성전은 황폐한데 너희는 호화 주택에 사느냐?"

하개가 전한 메시지는 하나님의 경고로 받아들여져 지도자들이 움직이기 시작하였다. 백성은 가뭄으로 농작물의 소출이 없어 경제적으로 어려움에 봉착해 있었으나, 그것이 하나님의 징계라는 사실을 몰랐다.

총독 스룹바벨과 대제사장 여호수아와 모든 백성이 학개가 전한 하나님의 말씀에 따라 여호와를 경외하고, 하나님의 성전 공사를 다시 시작하였다. 학개는 하나님의 성전을 완성하도록 끊임없이 백성을 격려하였다. 처음에는 모두 헌신적이고 열성적이었지만, 시간이 지나자 자기 집을 지으며 하나님의 때가 아니라고 여겼다. 하나님은 특별히 스룹바벨의 믿음을 격려하셨다.

"내가 하늘과 땅을 진동시켜 여러 나라의 왕위를 뒤엎고, 그 권력을 무너뜨리며 전차와 전차병을 엎어버리겠다. 말과 기병들이 서로가 친 칼날에 쓰러질 것이다. 스알디엘의 아들 나의 종 스룹바벨아! 그 날이 오면 내가 너를 높이 세우겠다. 너를 이미 뽑아 세웠으니 내가 너를 내 옥새로 삼겠다."

스룹바벨은 예수님의 조상으로 그리스도의 모형이자 예표였다. 하나님은 스룹바벨에게 성전을 완성할 수 있는 권세를 주셨다. 학개는 이스라엘 백성을 격려하며 하나님의 메시지를 계속 전하였다.

"성전은 반드시 재건되어야 한다. 공사를 다시 시작하라!"

BC 516년, 20년 만에 성전이 재건되었다. 이후 457년 에스라의 인도로 2차 귀환이 있었고, 454년 느헤미야의 인도로 3차 귀환이 있었다. 그리고 444년, 느헤미야의 노력으로 무너진 성전 벽이 수축되었다.

✷ 229 ✷
스가랴
그리스도라는 메시아가 오실 줄 압니다

스가랴는 제사장이자 예언자였다. BC 520년부터 예루살렘에서 2년 간 활동하였다. 그는 바빌론에서 태어나 스룹바벨과 여호수아의 인도로 귀환하였다. 학개와 함께 성전 건축을 독려하고 하나님께 소망을 두라고 외쳤으며, 성전 건축에 대한 환상과 메시아에 대한 예언을 하였다.

✷ 230 ✷
말라기
정의와 자비와 신의가 더 중요하다

말라기는 학개, 스가랴와 함께 바빌론 포로에서 귀환하였으며, BC 430년경 느헤미야 시대에 활동하였다. 성전이 재건되어 제사는 드렸으나 하나님의 영광이 임하지 않았다. 백성은 신앙적 회의에 빠져 헤어나지 못하고, 종교적 의식은 영혼 없는 아바타가 되었으며, 제사장의 열정은 다 식어버렸다.

바빌론에서 귀환한 백성이 어렵게 성전을 건축하고 신앙 회복을 위해 노력하였지만, 학개와 스가랴의 예언이 있은 지 100년이 지났어도 메시아의 왕국은 도래하지 않았고, 그들의 생활은 피폐하여 나아질 기미가 없었디. 그들의 신앙은 형식에 치우치고 영적 순결은 오염되었다.

백성의 타락과 죄악이 만연하여 영적 고갈이 심화되었을 때, 말라기가 일어나 경고하였다. 그가 지적한 죄는 제사장들의 부패와 하나님의 헌물 무시, 이방인 여자와의 혼인 등이었다. 이를 통해 백성의 영적 타락을 지적하고, 동시에 하나님과의 관계 회복의 지름길을 제시하였다.

말라기는 400년간의 영적 암흑기인 신구약 중간기를 준비하는 사명을 받았다. 메시야의 길을 예비할 세례 요한의 출현을 예고함으로써 구약과 신약의 연결고리가 되었다.

사람이 비록 타락하였어도 회개하고 돌아서면, 마지막 심판 때 하나님의 백성이 되리라는 축복을 예언하였다. 그리고 제사장들과 백성들이 정직과 성실로 성전의 제사에 참여함으로써, 바른 예배의 길로 돌아올 것을 권고하였다.

토크 지저스

토크 지저스

너희가 먹을 것을 주어라 (182 엘리사(2))

너희는 우상을 숭배하지 마라 (178 아하시야)

너희 몸을 정의의 도구로 하나님께 드리라 (215 키루스)

네가 쌓아둔 것이 뉘 차지가 되겠느냐? (193 요아스)

노인에게는 지혜가 있다 (166 르호보암)

눈을 뜨고 하나님께 영광을 돌리라 (214 모르드개(3))

니느웨 사람들은 듣고 회개하였다 (170 요나)

도중에 얼른 화해하라 (144 압살롬(1))

마음이 겸손하면 영예를 얻을 것이다 (211 모르드개(2))

먼저 남을 대접하라 (117 아말렉(2))

먼저 네 눈 속의 들보를 빼어라 (129 사울(5))

먼저 하나님의 나라와 그의 의를 구하라 (119 골리앗)

모든 것이 합력하여 선을 이룬다 (187 수넴 여인(2))

모든 일은 정한 때와 기한이 있다 (158 다윗(8))

바른말이 참된 우정이다 (122 요나단(2))

복에 복을 더하리라 (137 오벧에돔)

부모의 것을 빼앗는 자는 살인자와 같다 (149 압살롬(2))

사람 막대기와 인생 채찍으로 친다 (164 하닷과 르손)

사람의 말이 아니라 하나님의 말씀이다 (228 학개)

사람은 못 해도 하나님은 하실 수 있다 (184 엘리사(3))

사람을 구원하러 왔다 (116 요나단(1))

사랑의 빚 외에는 아무 빚도 지지 마라 (180 과부)

사신을 보내 화친을 청할 것이다 (198 느부갓네살(1))

산 자와 죽은 자의 재판장으로 세우셨다 (169 아히야)

상심한 자를 고치시고 아픈 곳을 싸매신다 (155 리스바)

서로 화목하게 지내라 (161 히람 왕)

선으로 악을 이기라 (125 다윗(3))

성급한 사람은 가난하게 된다 (115 사울(3))

소금을 쳐서 깨끗하고 거룩하게 하라 (219 스가냐)

속고 속이는 자가 다 그의 손안에 있다 (146 시바)

순종이 제사보다 낫다 (165 여로보암(1))

순종하는 종이 의롭게 된다 (183 나아만)

심판은 무자비하나 자비는 심판을 이긴다 (142 나단(2))

아버지의 뜻대로 하십시오 (111 왕)

악은 모양이라도 버려라 (126 나발)

악을 심고 독을 뿌리는 자는 그대로 거둔다 (176 이세벨(1))

악인은 악에 걸려 넘어지기 마련이다 (190 이세벨(2))

악인의 욕망은 헛되이 꺾일 것이다 (212 하만(3))

야훼는 우리의 하나님이시다 (172 엘리야(1))

어리석은 자의 훈도를 받지 마라 (140 하눈)

여자는 일체 순종함으로 조용히 배우라 (192 아달랴)

오만한 자의 불행에는 약이 없다 (174 벤하닷(1))

오직 주님만 바라볼 뿐입니다 (222 느헤미야(2))

왜 이 시대는 분별하지 못하느냐? (128 아기스)

욕심이 죄를 낳고 죄가 죽음을 낳는다 (154 세바)

우리가 다 망하게 되었습니다 (199 느부사라단)

우리는 무익한 종입니다 (113 사울(2))

우리의 고통을 대신 받고 슬픔을 겪었다 (123 아히멜렉)

우상을 만들어 의지하는 자는 우상 꼴이 된다 (197 요시야)

원수는 하나님이 갚아주신다 (127 다윗(4))

원수된 것을 십자가로 소멸하셨다 (208 하만(1))

위선자는 입술로 꾸미고 감정을 숨긴다 (134 바아나와 레갑)

의인과 악인을 분별하라 (175 아합 왕)

이제 눈을 뜨고 밝히 보라 (114 사무엘(2))

이제 때가 되었다 (132 다윗(5))

자비는 심판을 이긴다 (139 므비보셋(1))

자식을 사랑하는 부모는 매를 아끼지 않는다 (143 암논)

저는 주님의 종입니다 (138 나단(1))

저는 주의 종이니 뜻대로 되기를 바랍니다 (173 엘리야(2))

정성껏 장례를 치렀다 (131 사울(6))

정의는 평화와 안정을 가져온다 (159 솔로몬(1))

정의와 불의가 어찌 함께하겠는가? (167 여로보암(2))

정의와 성실로 백성을 다스릴 것이다 (224 하나냐)

정의와 자비와 신의가 더 중요하다 (230 말라기)

정직한 자의 성실은 자기를 인도한다 (203 벨드사살)

제자가 스승만큼 되면 그걸로 충분하다 (179 엘리사(1))

죄의 삯은 사망이다 (141 밧세바)

주께서 나를 돕는 자 중에 계신다 (121 미갈)

주님께 순종하듯 남편에게 순종하라 (206 와스디)

주님은 나의 피난처십니다 (145 다윗(6))

주님을 배반한 그는 참으로 불행하다 (196 므낫세)

주를 훼방한 자들에게 7배로 갚으소서 (221 산발랏)

주여, 나의 억울함을 감찰하소서 (147 시므이)

주의 종들이 받은 모욕을 잊지 마소서 (216 스룹바벨)

죽음이 그들을 피하여 달아날 것이다 (209 모르드개(1))

중재자는 친구이니 눈물로 호소한다 (150 욥)

지혜는 진주보다 값지다 (160 지혜)

지혜롭고 총명한 사람이 누구인가? (200 다니엘)

지혜를 들으려고 땅끝에서 왔다 (163 스바 여왕)

진심으로 나를 찾으면 만날 것이다 (220 느헤미야(1))

하나님께는 불가능한 일이 없다 (213 아하수에로)

하나님께 영광을 돌리라 (162 솔로몬(2))

하나님은 겸손한 자를 구원하신다 (156 아라우나)

하나님은 교만한 자를 누르신다 (157 아도니야)

하나님은 꿈과 환상으로 말씀하신다 (201 느부갓네살(2))

하나님은 사람의 생사를 주관하신다 (195 히스기야(2))

하나님은 조롱을 받지 않으신다 (194 히스기야(1))

하나님은 중심을 보신다 (130 아말렉(3))

하나님을 대적하는 자가 될까 두렵다 (124 사울(4))

하나님을 믿고 또 나를 믿어라 (186 벤하닷(2))

하나님을 아는 것이 지식의 근본이다 (205 다리우스(1))

하나님의 말씀은 어김없이 다 이루어진다 (189 예후)

하나님의 말씀을 가볍게 여기면 망한다 (168 예언자)

하나님의 어리석음이 사람보다 지혜롭다 (148 아히도벨)

하나님이 기름 부어 세우셨다 (112 사울(1))

하나님이 우리와 함께하신다 (202 사드락과 메삭과 아벳느고)

하늘의 하나님께 감사하라 (218 에스라(1))

한 사람의 순종으로 많은 사람이 의롭게 된다 (207 에스더)

해가 지도록 분을 품지 마라 (151 다윗(7))

행함이 없는 믿음은 죽은 것이다) (226 에스라(3))